ROUTLEDGE LIBRARY EDITIONS:
PERSIA

Volume 1

A PERSIAN SUFI POEM: VOCABULARY AND TERMINOLOGY

A PERSIAN SUFI POEM: VOCABULARY AND TERMINOLOGY

Concordance, frequency word-list, statistical survey, Arabic loan-words and Sufi-religious terminology in Ṭarīq ut-taḥqīq (A.H. 744)

BO UTAS

Routledge
Taylor & Francis Group
LONDON AND NEW YORK

First published in 1978 by Curzon Press Ltd

This edition first published in 2018
by Routledge
2 Park Square, Milton Park, Abingdon, Oxon OX14 4RN

and by Routledge
711 Third Avenue, New York, NY 10017

Routledge is an imprint of the Taylor & Francis Group, an informa business

British Library Cataloguing in Publication Data
A catalogue record for this book is available from the British Library

ISBN: 978-1-138-05482-0 (Set)
ISBN: 978-1-315-11348-7 (Set) (ebk)
ISBN: 978-1-138-05884-2 (Volume 1) (hbk)
ISBN: 978-1-138-05915-3 (Volume 1) (pbk)
ISBN: 978-1-315-16390-1 (Volume 1) (ebk)

Publisher's Note
The publisher has gone to great lengths to ensure the quality of this reprint but points out that some imperfections in the original copies may be apparent.

Disclaimer
The publisher has made every effort to trace copyright holders and would welcome correspondence from those they have been unable to trace.

SCANDINAVIAN INSTITUTE OF ASIAN STUDIES MONOGRAPH SERIES NO 36

A Persian Sufi Poem: Vocabulary and Terminology

Concordance, frequency word-list, statistical survey, Arabic loan-words and Sufi-religious terminology in Ṭarīq ut-taḥqīq (A.H. 744)

Bo Utas

Curzon Press

Scandinavian Institute of Asian Studies
Kejsergade 2, DK-1155 Copenhagen K

First published 1978

Curzon Press Ltd: London and Malmö

ISBN 0 7007 0016 8
ISSN 0069 1712

This book was printed with the aid of a grant from the Swedish Statens Humanistiska Forskningsråd.
The manuscript was prepared for publication by Mrs. Leena Omeri-Höskuldsson.

Printed in Sweden
Wallin & Dalholm, Lund

TABLE OF CONTENTS

I.	INTRODUCTION	
	A. General questions and presentation of previous studies	1-8
	B. The investigated text	8-9
	C. The preparation of the concordance	10-14
	D. The plan of the work	14-15
	E. Alphabetical order, system of transcription, abbreviations, etc.	16-17
II.	CONCORDANCE	18-74
III.	FREQUENCY WORD-LIST	75-102
IV.	STATISTICAL SURVEY OF THE GENERAL VOCABULARY	
	A. Preliminaries	103-104
	B. Rank, frequency and cumulated shares of vocabulary and occurrences (Table 1)	104-110
	C. The relation vocabulary/occurences (Figure 1)	111-113
	D. The relation rank/frequency represented in bilogarithmic coordinates (Figures 2-3)	113-118
	E. Conclusions	118-119
V.	THE ARABIC LOAN-WORD VOCABULARY	
	A. Definition of Arabic loan-words	120-121
	B. Rank, frequency and cumulated shares of Arabic vocabulary and occurrences (Table 2)	121-123
	C. Comparison with results of previous word-counts (Figure 4)	123-129
	D. Rank/frequency of Arabic loan-words represented in bilogarithmic coordinates (Figure 5)	130-133
	E. Conclusions	133-134
VI.	THE SUFI-RELIGIOUS VOCABULARY	
	A. Definition of Sufi-religious terms	135-141
	B. List of Sufi-religious terms	142-188
	C. The Sufi-religious terminology in relation to the Arabic loan-word vocabulary (Table 3)	189-193

D. The character and structure of the Sufi-religious terminology 194-206
E. Terminology and poetical form 207-209

VII. BIBLIOGRAPHY 210-214

APPENDIX: Critical text of *Ṭarīq ut-taḥqīq* ٥٤ - ١

ERRATA

p. 3	l. 10: add Acad. before Scient.
p. 111	n. 1 l. 3: that should be than
p. 120	l. 17 : if should be is
p. 124	last line of table column 4 and 5: (8,83) should change place with (2.39)
p. 125	two last lines of the table 2nd column: (8.83) should change place with (2.39)
p. 134	l. 10: *Sâhnâmah* should have a "hook" on top of the S
p. 210	Frumkina: *Statisticeskie....*

I. INTRODUCTION

A. GENERAL QUESTIONS AND PRESENTATION OF PREVIOUS STUDIES

The statistical treatment of the lexicon of New Persian is only in its infancy. Such investigations, at least as far as they consist of long word-lists, frequencies, tables and graphs, may seem superficial and meaningless to philologists who are accustomed to work with more comprehensive methods. Those methods, however, must in many cases be considered as combinations of many factors, including appreciations of frequencies and fragmentary contextual concordances, forming part of the general linguistic competence of the investigator. Without doubt such factors, if only intuitively, always play an important rôle in philological work. It therefore seems a worth-while task to isolate some of these factors in order to describe them in a more complete and quantitative way.

The lexicon, and special vocabularies within it, are obvious objects for quantitative, i.e. statistical, investigations. This book will give a general survey of the vocabulary of a Classical Persian poem as well as a presentation of two special vocabularies within the general vocabulary: Arabic loan-words and Sufi-religious terminology. It will also describe some of the connections between these two special vocabularies.

The investigation is not without precedents. Especially, the Arabic element in New Persian has attracted attention. A well-known and often discussed phenomenon through the whole history of Persian studies, it seems that the first strictly quantitative study on the subject is the article "Statistik und Semantik der arabischen Lehnwörter in der Sprache ᶜAlawī's" by Reiner Koppe in 1960.[1] Using statistical methods developed and described by G. U. Yule[2] and G. Herdan,[3] Koppe gives a statis-

---

[1] *Wissenschaftliche Zeitschrift der Humboldt-Universität zu Berlin*, gesellschafts- u. sprachwiss. Reihe, 9(1959/60):5, 585-619.

[2] *The statistical study of literary vocabulary*, Cambridge 1944.

[3] *Language as choice and chance*, Groningen 1956.

tical survey of the proportions of (1) words of Arabic origin, (2) words of Persian origin, and (3) European loan-words in two substantial samples (in all 28,061 word-occurrences) from two books by the well-known contemporary author and iranist Buzurg ˁAlavī. Together with this investigation, Koppe presents a semantic study of the Arabic part of the vocabulary of these samples, organizing it in groups of meaning according to the system used by F. Dornseiff in the work *Der deutsche Wortschatz nach Sachgruppen* (4. Aufl., 1954).

A year later Wojciech Skalmowski published an article entitled "Ein Beitrag zur Statistik der arabischen Lehnwörter im Neupersischen",[1] supplementing Koppe's results with figures for the proportions of Arabic loan-words in four samples from ghazals of the Classical Persian poets Saˁdī and Ḥāfiẓ (in all 8,122 word-occurrences). In his article Skalmowski applies the Chi-square test[2] in order to establish the probability of chance fluctuations between the samples. Referring to B. Mandelbrot,[3] he also calculates the so called "text temperature" (supposed to characterize the frequency distribution of the words within the vocabulary) both for Koppe's and his own statistical results. His conclusion is that ˁAlavī's use of Arabic loan-words on the whole agrees with that found in the language of the classical texts.

The work of Koppe and Skalmowski was taken up and continued by Gilbert Lazard who, in 1965, published his article "Les emprunts arabes dans la prose persane du Xe au XIIe siècle: aperçu statistique".[4] Lazard points to a number of difficulties in comparing the results of Koppe on ˁAlavī with those of Skalmowski on Saˁdī and Ḥāfiẓ, emanating especially from differences in length of the samples. Then he presents the results of an investigation of his own, made along the same lines, on eight samples from early New Persian prose works (in all 18,367 word-

[1]*Folia Orientalia* 3(1961):1-2, 171-175.

[2]Referring to Herdan, op.cit., 88 ff.

[3]I.a. "Structure formelle des textes et communication", *Word* 10(1954), 1-27.

[4]*Rev. de l'Ecole Nat. des langues orientales vivantes*, 2(1965), 53-67.

occurrences). Lazard, too, uses the Chi-square test, but he expresses his doubt (p. 58, n. 1) as to the value of the calculation of the "text temperature" ("température informationelle") as a description of the frequency distribution within the vocabulary.[1] He comes to definite conclusions concerning the growing proportion of Arabic loan-words in Persian prose from the 10th to the 12th century, and this development is also presented in graphical form.

The results of Skalmowski and Lazard were commented upon by Zsigmund Telegdi in an article in *Acta Linguistica Scient. Hung.*[2] entitled "Remarques sur les emprunts arabes en persan". Telegdi takes as his starting-point the phenomenon called "diglossia" (i.e. here of Persian as the popular spoken language coexisting with Arabic as the learned written language) and gives as an example the introduction of Arabic infinitives (etc.) in Persian so called "compound verbs". He does not, however, present statistical material or fixed chronologies.

In his book *Le vocabulaire arabe dans le Livre des Rois de Firdausī, étude philologique et de statistique linguistique* (Wiesbaden 1970, diss.), M. Djafar Moïnfar approaches the question of the Arabic loan-words with a more comprehensive method. Criticizing (p. XI) his predecessors, especially Koppe, for lack of precision in their work and for inadequate sampling, he presents complete lists of Arabic loan-words in the extensive 10th century national epic *Šāhnāmah* (based on Wolff's *Glossar*). In the first part of the book the Arabic words (with concordance) are arranged semantically acc. to the system of R. Hallig and W. v. Wartburg.[3] In the second part the 706 Arabic "noms communs" found in the vocabulary are listed according to decreasing frequency, and the relation between rank and frequency within this special vocabulary is presented in tables

---

[1] Referring to P. Guiraud, *Problèmes et méthodes de la statistique linguistique*, Paris 1960 (Dordrecht 1959), 87.

[2] 23(1973), 51-58; repr. in *Acta Iranica* 2 (Commémorations Cyrus, II), Téhéran-Liège 1974, 337-345.

[3] *Système raisonné des concepts pour servir de base à la lexicographie, essai d'un schéma de classement*, 2ème éd., Berlin 1963.

and graphs. Making an estimation of the total number of different words ("types") and word-occurrences ("tokens")[1] in *Šāhnāmah*, Moïnfar gives (p. 65) approximate numbers for the share of Arabic loan-words (proper names excluded) in the general vocabulary (8.8%) and in the total number of occurrences (2.4%).

The above-mentioned scholars were concerned primarily with the proportion and nature of the Arabic loan-words in the New Persian vocabulary. Koppe, Skalmowski and Lazard used samples, extracted by selecting certain lines on each page from more voluminous texts, and Moïnfar extracted a special vocabulary from a very extensive general vocabulary. Skalmowski and Lazard did not publish the word-lists obtained, only the resulting numbers which were used for statistical calculations and comparisons, while Koppe and Moïnfar also published lists of Arabic loan-words, although the list of Koppe was based on samples only.

A work of a different character is found in the book *Častotnyj slovar' Unsuri* (i.e. "Frequency dictionary of Unsuri"), published in Moscow in 1970 by the Soviet scholar Magomed-Nuri Osmanov. This book is also concerned with the statistical properties of the vocabulary of a Persian author (11th century poet), but it does not pay special attention to the Arabic loan-words. Instead, Osmanov here presents a complete "author vocabulary" (*avtorskij slovar'*), intended as a basis for synchronous stylistic studies. He gives a complete concordance and a complete frequency word-list (in order of decreasing frequency) of the *Dīvān* of ʿUnṣurī. In his introduction, he makes a number of statistical calculations, starting from Zipf's law.[2] He gives a graphic representation of the relation rank/frequency in bi-logarithmic form and calculates the relation between the accumulated sum of occurrences for rank 1-50 and the total number of occurrences (0.468). From the statistical material he proceeds to a stylistic investigation of compound

[1] For a definition of the terms "type" and "token", v. G. Herdan, *Type-token mathematics*, 1960, 15 ff.

[2] Referring to the Russian manual by R. M. Frumkina: *Statističeskie metody izučenija leksiki*, Moscow 1964.

words considered to be innovations (at least as "poetically charged") by ᶜUnṣurī. He lists and translates 195 (199?) such compound words grouped according to meaning in seven groups. Finally, there is a table (p. 25) of word probabilities according to rank.

The present investigation has been modelled on the works of these predecessors: as for the general (total) vocabulary on the book by Osmanov and as for the Arabic loan-words on the works by Koppe, Skalmowski, Lazard and Moïnfar. There are, however, two basic problems which have attracted comparatively little attention by these predecessors: the reliability of the text material and the definition of a Persian "word".

The reliability of the text material was hardly a problem at all for Koppe who had the living author of the texts he studied near at hand, but for the others, studying classical texts, the problem is evident. How much of the utilized text material originates from the supposed time of its composition? What does the effect of the gradual deformation of the texts through the hands of the copyists mean for the statistical results? Skalmowski does not even mention the editions from which his samples of the ghazals of Saᶜdī and Ḥāfiẓ are drawn and Lazard uses various not very critical Iranian editions (and one by E. G. Browne) for his samples. Moïnfar (p. 2) mentions the difficulties emanating from the unreliable textual tradition and the lack of an "integral critical edition". Osmanov (p. 5) clearly states the necessity of using a "scientific edition of the text" but goes on to say that, as there is no "canonical text of the works of ᶜUnṣurī" and no hope that there will ever be one, the best thing to do is to use the (supposedly) critical edition by M. Dabīr-Siyāqī (Tehran 1342). He adds a number of corrections, taken from the second edition by Y. Qarīb (Tehran 1341), and some conjectures.[1] One might argue that in the

[1]The edition by Dabīr-Siyāqī, stated by Osmanov to be established "through comparison of several manuscripts and printed editions", is in fact only based on the first edition by Y. Qarīb (Tehran 1323) and one manuscript, a *Majmaᶜ ul-qaṣā-ʾid* compiled more than 600 years after the death of ᶜUnsurī. It is unfortunately very difficult to find the edition of Dabīr-Siyāqī in Europe, which evidently puts a limit to the usefulness of Osmanov's book.

general statistical treatment, secondary changes in the text material in later centuries are negligible, but that has to be proved before it can be believed.

For the present investigation this problem is of special importance, as an attempt is made to sketch the compass and structure of a special vocabulary which has undergone important changes through the centuries: the Sufi terminology. From some points of view it would have been more profitable to study a work, more central to the history of Persian literature and religion than the relatively simple and unassuming mathnavi *Ṭarīq ut-taḥqīq*, but regarding the text-critical problems, so common in more widely read and circulated texts, this could also have led to a greater uncertainty in the results. This will be different when, eventually, we have a set of such frequency word-lists, terminology investigations, etc., of works from various times and strata of literary composition. Then they can be used in the text-critical work as an aid in establishing correct readings.

The second problem, the definition of a Persian "word", or "lexeme", is an even greater crux. This is notoriously difficult (or even impossible) in many languages, and for Persian we cannot even use the escape offered by orthographic criteria. Persian orthography is neither fixed in this respect today nor was ever so in earlier centuries. Koppe, in his work (pp. 588-590), gives a set of rules for the separation of words without further theoretic deliberation, and Skalmowski (p. 169) and Lazard (p. 57, with n. 1) tacitly follow him, constrained, of course, by their comparative purpose.

Skalmowski has a chapter on this problem in another work concerned with statistics of the Persian language: "Über einige statistisch erfassbare Züge der persischen Sprachentwicklung",[1] a bold attempt at a characterization of the development of Old Persian → Middle Persian → New Persian in terms of information theory ("entropy", "redundancy" and "efficiency"). There, his

[1] *Folia Orientalia* 4(1962), 47-80, v. esp. 60-62, 69f; diss., also summarized in an "Autoreferat", *Wissenschaftliche Zeitschrift der Humboldt-Universität zu Berlin, gesellschafts- und sprachwissenschaftliche Reihe*, 10(1961), 129.

definition of a "word" has to be wide enough to be applicable to all the investigated languages. He gives two general definitions: the concept "word" is (1) "ein Symbol, das von anderen Symbolen durch eine Pause getrennt werden kann" and (2) "eine Verbindung eines kleinsten selbständigen Elements des Ausdrucksplanes - eines selbständigen Kenem, mit einem kleinsten selbständigen Element des Inhaltsplanes - einem selbständigen Plerem." In the application of these general criteria, however, he has to refer to the dictionaries used for the respective language, when it comes to the determination of the independence of the lexical forms.

Moïnfar (op.cit., p. 2), on the other hand, does not openly discuss the matter but seems to accept and use the entries of the glossary by Wolff which form the basis of his investigation.[1] Osmanov (p. 4), in his turn, makes a remark on the difficulties involved and states the necessity of making a preliminary definition of a "word" and applying it as consistently as possible. His definition runs as follows: "We count as a word an inseparable construction in its grammatical independence. A combination of two or more elements is not a word if it can be divided into separate parts by the incorporation of independent words, but not of grammatical indicators (*pokazateli*)." This definition may seem clear in its general form but its application on the text material certainly has its difficulties. Apart from the definition, Osmanov also gives a number of rules, but both in the case of his work and of Koppe's many of the problems remain untouched.

Also for the present book it has been deemed necessary to use the traditional criteria for the separation of the "words", criteria which are based on the lexical and grammatical conventions to which we have grown accustomed through the centuries. It cannot be helped, however, that the interpretation of these criteria at times differs from that of Koppe and/or Osmanov

---

[1]Moïnfar, op.cit., 6̲2̲, 6̲5̲, announces a future work on the whole vocabulary of the *Šahnāmah*. It seems that this has not yet been achieved. Instead, Moïnfar has published the study *Phonologie quantitative du persan d'après le Livre des Rois de Firdausī* (Paris 1973) which gives statistics of phonemes and syllables, based on samples drawn from the *Šahnāmah*.

(who also differ between themselves). The most important of those differences will be mentioned when the rules for word-separation are given in due place below. As the word-lists are given in extenso, it will be possible to redo the statistics the day when we have better (and, hopefully, generally accepted) definitions to apply.

The general idea is that this work should be followed by similar examinations of other texts. Until comparative material is available, this kind of data is of limited use. For stylistic purposes, e.g., the work begins only when we have two or more comparable collections of basic material. It is my hope that I shall be able to continue the work by publishing similar investigations on other Sufi mathnavis from the early centuries of Persian Sufism. For this work, however, the availability of reliable text material remains a problem. Furthermore, it is desirable that many scholars cooperate in publishing author vocabularies, frequency word-lists and terminology investigations (according to these or better lines), so that we, eventually, can get a comparative material which gives a frame to the understanding of the lexicon (and special vocabularies) used at various times and in various circles of the extremely rich literary life of the Persian-writing world.

B. THE INVESTIGATED TEXT

The present investigation treats the classical Sufi mathnavi *Ṭarīq ut-taḥqīq* as the text is given in the critical edition published by me in No. 13 of the *Scandinavian Institute of Asian Studies monograph series* (Lund 1973)[1] and reprinted at the end of this book. Although ascribed through centuries to the famous Ḥakīm Sanāʾī of Ghazna (d. c. 529/1135), this poem is most probably composed by an otherwise unknown Aḥmad b. al-Ḥasan

[1]The full title of the book is *Ṭarīq ut-taḥqīq*, a Sufi mathnavi ascribed to Ḥakīm Sanāʾī of Ghazna and probably composed by Aḥmad b. al-Ḥasan b. Muḥammad an-Naxčavānī, a critical edition, with a history of the text and a commentary.

b. Muḥammad an-Naxčavānī in the 8th century A.H. (14th century A.D.). Through the fortunate fact that there is a chronogram in the last verse of the poem, overlooked by me in my edition but pointed out to me by ᶜAlī Akbar Šahristānī,[1] we can date the text to the year: 744 A.H. (=1343/4 A.D.). The chronogram reads *bar saᶜādat bād* (2+200+60+70+1+4+400+2+1+4=744).

We have thus a chronologically fixed text. It is less easy to fix it geographically, but it seems likely that it belongs to North-Western Iran (Azerbaidjan).[2] As for the socio-religious context of the text, it may be defined as popular Sufi-didactic poetry, probably current among middle and lower strata of the bazaars and *khānaqāhs* (dervish convents). This definition of the time, place and context of the original poem would seem to give a good starting-point for future comparisons with lexical material derived from other investigations. Since no other work of this Ahmad an-Naxčavānī is known, the concordance and frequency word-list may be considered an "author vocabulary" in the sense of Osmanov (v. supra).

The text given in the edition is based on a very careful analysis of the manuscript sources, the two oldest of which are only some 150 years younger than the date of composition. It is a fair guess to say that the text of the edition, which includes no conjectures or emendations from outside the manuscript sources, represents a reconstruction of an archetype hardly more than 70 years later than the original. That is, of course, only a coarse estimation. On the whole, I think the difference is negligible, i.e. archetype = (hypothetical) original. One small mistake in the text of the edition has been corrected: *fasānah* in verse 478 is read without *iḍāfah*.[3] *Basmalah* and headings are not included in the investigated text material, the headings being far more unstable in their form than the metrical text (besides all being in Arabic).

---

[1] First orally in Kabul 14.5.1974, then in a review of my book in the journal *Adab* 22(1353):1, 121-124. In the review, however, ᶜAlī Akbar refuses to accept the date of the chronogram, arguing that the ascription to Sanāʾī is correct.

[2] Cf. the history of the text in my edition, esp. p. 133.

[3] As pointed out in a review by L. P. Elwell-Sutton in *JRAS* 1975:1, 65.

C. THE PREPARATION OF THE CONCORDANCE

The complete concordance of the text of *Ṭarīq ut-taḥqīq* is the basis of the further word-lists and discussions in this book. It was produced in the following way. The whole poem (headings excluded) was transcribed into Latin characters according to the transcription system based on that in common use for Classical Arabic, used by me also in the edition and described there (p. 9). A transcription table is given below (p. 16), and the actual application of it can easily be checked in the concordance. I chose to use a transcription and not the Arabic-Persian writing for three reasons: (1) it shows in detail how the text is being interpreted, (2) it frees the word-lists from many homographs, (3) it makes it possible to use computer processing.

The transcribed text was punched on paper tape (by Nina Fønss) and the words, as they stood between blanks in this original transcription and with reference to the numbers of the verses in which they occur, were sorted in alphabetical order with the help of computer programs written by my colleague Eric Grinstead. The alphabetical order chosen was that of the Latin alphabet with *hamzah* (ʾ) and ʿ*ain* (ʿ) added in the beginning and letters with diacritical marks separated. This order has been kept in all alphabetical word-lists in this work and it is available for reference in the transcription table below.[1] It should be noticed that all Arabic elements and phrases are transcribed as fully incorporated in the Persian system.[2]

In order to transform this computer-produced draft to a manageable concordance for further use, it was necessary to rewrite it in many ways. This could, of course, have been done by

---

[1] It is to be observed that this order differs slightly from the order of the index "Persian words" in my edition of the text. There the pure Latin alphabetical order was employed, disregarding diacritical marks.

[2] The transcription in the original computer-produced concordance also gave a full representation of all metrical variations of words and endings, such as *u* (*ū*): "and", *-i* (*-ī*): iḍāfah, *tu* (*tū*): "you", but this material proved too cumbersome to be included in the final work.

computer, but considering the high number of operations necessary and the relatively limited size of the material, it was preferred to do this by hand (with one minor exception). The primary necessity was, of course, to define the lexical entries, i.e. what should be meant by a "word" or "lexeme". As already mentioned, the computer sheets gave as an entry anything standing between two blanks in the transcribed text, and the transcribed text in this respect followed the Persian orthography and a number of commonly used lexical conventions. But, e.g., all kinds of grammatical forms/inflections were listed separately. When considering the difficult question of the definition of the lexemes, it proved very useful to have this material ready at hand. It was easy to check the consequences of any contemplated rule for word division.

For the definition of a "word" one could revert to the generally used idea of the smallest possible lexical entity capable of occurring in grammatical independence of any other such entity (cf. the rule given by Osmanov, quoted above). This is a vague and incomplete definition, however, which leads to innumerable difficulties when applied to the actual text material. Another possibility would be to state that a New Persian "word" should have one and only one full accent, but this would have far-reaching consequences for the handling of elements such as the short prepositions, the enclitical verbs and pronouns and the conjunction *u*.[1] At the present stage of the work such general definitions must be abandoned. Instead, I have established the following set of concrete rules for the handling of the textual material, based on distributional criteria and on traditional lexical and grammatical conventions:

(1) Inflected forms of verbs, nouns and pronouns are considered variants of the infinitive and nominative singular, respectively, and are listed under those forms; the present and past participles, however, are listed separately when used as adjectives.

(2) Verbal prefixes *mī-*, *bi-*, *na-* (incl. *nī-* in *nīst-*) and *ma-* are counted as integrated parts of the verbal form and are

[1] On the definition of a Persian "word", see also W. Skalmowski, *Folia Orientalia* 4, 60-62, and refs. there.

not listed separately; *hamī*, on the other hand, is listed as a separate entry.

(3) The enclitic grammatical elements -*rā* (suffix for the object), -*ī* (indefinite or relative suffix), -*(y)ā* (vocative suffix) and -*(y)i* (*iḍāfah*) are not counted separately (not so for -*rā* by Osmanov); the likewise enclitic conjunction *u* ("and") is, however, counted as a separate word.

(4) All forms of the verb "to be", formed from the stems *būd-*, *buv-*, *hast-*, *nīst-* and *bāš-*, are listed under the infinitive *būdan* (not so for *nīst-* by Koppe), but the enclitic forms -*am*, -*ī*, -*ast*, -*īm*, -*īd* and -*and* are listed each separately when they are used as full verbs and not as auxiliaries in compound verbal forms (not so by Koppe who lists the independent enclitics under *būdan*); in the latter case they are listed under the respective infinitive, e.g. *kardah-am* under *kardan*.

(5) The enclitical personal pronouns -*(a)m*, -*(a)t*, -*(a)š*, -*(i)mān*, -*(i)tān* and -*(i)šān* are listed each separately and separate from the corresponding full forms, the three first under *a-* and the three following under *m-*, *t-* and *š-*, respectively (so by Osmanov, but Koppe?).

(6) Adjectives are regarded as such also when occurring with plural ending ("substantivized").

(7) Positive, comparative and superlative forms of adjectives and adverbs, including Arabic elatives, are listed separately (not so by Koppe and only partly so by Osmanov, q.v., p. 4), because of the frequent irregularities in their formation and meaning.

(8) Proper names (not counted by Koppe) and numbers are listed as one word, e.g. *abū bakr*, *bišr-i ḥāfi*, *pānṣad-u-bīst-u-hašt*.[1]

(9) Metrically conditioned phonetical variants are listed under the same entry, such as *az/zi-/z-*, *agar/gar/ar*, *rāh/rah*, *afšāndan/fišāndan*, *čahār/čār*.

---

[1]After the recognition of the chronogram in the last verse, cf. supra, this number (for the year of composition) in verse 940 probably could be emended to *haftṣad-u-čār-u-čil* (and likewise the name Sanāʾī in verse 942 to Lijāmī) but it is kept according to the principle that no emendations and conjectures introducing readings not found in the direct sources are permitted.

(10) Words contracted with sandhi (for metrical reasons) are listed separately, e.g. *v-agar* under *u* and *agar*, and *z-īn* under *az* and *īn*, *bad-īn* under *ba-* and *īn*.

(11) Arabic loan-words appearing together and connected to each other through Arabic grammatical devices (i.e. including phrases and quotations) are regarded as one word, e.g. *xāliq ul-xalq*, *lā ilāha illa'llāh* (partly not counted at all by Lazard).

(12) Arabic duals, broken plurals and feminine plurals in *-āt* are counted as separate entries (only partly so by Koppe and Osmanov, who make it depend on a difference in lexical meaning between the plural and the corresponding singular).

(13) Compound expressions are treated in accordance with the following subrules. This has generally given results agreeing with those of Koppe and Osmanov, but minor differences are to be found. They are noted below:

(a) Prepositions, also when proclitic, are counted separately, except when they are considered parts of compound adjectives, such as *bar-kār*, *ba-sāmān-tar*, *bī-kulāh-u-kamar*; no circumpositions are listed as such, e.g. *bah ... andar* is given under two entries (under one by Osmanov).

(b) Compounds containing the demonstratives *ān* and *īn* and the pronouns *kih* and *čih* are separated only when the different elements have or can be conceived of as having a full accent, thus *īn-kih*, *ān-čih*, etc. (not so by Koppe), and *ān-jā*, *bal-kih*, *čunān*, *čunīn-kih*, *ān-čunān-kih*, etc., are counted as one word, while e.g. *ān kas* and *ān jihat* are counted as two words each.

(c) Only the short and unaccented *bar-* and *dar-* are regarded as true preverbs[1] and thus counted together with the verb as one entry (not so by Koppe but by Osmanov); this means that verbal expressions like *bāz kardan* and *bīrūn kardan* are counted as two entries each (not so by Osmanov but by Koppe).

(d) Compound verbal expressions in which the non-verbal element is a full noun (e.g. Arabic infinitive or participle) are separated, e.g. *ṭalab kunī* under *ṭalab* and *kardan*.

(e) Nominal compounds with *-u-*, *-ā-*, etc., are counted as

[1]Thus also *var-* and *vā-*, if they had occurred in the text material.

one word when they are regarded as stable compounds (generally having only one full accent); this is also valid when they are preceded by a preposition, as e.g. *bī-mit̲l-u-šibh* (one word).

(f) Compounds with verbal stems as the second element are considered one word also when of considerable length, e.g. *laisa-fī-jubbatī-siva'llah-gūy*.

(g) Other common types of compounds, such as the bahuvrihis, are also counted as one word.

In order to facilitate the conversion of the computer-produced "automatic concordance" to a list of entries corresponding to the above rules, a special computer list of all elements running from a hyphen to a blank was produced. (In the transcription hyphens had been inserted between all lexically distinguishable elements, thus also in all "true compounds".) From this list it was possible to extract the elements which were to be considered separate entries. This work was then done by hand, entry after entry.

The actual grammatical and phonetical form of each word-occurrence, can be found in the concordance. For nouns the grammatical endings are given (according to an abbreviation system explained below) as indices to the verse number which refers to the place where they occur, and for verbs and phonetical variants the actually occurring forms are given as subentries (but in the frequency word-list they are, of course, counted together under one entry). This is of no further use in the present book but is thought to yield useful material for future investigations using this and similar concordances. It would thus be possible to study, e.g. the distribution of *iḍāfah* or *-rā* or the use of the preverb *bi-*.

D. THE PLAN OF THE WORK

After the concordance, the shape of which has been described in detail above, comes the frequency word-list where the words are arranged in order of decreasing frequency. The number to the right gives the number of occurrences of the given lexical entry in the text of *Ṭarīq ut-taḥqīq* (its frequency). The number to the left gives a number of order to the entries, rising with decreasing frequency (their rank). When more words than one have the same number of occurrences (frequency), they are listed in alphabetical order. In that case their number of order (rank) is in principle equal but for practical reasons it is written out as rising with the alphabetical order. It should be remembered, however, that this means that, e.g., the hapax legomena in principle all have the rank 1,014 (-2,159).

In the frequency word-list the words belonging to the two special vocabularies examined in this book are marked with letters to the left of the number of order of the entries:

t for a word belonging to the Sufi-religious vocabulary,

a for a word belonging to the Arabic loan-word vocabulary.

The criteria for the selection of words for these vocabularies are given below in connection with the discussion of the respective vocabularies.

After the frequency word-list follows the statistical treatment of the full vocabulary, including comparisons with results and conclusions of other investigations. Then follows a section on the Arabic loan-word vocabulary, which does not list the Arabic loan-words again but presents a statistical treatment of the material with comparison of the results of Koppe, Skalmowski, Lazard and Moïnfar. Then follows a section on the Sufi-religious terminology, in which case it has been judged necessary to repeat the list of words selected for this special vocabulary (in alphabetical order) and to give supplementary material on contexts and meanings, including references to other works. This terminology is then analysed in an attempt to describe its structure(s), and in this connection an attempt is also made to define its relations to both the Arabic loan-word vocabulary and the general vocabulary.

E. ALPHABETICAL ORDER, SYSTEM OF TRANSCRIPTION, ABBREVIATIONS, ETC.

Alphabetical order and transcription of Persian and Arabic

ʾ	ء	ḥ	ح	š	ش
ʿ	ع	i	إ	t	ت
a	أ	ī	ى (ا)	ṭ	ط
ā	آ (ا)	j	ج	ṯ	ث
b	ب	k	ك	u	أُ (و)
č	چ	l	ل	ū	و (ا)
d	د	m	م	v	و
ḍ	ض	n	ن	x	خ
ḏ	ذ	p	پ	y	ى
f	ف	q	ق	z	ز
g	گ	r	ر	ẓ	ظ
ġ	غ	s	س	ž	ژ
h	ه [1]	ṣ	ص		

Order of verbal forms (as subentries in the concordance)

Infinitive
- short infinitive
- preterite (1st sg. → 3rd pl.)
- perfect participle (as adj. separate entry)
- perfect (1st sg. → 3rd pl.)
- pluperfect (1st sg. → 3rd pl.)
- imperative (sg., pl.)
- present (1st sg. → 3rd pl.)

(forms with pref., °, *mī-*, *bi-*, *na-* and *ma-* are listed in that order under the respective tense)

Numbers in the concordance and the list of Sufi-religious terms refer to verse number (*bait*) in the edition (v. appendix); the occurrence of the same number two or more times under one entry indicates multiple occurrence of that word in the same verse.

[1] Incl. unpronounced final ه.

Abbreviations of endings (index letters on verse numbers in the concordance)

ā = -*ā*, -*yā* (vocative)
ān = -*ān*, -*yān*, (-*gān*) (plural)
hā = -*hā* (plural)
i = -*i*, -*yi* (*iḍāfah*)
ī = -*ī*, -ʾ*ī* (indefinite, relative)
r = -*rā* (object)
-r = ...-*rā*, with enclitical pronoun in between (NB: listed also under pronouns)

Special vocabularies marked in the frequency word-list

a Arabic loan-word
t Sufi-religious term

Special signs (defined in Chapter VI.A)

= synonym
≠ antonym
— paronym

References in the list of Sufi-religious terms

ed. Edition of *Ṭariq ut-taḥqīq*, 1973
Kor. *The Koran*, ed. Flügel-Redslob (verse numbers within brackets according to Cairo editions)
Afnan, Anṣārī, Bertel's, Ġanī, Goichon, Hujvīrī, Jabre, Massignon, Nasafī, Nicholson, Nwyia, Profitlich, Rūmī, Sajjādī, Tahānavī:
see the presentation of the respective work at the end of Chapter VI.A.

II. CONCORDANCE

ع

ʿadam	113	240	320	408
	886			
ʿadl	89	97	750	864
	865	865	868	869
	870	877[i]	881	882
	883	887		
ʿafin	155			
ʿahd	731[i]	737	868	
ʿain	368[i]	372[i]	496	614
ʿaiš	436			
ʿajab	780	907		
ʿalam	328[i]	416	917[i]	
ʿalī	471			
ʿallama'l-ʾasmāʾ			256	
ʿamal	565	570	660	662[hā]
	788[i]	838		
ʿamr	630	632		
ʿanā(ʾ)	186	194	697	858
	930			
ʿanbar	136	352		
ʿandalīb	115[i]			
ʿanqā	111			
ʿaqīm	888			
ʿaql	27	276	312	340
	447	549	559	628
	629	631	638	639
	644[i]	945		
ʿaqrab	829			
ʿarṣah	364[i]	450		
ʿarš	77[i]			
ʿarūs	214	943[ī]		
ʿazāzīl	554			
ʿazīz	330	558	720	793
ʿazl	914			
ʿazm	274[i]			
ʿaẓīm	265			
ʿābid	569			
ʿādat	98[i]	490	782[i]	854[i]
	894			
ʿādil	870			
ʿāfiyat	352	699	700	701
	702	707	886	
ʿājiz	7	164	876	
ʿājizī	116			
ʿālam	78	84	243	339[i]
	341[i]	342[i]	369[i]	373[i]
	386[i]	410	411[i]	413[i]
	499[i]	499[ī]	500[i]	558
	590[i]	647[r]	752[ī]	752
	754	815[i]	848	858[īr]
	901[ī]	913[i]	932[i]	
ʿālim	174			
ʿālim ul-ġaib	2[i]	170		
ʿālim us-sirr va'l-xafīyāt	49			
ʿālī	260			
ʿām	587	744	862	
ʿāqil	457	549[ān]		
ʿāriḍ	842[i]			
ʿārif	237[ān]	674[ān]		
ʿāriyat	699			
ʿāšiq	10	58[i]	94[i]	234[ānr]
	388[ān]	390[ān]	416[ān]	514[i]
	521[īr]	611[ānī]	672[ānr]	747[i]
	761[i]	925[ānī]	933[i]	
ʿāšiqī	498	516	517	672
	718			
ʿāšiq-kuš	761			
ʿibādat	790[i]			
ʿibārat	195			

fasānah 198 478

afšāndan (fišāndan)

fišāndam 919

afšānī 215 835

afvāh 222[i]

afzūdan (fazūdan)

afzūd 802

biy-afzūd 557

biy-afzūdah 872

biy-afzūd-ast 881

fazāyad 693

na-fzāyad 205

agar 167 193 278 308 313 547 597 631 908

ar 61 285 307 308 333 574 594 625 655 655 663 689 728 751 780 806 907 936

gar 61 167 178 182 205 206 285 292 294 303 306 312 315 357 376 411 440 442 492 515 566 573 593 596 618 625 655 655 663 726 733 735 749 749 751 767 784 936

agar-čih 177 760 932

ar-čih 930

gar-čih 38 64 156 221 225 809

aġbar 258

aġyār 377

ahl 889[i] 926[i]

aḥad 814

aḥzān 121

ai 10 51 52 53 60 115 124 125 126 127 129 150 151 202 325 335 405 438 448 478 534 537 559 577 601 668 684 711 793 822 822 823 833 849 910

aiman (aimun) 354 354 439

aivān 83 827

ajal 465

akbar 830

akl 788[i]

alast 255

al-ḥaq 383 912

alḥān 139

alif 716 721

allaḏī asrā 79

allāh 625

almās 263[i]

al-qiṣṣah 939

-(a)m (pron.) 114 124 124 128 128 130 134 160 163 165 172 173 173 177 177 177 183 184 185 185 186 186 187 187 188 188 194 201 203 207 213 397 402 581 581 851 851 854 927 930 931 932 939

-am (vb.) 154 159 162 162 176 182 189 193 195 195 221 221 857 930 934

amal 541

amān 465 869

ammārah 281[r]

amr 628 630 631 632 810

amṯāl 923

anᶜām 830
ana'l-ḥaq(q) 393 518
anbāštan
anbāštī 570
anbiyā(ʾ) 82 470
anbūh 387
-and 28 29 29 56
56 58 58 82
82 88 88 231
231 259 259 419
421 422 422 423
423 424 424 428
428 486 541 541
826 898 898 899
899 903 903 904
904 905 905 933
933
andar 85 112 116 123
134 138 139 157
165 171 174 194
225 316 330 332
335 373 410 482
560 613 616 622
688 700 729 757
825 849 866 881
904 918 919 939
andarūn 943[i]
andāxtan
andāxt 326
andāz 821
andīšah 5[hā] 378 401 903[ī]
andīšīdan
biy-andīšī 50
andūxtan
andūzī 271
andūzad 681
angāštan
angārīd 759
angīxtan
angīxt 175
angīzam 176
anjum 28 143
anta xair un-nās 315
arbāb 889[i]
arġavān 842
arkān 28 143 159
arsalnā 72
a-lam našraḥ 75
asās 199 212
asfal us-sāfilīn 313
asīr 489
asrār 41[i] 363 366 367[i]
920[hai] 922
-(a)st 1 1 5 5
9 13 17 19
19 20 22 22
24 24 27 27
30 30 31 32
32 34 37 38
38 39 44 47
47 47 48 49
49 53 54 54
55 55 59 59
60 60 61 61
62 62 68 68
78 78 82 83
83 119 119 121
121 126 126 127
127 135 135 136
136 138 138 142
142 142 151 152
152 170 170 194
194 214 214 215
220 220 222 222
223 225 226 226
253 254 254 256
261 261 265 265
273 275 281 281
282 289 292 306
314 314 348 348
351 351 368 368
368 372 386 386

406	406	407	408
411	411	418	418
433	450	450	457
464	467	472	472
481	481	481	490
490	493	493	496
497	497	499	499
502	502	504	504
504	509	509	550
560	560	562	562
563	564	564	568
568	589	601	613
613	614	614	615
615	617	617	619
623	623	625	625
629	631	631	632
632	633	633	635
635	637	638	638
638	640	642	642
642	643	647	649
649	651	651	651
653	653	655	655
655	655	659	662
662	665	676	680
686	686	690	694
695	695	699	699
701	712	712	712
724	724	726	726
728	728	728	739
743	746	750	750
752	760	760	760
761	763	766	770
770	772	774	774
779	779	782	782
786	788	793	793
805	805	808	809
809	828	844	844
851	856	856	879
879	879	895	895
896	896	909	911
911	912	912	920

	921	921	922	922
	924	924	931	931
	932	932	936	936
	944	944		
aṣl	274	817^{i}		
-(a)š	3^{r}	3^{r}	7	7
	8	8	11	11
	13	13	16	16
	17	18	19	19
	28	29	29	34
	39	44	48	73
	73	74	74	76
	81	83	83	86
	86	87	88	91
	93	93	103	104
	104	138	141	155
	209	210	210	214
	218	218	224	227
	229	236	236	247
	275^{r}	276	277	282
	283	283	285	351
	352	353	353	354
	354	355	363	364
	364	369	371	377
	403	415	426	435
	454	454	467	480
	490	502	503	519
	519	526	526	527
	529	530	531	532
	533	550	550	555
	555	561	561	568
	574^{r}	625	628	637
	637	656	657	674
	675	692	692	699
	719	741	763	763
	787	792	806	810
	811	811	812	812
	815	821	872	873
	923	943	944	945
	948			
ašk	187	906		

ašyā(ʾ)	256	316	618	621
-(a)t	50	62	64	118
	120	124	241	243
	249[r]	249	253	253[r]
	254	254	266	273
	278	282	294	295
	298	300	303	303
	305	312	313	313
	315	315	338	344
	344	362	373	373
	438	438	443	449
	450	459	483	486
	487	513	520	520
	535	538	548	565
	567	569	569	571
	571	587	590	594
	594	597	622	663
	663	694	694	698
	728	735	735	741
	743	753	765	774
	774	779	797	798
	813	813	818	826
	827	827	829	830
	830	848		
aṯar	93[i]	137	233	551
	629[i]	726	907	
aṯīr	345	346		
au adnā	72			
auṣāf	33[i]			
avval	6[i]	6	18	19
	246	565	580[i]	675
avvalīn	411			
axḍar	623	825		
axtar	104[i]	251[i]	648	825[ān]
	891[ān]	892[ān]		
ayyām	789			
ayyūb	469	670		
az	5	12	12	13
	30	30	32	32
	37	41	41	42
	42	45	45	84
	87	88	96	97
	98	99	100	104
	107	110	111	114
	118	121	122	128
	130	130	131	132
	133	142	143	144
	145	152	152	157
	163	164	176	183
	192	194	204	204
	206	222	223	226
	240	240	244	244
	245	245	246	257
	259	261	266	267
	269	273	273	275
	277	286	287	290
	291	292	293	297
	302	302	304	307
	320	327	332	342
	344	349	353	353
	354	354	359	359
	361	366	370	372
	377	378	379	379
	381	381	385	389
	390	390	402	412
	420	421	427	429
	431	433	434	435
	436	445	447	449
	457	460	460	462
	465	473	488	489
	493	499	504	509
	509	510	516	518
	521	522	522	527
	531	536	536	539
	540	547	548	548
	551	552	555	566
	569	571	579	587
	594	600	602	603
	605	629	630	636
	639	644	645	646
	647	649	650	651
	654	655	655	666

	667	668	673	677
	681	681	683	687
	690	690	694	694
	703	703	705	707
	716	723	732	737
	739	748	751	754
	758	759	764	773
	776	777	777	782
	783	790	792	794
	795	795	795	797
	800	800	800	800
	803	816	817	818
	819	823	825	828
	836	840	844	844
	845	849	855	859
	860	867	871	879
	887	887	889	895
	896	897	897	902
	908	914	914	916
	919	926	928	935
	937	947		
-(a)z	137	137	169	186
	195	233	233	242
	288	346	415	511
	552	598	599	605
	664	667	710	
z(i)-	5	5	7	14
	27	31	45	45
	46	46	51	53
	55	57	62	67
	68	86	87	90
	90	91	91	95
	99	107	109	111
	112	117	120	122
	146	150	163	179
	183	185	186	190
	197	199	202	205
	206	220	222	224
	226	228	229	236
	243	265	271	283
	290	296	300	301
	304	305	305	314
	314	322	327	328
	330	338	340	343
	347	348	348	351
	351	357	369	371
	378	380	395	406
	407	408	415	421
	437	439	445	447
	451	460	462	463
	468	475	484	486
	487	503	506	507
	511	511	512	515
	530	531	542	543
	546	551	562	564
	565	577	593	596
	597	601	601	620
	628	637	639	652
	673	682	688	691
	691	702	702	704
	713	714	715	722
	725	725	734	734
	734	737	740	742
	743	746	752	756
	757	764	774	779
	781	785	789	790
	791	792	807	808
	821	833	834	834
	841	851	852	855
	859	859	863	876
	877	880	899	900
	901	912	915	916
	921	923	930	941
	943			
azal	246	626	660	798
azhar	828			

آ

āʾīn	763	857	941

āb	93	117[i]	136[i]	216[i]
	352[i]	505[i]	510	525
	555[i]	573	607[i]	619
	665[i]	745		
ābād	123	870		
ābistan	843			
āb-rūy	175	176	203	205
	582	599	679	893[i]
ādam	78	84	360	468
	540	556	647[r]	
ādamī	739			
āfarīdan				
āfarīd	242	799		
āfarīdah		244		
āfarīn	870			
āfarīniš	25	151	241	259
āfat	786[i]			
āftāb	89[i]	93[i]		
āftāb-sāyah		804		
āgāh	269			
āgāhī	566			
āgahī	132	746		
āhang	523[i]			
āhan-gar	776			
āh	188[i]	520[i]	906	907
ālāyiš	296[i]			
ālūdagī	462			
ālūdah	397[i]			
ālūdan				
ālūdah	900			
may-ālāy		811		
nay-ālāyad		311		
āmadan				
āmad	208	208	234	234
	325	467	628	630
	676	910	936	
āmadah	320			
āy	43	459		
biy-ā	434			
āyam	130			
āʾī	146	357		
n-āʾī	338			
āyad	20	37	37	168
	315	487	526	594
	668	768	807	807
	816	816	897	
mīy-āyad		661		
n-āyad	501	855	855	
āmūxtan				
āmūz	268	279		
āmūzī	271			
ān (-ān)	47	58	59	59
	85	108	112	114
	132	133	138	139
	146	157	157	166
	175[r]	176	179	182
	186	195	199	199
	220[i]	222	224	235
	243	250	263	274
	288	302	311	316
	330	331	332	348
	349	350	361	368
	369	376	378	381
	383	389	399	400
	410	414	418[r]	447
	456	476	477	486
	495	499	503	524
	527	531	532	560
	560	562	563	574
	591	593	595	598
	599	600	601	601
	613	616	624	629
	637	639	657[r]	660
	666	667	667	668
	669	676	681	681
	683	690	693	701
	703	704	707	710
	713	716	717	721
	724	748	757	758
	774	784	788	790

795 807 808 829
862 878 914 919
936[i]
ān-čih (-ān-čih) 47 150 372
619 627 651 663
751 818 899
ān-čunān 200 334 362 483
494 495 810
ān-čunān-kih 168 262
ān-gah 516 628
ān-jā (-ān-jā) 142 293 357
365 384 384 401
564 589 637
ān-kih (-ān-kih) 1 5 14
27 36 37 56
56 62 86 102
228 262 351 393
441 460 487 504
509 510 518 561
561 569 637 734
764 764 779 781
799 807 860 876
879 909
ārāstan
ārāstī 570
ārāy 811
biy-ārāʾī 840
nay-ārāʾī 461
ārzū 278[i] 714 796 797
797
āsmān 81 251[i] 257 376
608 847[i] 892 921
924[i]
āstān 9[i] 351 361 363
408[i] 414 524
āstānah 54[i] 59 591 721
āstīn 188 713 926
āstī 727
āsūdah 482 872
āsūdan
nay-āsūdand 875
biy-āsāʾī 357
āšiyānah 80[i]
āškār 550
ātaš 433[i] 574 574 681
778 779 883[i]
ātašīn 188
āvardan
āvardam 580 938
āvard 240 266 869
āvardand 894
may-ār 591
ārī 708
ārad 524 524 708 884
884
āvīxtan
āvīzī 287
āxir 6[i] 6 18 19
270 571 580 656
940[i]
āxir ul-amr 202 778
āyat 865[i]
āz 707 708 708 709[r]
714
āzār 898[i]
āzurdan 765

ب

ba- 1 4 8 14
19 19 20 21
36 39 43 53
53 64 68 69
87 92 107 108
114 129 149 156
161 162 168 170
185 192 220 232
240 245 247 247
249 255 262 263
264 268 275 278

284	289	295	302
304	304	305	307
311	319	320	320
323	329	334	337
339	340	341	346
347	350	375	393
393	405	410	416
417	431	443	446
446	449	452	453
464	479	483	485
485	488	490	494
494	500	500	505
505	517	525	526
533	537	542	542
554	567	567	570
570	573	577	577
579	580	582	582
587	591	593	597
599	610	612	617
627	636	644	652
662	678	678	696
698	702	704	708
720	723	729	732
753	758	759	765
773	776	784	787
798	801	802	802
811	811	814	815
824	829	838	843
845	848	868	870
872	900	910	912
927	929	937	938
15	95	132	146
153	166	230	293
357	394	401	414
436	524	532	589
642	663	713	713
718	757	764	774
857	941	944	
267			
32	178[i]	254	284
301	308	308	308

	309	311	410[r]	441
	550	649	657	660
	664	734	735[ān]	735
	735[ān]	738[ān]	739	812
	879	936		
badal	410			
badan	837[i]			
badāyat	3	18		
badī	309	314[i]	490	750
badīʿ	23			
bad-kār	738[ān]			
bad-mihr	760			
badr	354[i]			
bad-tarīn	232			
baḏl	647[i]	650		
bahā	331	644		
bahānah	198			
bahjat	331			
bahman	474	742		
bahr	326[i]	385[i]	395[i]	715[i]
	725[i]	826[i]	896[i]	947[i]
bahrah	782			
baḥr	89[i]	106[i]	216[i]	
baina aṣbaʿain		614		
bait	121[i]			
balā	426	670	671	672
	672	673	674	674
	675	677	677	693
	694			
balā-kaš	670			
balīyāt	49			
bal-kih	39	496		
band	130[i]	143[i]	159[i]	201
	338[i]	379[i]	402[i]	415[i]
	437[i]	444	566[i]	716
	745[i]	796[i]	860[i]	
bandagī	564	826		
bandah	66[ān]	514[i]	794[i]	933[i]
bandah-farmān		631		
baqā 112	118	356[i]	405	748[i]
bar (prep.)		37	48	48

59 76 76 113
145 151 158 169
177 178 187 199
199 201 206 207
215 296 298 299
317 323 325 328
361 363 375 376
377 380 383 419
426 434 438 444
444 456 456 458
517 518 527 528
546 548 555 558
573 583 586 591
592 599 603 604
606 608 631 641
654 661 685 707
711 712 717 721
722 730 731 766
771 774 776 780
784 826 835 835
836 839 846 850
861 870 871 885
893 917 935 948

bar (subst. I) 558[i]

bar (subst. II) 229[i]

bar-afšāndan
  bar-afšānam 157
  barāfšānand 237 926

bar-andāxtan
  bar-andāzam 403

bar-ā-bar 705

bar-āmadan
  bar-āy 327 609

bar-ārandah 52[i]

bar-āsūdan
  bar-āsāʾī 146

bar-āvardan
  bar-āvardand 894
  bar-ār 610

barāy- 121[i] 131[i] 163[i] 176[i]
242[i] 257[i] 258[i] 587[i]
588[i] 636[i] 645[i] 669[i]
674[i] 815[i] 871[i] 896[i]

bar-bastan
  bar-bandī 301

bar-bāṭil 336

bar-dāštan
  bar-dāšt 87 98 887 887
  bar-dārī 834
  bar-dārīd 759

bar-dūxtan
  bar-dūz 740

bar-firāštan
  bar-firāštah-am 917

bar-fišāndan
  bar-fišān 713 715

bar-giriftan
  bar-giriftī 567
  bar-girift 110

bar-guzīdan
  bar-guzīd 242

bar-ḥaḏar 509

barī 5 13 596

bar-kandan
  bar-kand 109 703
  bar-kand-ast 880

bar-kardan
  bar-kard 650

bar-kašīdan
  bar-kašīd 892
  bar-kašīdah 388 391
  bar-kaš 416

bar-kār 422

barq 680 681

bar-tar 32 99 159 290
447

bar-tarī 547

bar-tāftan
  bar-tāftī 117

bar-xāstan
  bar-xīz 415 415 433
  bar-xīzī 833

bar-xīzad 522
bar-xvāndan
bar-xvān 241 659
bas 12 60[ā] 60[ā] 190[ī] 204 204 225 282 282 384 450 616[ī] 616[ī] 687[ī] 747 781 835 919
ba-sāmān-tar 908
basīṭ 462[i]
bastah 42 159[i] 512 745[i] 826
bastah-dil 765
bastah-niqāb 943
bastan
mī-bastam 213
bastī 725
bast 97 97
na-bast 246
bastah 396 829
bastah-am 918
bast-ast 660 660
bi-band 691
bandam 201 771
bandī 836 839 839
bas-yār 911
bašar 369
bašarīyat 372
batar (=bad-tar) 734 734 742 861
baxīl 605 803
baxšīdan
baxšīd 646
baxt 133 179[i] 183
bazm 636[i] 828[i]
bā 16 86 86 92 169 173 183 189 190 196 202 255 255 268 294 295 297 298 299 301 306 308 329 400 412 421 436 492 503 527 540 540 554 585 671 674 674 682 689 705 732 733 738 741 742 750 750 750 750 775 777 780 808 812 812 849 853 858
bāʿiṯ ul-ʾamvāt 2
bād 757
bādah 148[i] 381 431
bād-angīz 433 536
bā-far-u-farhang 473
bā-fatrat 196
bāǧ 152[i] 353
bālā 328 340 446
bālīn 834[i]
bām 830 832[i]
bāqī 65 292
bār (subst. I) 478[ī] 851[ī]
bār (subst. II) 165 450 451[i] 781[i]
bār (subst. III) 59 363 377 591 721
bāragī 364
bār-gāh 312[i] 613[i] 838[i]
bāṭin 86 249[-r] 355 570 586
bāvar 91
bā-xabar 509
bāxtan
bāzī 507
bā-yazīd 472
bā-yazīdī 709
bāyistan
bāyad 182 217 217 311 401 501 532 787 791

mī-bāyad 409 409
bāz (adj./adv.) 163 449 486 620 652 748 865 875 877
bāz (subst.) 820[r]
bāzār 225 389 575
bāz-gašt 815
bāzī 266 270 507
bāz-pas 400
bāzū 882[i]
bidʿat 98 109
bih 167 507 685 702 732 733 733 743 789 790 860
bihišt 486 655
bihīn 368 493
bih-tar 682
bih-tarīn 88[i] 247 564 699
bikr 927
birādar 322[āni]
bisāṭ 375[i]
bisyār 450 478[ī] 688 911
bišr-i ḥāfī 472
biyābān 269[i]
bī 43 341 529 672
bī-ʿadad 55
bī-ʿaib 170
bī-ʿilm 276
bī-adab 898
bī-āzarm 684
bī-badan 148
bī-barg 221
bī-čūn 3[-r] 239
bī-dahan 148
bī-dādī 685
bī-dānišī 895
bī-dīdah 382
bī-gāh 281
bī-ġam-u-ranj 767
bī-hamtā 1
bī-hudah 772
bī-hūdah-xand 686
bī-ḥayā 684
bī-ḥāṣil 174 336
bī-jāy 38
bī-kibr 553
bī-kilk 640
bī-kulāh-u-kamar 428
bīm 52
bī-makān 38
bī-miṯl-u-šibh 1
bī-naṣīb 823
bī-navā 40[ī] 178 221 789
bī-naẓarī 300
bīnā 621 622
bīnāʾī 338
bīniš 25
bī-niyāz 597 598 651
bī-qalam 23
bī-rang 504
bī-raunaq 863
bī-riyā 553 588
bīrūn 46 47[i] 96 122 349 351 484
burūn 5 122 130 283 338 357 412 437 460 461 623[i] 625[i] 739[i] 819 821 916
bī-sipāh-u-ḥašar 428
bī-sutūn 23
bīš 327 434 454 455 483 603 616 690 785 786
bī-šarʿ 441
bīš-tar 912
bī-tabāhī 590
bī-tanāhī 590
bī-vaqt 685
bīx 109 714 880
bī-xabar 562 746
bī-xirad 309 801 879
bī-xiradī 267

bīxtan

bīxt 893

bī-xvad 394

bī-zabān 41 382

bī-zabānī 386

bīžan 475

bukā 585

buland 9 67 179

buland-pāyah 804

buland-tar 427 499 921

bulbul 79[i] 141[ān] 221[i] 358[i]

bun 109 324[i] 568[i]

bunyād 864[i]

burdan

burdam 916

burd 253 441

bar 283

ma-bar 485 485

barī 203 437 537 775

bi-barī 346 780

na-barī 339

barad 679 679 913 913

na-barad 8

barand 305

burīdan

burīd (inf.) 409

burīdī 120

burīd 555

bi-burīd 703

bi-bur 436 914

burqaʿ 840

burūdat 137

burūt 434[i]

bušrī 325[i]

but 563

but-kadah 61

but-parast 60 561 562

buzurg 33[i]

buzurgvār 552

būd 630[i]

būdan

būdī 243

būd 18 92 92 95 95 99 104 104 105 106 106 201 211 387 395 397 397 556 627 868 871 876 940

bud 641

na-būd 185

būd-ī 173

būdand 382 382 875

būdah 84 103

būdah-ī 322

būd-ast 86 255 581 581 763 763

bāš 514 514 545 584 584 585 586 663 670 670 721 738 744

ma-bāš 544 544 583 583 709 709 744 744 803

bāšī 280 280 284 284 290 290 300 553 553 796 796

bāšad 219 219 255 308 310 310 369 369 460 483 495 495 503 503 525 525 551 551 563 567 587 627 672 672 719 719 734 734 751 787 787 807 854 854

na-bāšad 161

bāšand 706 706 745 745

buvad 16 36 50 118 118 139 140 175 191 218 218 232

	232	236	237	274
	274	295	313	313
	315	366	385	385
	500	521	521	529
	529	534	563	692
	694	718	718	741
	790	792	792	814
	818	820	820	824
	850	850	883	885
na-buvad	8	344	528	528
	572	572	595	595
bād	298	696	870	948
	948			
ma-bād	741			
bādā	689	730		
hastam	164			
hastī	150			
hast	14	14	22	33
	48	56	67	74
	155	156	156	172
	174	177	225	244
	277	278	535	627
	637	649	699	700
	724	769	789	815
	879	890	908	943
nīstam	937			
nīst	3	3	16	20
	26	26	46	165
	171	172	172	177
	177	184	190	191
	191	270	270	309
	420	420	455	498
	498	507	507	614
	666	666	688	752
	795	867	908	
bū-kih	192			
bū-k	861			
bū-saʿīd	472			
būsīdan				
būsīd	213			

būstān	358^{i}	$924^{\bar{i}}$		
bustān	139	347^{i}		
bū(y)	172^{i}	253^{i}	504^{i}	$749^{\bar{i}}$
	841	897^{i}		
		چ		
čahār	89	816		
čār	648	816		
čaman	$138^{h\bar{a}}$	$141^{h\bar{a}}$	353^{i}	841
čand	5	43	134	200
	203	208	268	324
	324	408	409	409
	536	536	537	579
	579	580	612	631
	772	773		
čang	186	429		
čarx	28	79^{i}	89^{i}	99
	183	185^{i}	188	194
	258^{i}	447	548	648
	802^{i}	865		
čašm	25^{i}	145	187	187
	192^{i}	317	350	350^{i}
	375^{i}	513^{i}	515^{i}	619^{i}
	619^{i}	850^{i}	877^{i}	
čašmah	216^{i}			
čābuk	589	609		
čāh	323	324^{i}	324^{i}	325^{i}
	327	327	328	568
čah	326			
čār-bāliš	76			
čār-sū	794			
čār-takbīr		380	$458^{\bar{i}}$	
čār-ṭabʿ	251			
čārum	832			
čār-yār	88			
čih	5	85	85	121
	126	126	127	127
	154	168	183	203
	242	263	264	266

271 271 286 286 297 297 301 301 401 402 408 436 437 437 466 484 517 554 623 725 751 775 775 783 783 784 784 794 794 820 849 903 931 938 938

čī- 34 44 61 119 119 214 275 281 464 623 690 701 746 772 793 793 851 909

či-gūnah 401

čihrah 840[i] 929

čirā 57 62

čirāġ 470[i]

čirk 463[i]

čīn 930

čīr 885

čīz 16 46[ī] 48

čunān 398

čunīn 179 196 196 257 464 488 488 533 572 580 582 654 765 784 853 854 858 903

čust 223 329 398 459 514[i] 569 589 609

čūn 5 44 47 57 62 69 110 140 146 153 154 162 164 187 187 197 205 207 234 280 284 293 304 305 309 322 322 331 344 357 360 374 407 432 459 506 523 526 527 538 546 553 557 592 622 627 671 677 691 695 707 711 716 718 721 771 772 780 797 813 824 833 836 838 843 853 854 855 891 914 943

ču 53 111 120 186 340 360 360 369 372 422 435 446 517 556 559 559 665 665 719 784 796 816 817 850 866 885 915 927 934

čūn-kih 117 480 650 792

čūn-man 853[īr]

čūn-tu 854[ī]

د

daʿvat 326[r]

daʿvī (daʿvā) 117 515 516[i] 535 895

dabīr 638 827[ī]

dad 268 299[ān] 299 310 734 739 901

dadī 267

daġal 570

dah 790

dahān 691

dajlah 906

dalīl 12 295

dalv 326[i]

dam 57 85 157 316 339[i] 341[i] 363[i] 493 515 666 666 717[i] 807 851

dam-ba-dam 948

dandān 678

daqāʾiq 207

dar (prep.) 7 9 10
20 22 28 29
43 43 44 44
44 50 56 59
63 84 97 98
103 109 113 118
119 133 137 137
141 142 144 154
158 172 181 182
187 196 197 201
209 215 222 227
229 236 245 246
255 256 261 269
276 287 289 303
310 317 321 321
324 326 327 327
333 334 345 349
369 376 386 387
389 391 392 396
397 398 399 403
405 406 413 415
416 421 429 430
438 448 459 463
464 465 467 477
479 483 489 496
498 501 508 508
512 515 520 526
528 545 548 551
558 566 568 568
572 575 575 584
584 585 588 592
604 606 608 610
618 626 638 643
644 646 660 660
662 664 665 670
670 675 676 691
699 701 712 718
718 720 725 727
728 746 749 753
755 765 767 769
771 778 789 796
797 798 807 810
813 816 820 821
825 826 828 831
836 837 841 843
844 846 860 860
867 868 868 869
869 872 875 884
884 886 886 888
890 902 910 929
930 941 944 945

dar (subst.) 69[i] 105[i] 113[i]
207[i] 212[i] 377[i] 419[i]
456[i] 558[i] 583[i] 598[i]
599[i] 599[i] 605[i] 631[i]
784[i]

daraj 293

dar-andāxtan
dar-andāzam 403
dar-andāzand 946

dar-āmadan
dar-āmad 114 223
dar-āy 609
dar-āʾī 838
dar-āyad 4 671
dar-nay-āyad 814

dar-āvardan
dar-ār 610

dar-band 280[i]

dar-bastan
dar-band 434

dard 112[r] 146[i] 520 521[i]
676

dar-figandan
dar-figandah-and 323

dar-gāh 553[i]
dar-gah 449[i]

dar-gudaštan

dar-guḏašt 667
dar-guḏāri 346 407
dar-gunjīdan
dar-na-gunjīd 384
dar-na-gunjaḏ 35
darīǧ 910[a]
darj 209 227
dar-kašīdan
dar-kašīdand 890
dar-kaš 416 740
dar-kār 56
dar-māndah 28
dar-namūdan
dar-ma-namāy 678
dar-nigarīstan
dar-nigar 242 680
dar-rasīdan
dar-rasīd 404
darrīdan
bi-darrad 527
dars 273 425
dar-tāxtan
dar-tāzam 398
darūn 460 461 625 716
739 787 900
darvīš 668
darvīšī 658
daryā 446 573
dar-yāftan
dar-yāft 723
dast 200 213 327 399
602 606 757 820[i]
dastān 476
daulat 76 172 173 356[i]
543[i] 871[i]
daur 648[i] 856[i] 859[i] 891[i]
daurān 164 359
davā 112
davāmī 19
davīdan
davī 784 784
dāʾim 14 509 521 696
738
dād 872
dādan
dād 25 25 210 247
247 557 634 647
656 656 692 799
799 873 873
na-dād 200
dādand 675 675
dādah 394 431
dād-ast 654
dih 129
bi-dih 415 451
diham 168
dihī 285 837
na-dihī 413
dihad 645 663 663 694
na-dihand 338
dāfiʿ 49[i]
dām 130[i] 396[i]
dāman 311[i] 574[-r] 604[i] 834
dāmān 519 852[i]
dānistan
dān 180 284 291 550
551 561 561 564
590 590 593 617
628 718 762
bi-dān 241 309 490 659
798
ma-dān 496
dānī 85 162 408 623
690 938
na-mī-dānī 264
mī-na-dānī 464
bi-dānī 281 454
na-dānī 286 772
dānad 36 238 909
bi-dānad 701

na-dānad 15 34
dānand 945
dāniš 786 795
dār (subst. I) 517
dār (subst. II) 292[i] 484[i] 576[i]
832[i]
dārū 676
dāštan
dāšt 102 102 103
na-dāšt 641 710 716 716
dār 586
bi-dār 602
ma-dār 721
dāram 190
dārī 333 451 715 806
834 852 853 853
na-dārī 566 684
dārad 233 233 235 235
624 727 727 757
882 882
mī-dārad 163
na-dārad 640 761
dārīm 533 533
dārand 427 427 486 862
dāyah 632[i] 762[i]
digar-gūn 891
dihiš 872
dil 25[r] 39 42[i] 54[i]
77[i] 80[i] 93 104
123[i] 124[i] 132 156[i]
188 194 201 202
233[i] 311 367 368[r]
369 372 375 393
394 401 405 453
477[i] 497 497 501
504 504 505[r] 506
513 525 548[i] 575
575[i] 576 612 613
613 614 614 617[i]
617[i] 619 620 621
622 687 688 697
703 722 725 759
766 771 867[i] 877
889 889[i] 907 916
926 938
dil-dārī 126
dil-figār 768
dil-sitān 361
dil-sūxtah 396
dil-šād 764
dil-šikastah 38[ān] 40[ī] 129[i]
dimāǧ 96 546
diraxt 737[i]
dirāz 321 454
diyār 109[i] 215
dībā 839[i]
dīdah 103 103 387[hā] 530
531 531 532[r] 532[i]
532 533[hā] 620[i] 621[i]
622[i] 740 753[i] 823[i]
dīdan 531 532 533 618
618
dīd (inf.) 531
dīdam 193 378 378 875
dīdī 432
bi-dīd 683
na-dīd 576 576
dīdah 530
dīdah-am 379
dīdah-ī 153
dīdah-and 318 318
bīn 554 680 877 931
932
bīnam 192
na-mī-bīnam 224 224 228
228
bīnī 40 40 46 139
144 145 147 147
350 350 359 375
375 749 749 858

858 860 899 901
930
bi-bīnī 578
na-bīnī 482 733 740
bīnad 619 619
bīnand 331 331
dīdār 389
dīgar 162[ān] 392[ī] 479[ān] 480[ān]
752 894
digar 420 456 477 499
502 532 904 928
942
dīn 90[i] 95[i] 95 100
269 270 272 280
325 615 695 909
dīn-dār 738[ān]
dīr 873 885
dīv 99 268 295 297
299 310 313 484
489[i] 490[i] 897 901
902
dīvān 827
dīvānah 442 756[ān]
dīvī 289 290
du 78 243 264 271
380 380 455 486
486 558 592 669
696 710 754 764[r]
773 826 826
duʿā 218
dukān 776[i]
dunyā 100 417 535 645[r]
715 909
dunyā-jūy 902
dur(r) 77[i] 85[i] 101[i] 209[i]
263 494 919[i]
durūǧ 203
durūǧ-gūy 544
dušman 485[ānr] 728[i] 742 743
766

dūd 188[i] 907[i]
dūn 437 856 891
dūn-himmat 196
dūr 222 267 267 288
292 372 378 450
452 485 813 902
dūst 191[ī] 523 523 527
530 742[i] 743 766
dūstī 540 741 741
dūš (adv.) 110 377
dūš (subst.) 451
dūš-ā-dūš 388

ض

ḍaʿīf 63[ān] 154 189
ḍaḥḥāk 824[i]
ḍalālat 657
ḍamīr 933[i]
ḍarb 576[i]
ḍarr 664 697 751
ḍāʾiʿ (ḍāyiʿ) 267 806

ذ

ḏalīl 182 803
ḏalīlī 793
ḏamīm 371
ḏamīmah 287 288 779[i] 779
ḏarrah 836[r]
ḏauq 30[ī] 31 32 390
521 695[i]
ḏākir 355
ḏāt 3[i] 4[i] 8 13
14[i] 39 634[i] 653[i]
ḏikr 35[i] 36[i] 41[i] 42[i]
139[i] 229[i]
ḏurvah 613[i]
ḏu'n-nūrain 100

ف

faḍā 349[i]
faḍāʾil 897
faḍl 106 889 896
faiḍ 629[i] 629 630[i] 639[i] 809[i]
falak 104 169 289[ī] 290 298 800 836 846 859 859 947
falakī 160
falak-pāyah 127
fanā 112 405
faqīr 835
faraḥ 75
faraj 293 694
farāštan
  farāšt 23
fard 266 304 367 798 810
fardā 306 596 860
farīdūn 473[i] 823[i]
farmān 87[i] 283
farmūdan
  farmāyad 487
farq 680 752[ī]
farrux 211 361 414 524 703 704 788
farsūdah 482
farsūdan
  na-farsūd-ī 173
farš 258[i] 376[i] 608[i]
farzand 120 436
fasād 890
faṣl 274
faut 668
faxr 944[i]
fāʿil 21[i] 22[i] 239[i] 623[i]
fānī 65
fāriġ 32 353 353 359 380 421 421 429 704
fāṭir 24[i]
fiʿl 232 310[i] 371[i] 385 779[i]
figandagī 564
fikr 192 263 939
fikrat 32 73 152[r]
firistādan
  firistādī 69
firištah 306
firištah-ṣifat 306
fitnah-angīzī 896
fiṭnat 260
fiṭrat 73 152[r] 322
fīrūzah 258
fuḥš 177 900
furṣat 398[ī]
furū 108 237 365 370 501 531 926
  furūd 146 591
futūḥ 234

گ

galū 794 795
gand 897
ganj 71[i]
ganj-nāmah 250[i]
ganj-xānah 212
gardan 57 714[i] 785
gardan-kaš 475[an]
gardāndan
  gardān 459
  ma-gardān 671
gardūn 46 47 351 354 610 856 891 906[r]
garībān 519

- *garm* 520
- *garm-rau* 389
- *gaštan (gardīdan)*
  - *bi-gardīdam* 193
  - *gaštī* 491
  - *gašt* 187 561 629 704 863 865
  - *na-gašt* 370
  - *gaštah* 380 426 538 859
  - *ma-gard* 337 554
  - *gardam* 400 400
  - *gardī* 203 292 491 612
  - *na-gardī* 334 462
  - *gardad* 508 843 885
  - *bi-gardad* 594
  - *na-gardad* 160
  - *gardand* 332 332
- *gauhar* 248[i] 393[i] 404[i] 607[i] 942[i]
  - *guhar* 648 919
- *gav* 813
- *gazāf* 517 579 683
- *gāh* 112[i] 113 281 697[i] 732[i]
- *gil* 93 342 500 525 612 619
- *gilah* 183 190
- *girān* 781
- *girān-bār* 162 781
- *girān-sang* 126 424
- *girāyistan*
  - *girāy* 443
  - *na-grāyand* 549
- *gird* 203[i] 337[i] 554[i] 609[i] 612[i]
- *giriftan*
  - *giriftam* 195
  - *girift* 184 519 778 803
  - *bi-girift* 81 81
  - *giriftah* 540
  - *gīram* 131 167
  - *gīrad* 639
  - *bi-gīrad* 574
- *giriftār* 162 781
- *girīstan*
  - *bi-girīst* 690
- *giryah* 680[i] 681 682 685
- *gīsū* 74
- *gīv* 475
- *guḏar* 446 573 774
- *guḏaštan*
  - *mī-guḏašt* 777
  - *bu-gḏašt* 664 861
  - *bu-gḏar* 342 366
  - *guḏarī* 780
  - *bu-gḏarī* 780
  - *na-gḏarī* 462 781
- *guḏāštan*
  - *bu-gḏāšt* 87
  - *na-gḏāšt* 98
  - *bu-gḏār* 366 443 602 708
  - *bi-na-gḏārī* 806
- *guft* 332[i] 337 494
- *guftah* 536[hāi]
- *guftan* 411
  - *guft* (inf.) 262 494
  - *guftam* 124 150 180 180 202 216 219 855
  - *guftī* 153
  - *guft* 36 36 85 115 135 214 223 263 393 405 684 758 810
  - *na-guft* 942
  - *guftah* 91
  - *guftah-ī* 256
  - *gūy* 206 343 458 671
  - *bi-gūy* 121 215 215
  - *ma-gūy* 505 582 603 605
  - *gūyam* 183 190

gūʾī 206 466 495 580 903
na-gūʾī 205 921
gūyad 35 35 527 791 791
guftār 337 688
guft-u-gūy 204[i] 336[i] 395[i] 602[i] 704 783
gul 924
gul-čihr 760
gul(i)stān 79[i] 138[hā] 839 841
gulšan 115[i]
gum 120 534
gumān 378
gum-rāh 269
gunāh 913
gunbad 135[i] 379[i]
gurg 300
gurīxtan
bu-grīxtī 99
bu-grīzī 287
bu-grīzad 897
na-grizand 677
gurīzān 756
gurūh 904[ī]
gusistan
bi-gusil 601 601 795 795
gustardan
gustard 258 869
gušādan
bu-gšādan 212
bu-gšādī 69
bu-gšādand 317
bu-gšāy 350
ma-gšāy 678
bu-gšāyam 130 402 402
bu-gšāʾī 840
na-gšāʾī 620
bi-na-gšāyad 513
guvāh 11[i]
guzīdah 244
guzīdan
guzīd 710
guzīnī 299
gū 796
gūdarz 475
gūnah 838 845
gūr 304 304 305 305 307 467 485 805 813
gūš 149[i] 230
gūšah 167[ī] 223[ī] 704[ī]
gū(y) 253[i] 257[i]
gūyā 141 382[i]

غ

ġaflat 457
ġaib 373 404
ġaibī 426
ġair 495[i] 601[i]
ġairat 144 519[i]
ġalaṭ 180 219 571
ġam-gusār 184[i]
ġam(m) 128 162[i] 166[i] 173 189 420[i] 420[ī] 617 666 694 725 750 775[i] 801[i] 853
ġam-nāk 477
ġam-xvārī 126
ġanā 658 693 697
ġaraḍ 67[i] 690 705
ġarūr 448 467 484
ġāfil 202 265 333 344 362 457 765
ġār 541[i]
ġāyat 15[i] 753[i]
ġiḏā 234[i] 672

ġulām	259[i]	706[i]		
ġulāmī	64			
ġunčah	840			
ġurūr	448			
ġuṣṣah	119	173	181	853
	862	888		
hadaf	657[i]			
hadyah	656[i]			
haft	622	623	648	825
	831	845		
haftah	875[ī]			
ham	81	81	205	261
	289	289	289	289
	307	424	424	827
	827	900	900	
ham-ʿinān	503			
hamah	15	22	28	29
	29	31	31	48
	48	50	57	65
	65	75	81	92
	119	139[r]	144	146
	151	197	231	238
	240	244	244	245
	245	259	265	321
	331	332	355	361[r]
	361[r]	382	382	386
	395	395	421	425[r]
	425[r]	426[r]	430	432
	455	476	535	543
	563	574	642	661
	663	745	749	751
	751	760	761	770
	772	788	791	793
	813	847	856	858
	858[r]	860	893	895
	898	902	905	
hamah-sālah		448		

hamān	167			
ham-ču	92	209	434	609
	670	756	804	852
	902	929	931	
ham-dam	191	191[ī]	193[ī]	279[i]
	300[i]	358[i]	538[i]	611[i]
	846[i]			
hamginān	143	322	394	477
	746	861		
hamī	39	169	181	182
	492	652	698	775
	845	934		
hamīn	854			
hamīšah	692			
ham-nafas	190[ī]	268	400	412
ham-nišast		292	294	
ham-nišīn	281[i]	291	343[i]	812
	853			
ham-nišīnī		740		
ham-rah	279	343	467	538
	611	758[ān]		
ham-rāhī	492			
ham-rahī		295	297	
har	39	55	89	103
	220	220	380	486
	500	501	502	595
	605	605	669	675
	696	719	722	723
	754	764	803	833
	851	928	944	
har-čih	20	22	46	50
	62	67	91	153
	237	240	244	368
	375	407	451	495
	563	582	601	624
	628	641	649	661
	699	712	715	733
	791	795	915	
hargiz	510			
har-kih	35	56	87	142

269 276 277[r] 310
311[r] 363 441 467
488 503 508 551
558 560 656[r] 690
692[r] 701 705[r] 724[r]
727 755 762 786[r]
860 879
har-kujā 40 880 881
har-yak 30 30[īr] 817[ī] 902[ī]
928
harzah 204 599 602 679
686
harzah-gūy 442
hast (subst.) 561 626
hastī (subst.) 18 406[i] 407[i]
407 453[i] 630[i] 654
654 712[i] 818
haul 691[i]
havas 171 507[ī] 512 522
541 747 770
havā 155[i] 275 338 348
415 433 433 463
506 522 541 747
821[i] 836 837
havān 353
hayūlā 24 645[r]
hazār 838 845[ān] 845
hazl 910 911[r] 912 912
913 914 916 916
hāmān 538
hāmūn 906[r]
hān 687 687 806
hāviyah 567
hidāyat 45 68[i] 656
hilāl 929
himmat 102 129 177 179[i]
253[-r] 260[i] 432 753
hīč 16 162 172 246
482 565 614 688
690 716 716 721
754
hīč-čīz 330
hīmah 775 777 778 779[i]
780
hīzum 773
humāyūn-liqā 125[i]
hunar 169 169 171 172
172 173 932
huš 761
hušyārī 537
huv(v)īyat 71
hū 35 36 36 37
592 821
hūd 469
hūšang 473

ح

ḥabīb 360
ḥabl 326[i] 327
ḥaḍrat 71[i] 94[i] 143[i] 359[ī]
362[ī] 461[i] 600[i] 925[i]
ḥaidar 105
ḥairat 144
ḥairān 164
ḥairānī 116 391
ḥajjāj 877
ḥakīm 263 279
ḥalāl 788 790 923
ḥalqah 31[i]
ḥamal 838
ḥamīdah 287 811
ḥaqā'iq 207 208 404 429
606
ḥaq-dūst 563
ḥaq-guḏārī 939
ḥaqīqat 132[i] 206 220 233
374[i] 445 490 798
ḥaqīr 552
ḥaq(q) 21 86 90[r] 91

95 139 237 256[i]
268 275 276 371
449 449 519 563
630[r] 650 671 795
925 925
ḥaraj 694
ḥarām 789
ḥarārat 137
ḥarf 111[i] 151[i] 384 385
496 529 615[i] 643
ḥarīf 189 301[ān] 542[ān] 737[ān]
ḥasad 231 302 451 485
714 811
ḥassān 195
ḥassānī 197
ḥasūd 322
ḥašr 255 306[i] 691
ḥašv 180
ḥavādiṯ 168
ḥayā 89
ḥayāt 117[i] 118 492[i] 508
607[i] 634
ḥayy 6 792
ḥazīn 154[i] 853 857
ḥādiṯat 859[i]
ḥāḍir 387
ḥāfiẓ 105
ḥājib 638[i]
ḥāl 597 696
ḥālī 523
ḥāl-rā 228 317
ḥāmil 927
ḥāris 830[i]
ḥāsid 331[āni]
ḥāṣil 185 356[i] 526 594
666[i] 862
ḥijāb 825 864 929[i] 943
ḥikāyat 498 867[i]
ḥikmat 250 260 279 786
918
ḥilm 106 260
ḥimāyat 142[i]
ḥiqd 104
ḥirṣ 104 130 302[r] 448
449 451 485[r] 541
620 714 811
ḥisāb 255
ḥiss 159 351 648 819[r]
ḥīlah 582
ḥīlat 273 720
ḥuḍūr 277 814[i]
ḥujjat 12
ḥujrah 501[i]
ḥukm 31[i] 48[i] 57[i] 62
62 108[i]
ḥurūf 929
ḥusn 570 839

I

ibā 539
ibdāʾ 652
iblīs 540
ibrāhīm 360 468
ibtidā(ʾ) 1[i] 90
idrāk 351[i]
ilāh 913
ilāhī 150 590
iltifāt 128[i] 713[ī]
imkān 624
imlā 134
imrūz 661
ins 27
inṣāf 867
inšā 626
inzivā 886
iqbāl 133
iqlīm 845
iqtidā 417
iskandar 474
sikandar 217[ī]
ism 256[i] 385

istidlāl 253
istiḥālat 164[i] 359[i]
istikmāl 253
istiqlāl 644
išrāq 650
iṯbāt 13
ixlāṣ 145 374 435 576
ixtiyār 788

ای

-*ī* (verb) 66 66 67 67
203 240 244 244
245 245 251 251
252 252 262 262
264 265 268 286
289 289 307 308
309 309 324 324
342 343 406 412
442 489 544 566
593 593 597 691
728 735 781 781
784 831 831 846
846 847 847 855
-*īm* 63 63 64 64
65 66 66
īmān 607
īn (-īn) 30 58 116 116
118 119 122 122
123 126 126 127
127 134 146 153
154 155 156 158
165 166 171 174
180 181 182 183
194 197 201 204
204 206 211 212
212 213 214 214
215 215 216 219
220 223[r] 225 225
226 226 227 230
230 232[hā] 234 235
237 238 250 261
263 265 270 271
272 274 282 291
292 293 300 301
302 315 327 334
335 336 336 340
347 348 348 349
362 366 402 406
432 434 442 453
455 467 477 481
482 486 489 493
493 498 512 518
531 534 535 536
536 542 543 566[hā]
568 568 571 572
575 594 597 599
603 604 604 613
622 654 662 688
693 705 710 713
718 719 728 729
737 742 743 748
753 757 763 766
767 770 771 771
772 774 775 782
783 783 784 789
793 808 816 821
825 848 849 855
856 857 862 866
878 894 904 904
915 918 920 921
926 936 938[r] 939
940 941 941 944
945 947 948
īnak 325
īn-čunīn 418 449 581 581
682 684 763 856
857 942
īn-jā (-īn-jā) 227 294 306
593 596 642 680

690 815
īn-jihānī 873
īraj 474
īšān 304 435 736 903 905
īzad 93 210 239[i] 266[i] 431 634[i] 692 798[i] 810[i] 873
īzadī 344

ج

jabīn 844
jabra'īl 947
jabrīl 295
jahān 347
jahd 45 283 288[i] 346 524 598[i] 802
jahl 13 269 686
jaḥīm 655
jaib 102[i] 188 373 404 834
jalāl 10[i] 375
jam 473 616 617 752
jamʿ 70[i] 491 545 609
jamāl 58[i] 100[i] 387[i] 644
jang 750
jangī 829
janīn 844
jasad 231
jastah 143 379
jastan
jast 777
jau 150[ī] 754[ī]
jauhar 319[i] 626 633[i] 843
jaur 194[i] 856[i] 859[i]
javān-mard 711[ān]
jāh 566 567 568 600[i]
jāhil 174 362
jām 381[i] 616[i] 617[i] 706[i]
jāmiʿ 101[i]
jān 27 36 37 53 53 53[r] 102 106[i] 124[i] 138[hā] 157 181 218 303 346 347 350 394 403 414 415 415 421 426 438 516 559 601 607 628 712 713 741 748 780 791 791 792[r] 799 817 818 818 819 934[i] 936[i] 945 946
jānn 27
jān-sipārī 939
jāvīdān 818
jā(y) 87 121[i] 135 302 313 661[i] 769 805[i] 820[i]
jāy-gāh 147[i]
jāy-gah 293
jid(d) 44 912 913 914 917
jigar 96[i] 184 852 854 889[i]
jigar-xastah 396
jihat 112 648
jihān 9[i] 52[i] 56 81 84[i] 97 98 106[i] 118[i] 119 133[i] 181 182 199 264 311 333 334 347[i] 348 348 350 350[r] 376 380 380 385[i] 386[ī] 391[i] 397[i] 405[i] 408[i] 414[i] 415 416 420 421 421 458 465 471 473 481 503 508[i] 562 574 575 592[i] 608 618 646

675 691 699 700[i]
702 703 710 711
712[i] 713 717 720[i]
745 749 753 755
755 756 757 757
759 760 763 766
767 769 774 774
835 839 847 860
868 869 875 881
886 887 890[ī] 907
908 926 935 941
944
jihān-afrūz 110 883
jihān-ārāy 849
jihān-gušā'ī 874
jihānī 703[ān] 770[ān] 863[ān]
jihān-jūyān 756
jihāt 465[i]
jilvah 243[i]
jins 274
jism 27 53 53 92[i]
385 402 421 601
626 809[i]
jismānī 700
judā 291
juft 16 51 194[i] 345[i]
767[i]
jumlah 47 49[i] 64 82
141 193 208 256[i]
261 288 356 419
423 436 530[i] 618
621 659 660 759
901
junbiš 30[i] 844[i] 891[i]
jurʿah-xvār 706[ānī]
jurm 851
justan 44 45
justam 112 112 200
mī-justam 198 198
justī 153
justah 405
jūy 43 117 272 343
492 611 611 800
bi-jūy 121
ma-jūy 582 599 605 736
737 737
jūyad 755 791 817
jūyand 419 748 748
just-u-jūy 336[i] 395[i]
juz 26 26 90 98
123 171 185 237
420 563 595 666
723 729 753 942
jūd 69 101 106 229
261[i]
jūy 555 665[hā]
jūyandah 29

ک

kaʿbah 43 161[i] 612[i] 612[i]
kabast 737
kabūd 185 802
kad-xudā 847[i]
kaf(f) 489[i]
kai 9 16 116 274
296 310 336 336
366 369 442 449
464 537 783
kaifar 441
kai-qubād 474
kaivān 102 804 899[i]
kalām 810[i]
kalīm 279 360 468
kam 454 511 511 616
689 733 735 785
786
kam-ʿiyārī 578[i]
kamar 97[i] 829
kamāl 25[i] 133 163 338[i]

368[i] 508 594[i] 595[i]
596[i] 597 634 636
696 940
kamālīyat 644
kamān 98
kam-u-bīšī 658
kam-xvariš 787
kandan
bi-kan 714
karam 55 89 248
kardah 659[i]
kardan 45
kard (inf.) 166 229 337
367 401 401
kardam 580 915
kardī 227
kard 96 96 128 128
134 243 243 248
248 249 258 316
441 554 556 626
650 657 657 798
810 848 864 865
870 874 874 892
906 939 939
na-kard 90 371 510
kardand 674 674
kardah 91 210 320 321
380 381 404 426
438 534 539 539
540
kardah-am 180 851
kardah-ī 571 582
na-kard-ast 732
kun 272 272 274 283
288 325 329 333
340 340 346 347
347 417 417 439
446 446 453 453
463 506 506 543
543 598 607 607
612 621 621 669
671 709 722 725
729 877
mī-kun 435
bi-kun 903
ma-kun 64 227 267 713
812 812
kunam 154 168 183 183
197 264 402 403
775 775
kunī 61 61 62 283
285 290 297 297
300 374 410 436
440 516 546 596
618 794 794 835
837 842 842 843
854
na-kunī 414 414 511 511
731 731
kunad 4 39 140 294
294 312 479 500
523 523 573 687
735 785 797 813
821 856 947
na-kunad 295 907 907
kunand 303 303 480 480
698 735
na-kunand 565
karīm 892[ānr]
kas 12 12 15 15
34 90 92 161
171 175[i] 178 184[i]
224 233[i] 238[i] 341
465 482 542 563
676 689[i] 716[i] 720
732 754 802[i] 937[i]
937[i] 942[i] 942[i]
kasād 225
kasb 163[i] 636[i] 789[i] 790[i]
kašf 373 426 722

kašīdan
kašīdam 919
kašīd 409 555
kaš 328 328 604 604
kašī 773
kašad 644
kaṯīf 154
kaun 22 151 592 890
kaunain 591
kaž 722
kažī 98 725 726[r]
kaž-rau 728
kāʾināt 70 633
kāf 627 654
kāfir 193 276[i] 282 441
868 878
kāhil 457 589
kāhiš 741[i]
kālbud 614
kām (subst. I) 303[i] 795
kām (subst. II) 522[i]
kāmil 529 927 941
kām-rānī 874
kār 59 270[i] 344 481[i]
493 497[i] 763 807
820 863[i] 908[i]
kārak 862[i]
kāravān 329[i]
kār-gāh 59 239[i] 593
kār-nāmah 213 227 250[i] 918[i]
kār-sāz 67[i]
kār-u-bār 432 770[i] 770 771
771
kār-xānah 910[i]
kāstan
kāham 181
na-kāhī 150
bi-kāhad 693
kāš 173
kibr 96 547 548 549[r]
549 550[r] 551 554
554
kibriyā 553
kih 9 34 35 35
36 57 60 60
62 63 85 88
98 98 120 135
138 157 162 167
170 171 175 176
179 181 183 184
190 190 195 201
215 218 219 220
222 223 227 229
236 238 242 263
263 265 266 274
277 282 284 286
288 291 295 298
309 309 316 334
337 341 346 370
383 386 398 399
400 406 408 418
418 419 423 423
433 443 464 465
483 490 493 495
500 504 521 531
533 540 550 551
554 560 563 564
564 568 568 576
580 589 593 595
595 598 617 642
649 653 657 660
662 668 676 685
687 689 716 717
718 723 728 729
730 732 736 741
743 745 746 749
758 760 762 766
768 772 787 791
798 801 805 806
807 807 808 810

818 831 848 851
851 856 860 875
890 891 894 899
899 903 904 909
910 921 930 932
934 936 944 945
ki- 59[r] 59[r] 675[r]
k- 47 123 132 133
174 175 186 191
191 194 195 211
214 230 235 237
346 348 365 368
402 642 664 667
703 704 708 710
788 790 870 919
926 940
kī- 61 214 215 281
623
kilk 632[i] 919
kirdagār' 471[i]
kirm 805
kisrā 877
kišvar 633[i] 635[i] 831 832[i]
kiyāsat 260
kīmiyā 866
kīn 481 548 615 855
kīnah 759
kudūrat 397
kufr 107 109 615
kuhnaḥ 22
kujā 230 461 470 472
472 533 571 672
680
kulah 87
kul(l) 22[i] 78[i] 470 636
644
kun 115
kun fa-kān 653
kun fa-yakūn 239
kunj 567[i]
kunyat 736
kusūf 354
kuštan
kušt 764
kū 230 468 471 471
474 475 475 520
520 535 535 575
kūšīdan
kūš 491 668
bi-kūšī 357
kūtāh 454 455
kūy 523[i] 679
kūzah-gar 478 479

ل

laʾīm 892[ānr] 894[ān]
laʿl 187
laʿnat 555
lab 678
laḏḏat 63[i] 136[i] 252[i] 755[i]
lafẓ 643[hāi] 922[i]
lagad 592 717
lagan 935
laḥad 814
laisa-fī-jubbatī-siva'llah-gūy 392
lam yalid va-lam yūlad 17
lang 364 450
langī 537
laṭīf 545
laṭīf-tar 245 348
lauḥ 151[i] 367[i] 427[i] 641[i]
lāʾiq 208 215
lāf 515 517[i] 517 535[i]
535[i] 537[i] 579 579
lālah 842
lā-ubālī 514
lā ilāha illā hū 34
lā-jaram 422

lā-yamūt 792

lā-yazālī 514

lijāmī 601

līk 37 172 785 895

lī maʿa'llah 85

lī-maʿa'llāh-gūy 390

luqmah 445 673 783[ī] 790[ī]

luṭf 39 53[i] 69 93[i] 128[i] 140[i] 248[i] 249[i] 261 344[i] 431[i] 656[i]

lūt 794

lūṭ 469

maʾvā 349

maʿālī 104

maʿānī 369

maʿbūd 27[i] 261

maʿdalat 97 866

maʿdan 843

maʿdūm 653 866

maʿlūm 47[i] 50[i] 174[i]

maʿnī (maʿnā) 85 117 134 271 319 319 373 515 535 626 643[i] 727 895 919 943

maʿrifat 7 11 42 77 226 226[r] 238 247 251 368 381 594

maʿrūf 19 662

maʿšūqah 761[ī]

maʿyūb 64

maʿzūl 593

mabdaʾ 633[i]

mabdaʿ 746[i]

madad 55 129[ī] 647

madḥ 205 605

madīḥ 197 205

madīnah 105[i]

maḍīq 119[i]

maḏkūr 222

mafʿūl 22

mafxar 70

magar 133 192 346 861

maġz 936[i]

mah (neg.) 736 736

maḥabbat 235[ī] 393 510

maḥakk 577

maḥbūb 526

maḥbūs 231[i] 809[i]

maḥḍ 13[i] 73[i] 643

maḥkūm 284[i]

maḥram 94[i] 191 814[i]

maḥrūm 904

maḥšar 440

maḥv 722

maḥzūn 889

mai 430[i] 445 673

maidān 83

mail 232[i] 411[i] 425 500[i] 637[i] 912

majāz 165 769 769

majbūr 56

majīd 77 810

majlis 147[i] 378[ī] 387 398[ī] 431[ī] 934

majmaʿ 379[ī]

majrūḥ 54[i] 424

makān 13 106[i] 359 378 624

makārim ul-ʾaxlāq 650

makr 273 323[hā]

makramat 101

maksab 800

malak 83 290 298 705

malakī 160 289

malak-sāyah 127

malakūt 815

malāʾik 249

malīḥ	846			
mamālik	638	884		
mamālik-sūz		883		
mamlakat	330	880[r]	914	
man	111	129[i]	153	154[i]
	156	156	158[i]	160
	176	179	181	184
	189[i]	220	221	221
	222	396[i]	580	702
	771	789	850	850
	852	857	915	930
	932	933	934	935
	935	936	936	937
	938			
ma-	153[r]	171[r]	179[r]	
manbaʿ	101[i]			
manhaj	444[i]			
mansūb	64			
mansūx	865			
manṣab	175	181[i]	566	600
manṭiq	273			
manūčihr	474			
manzil	39	77[i]	132	156[i]
	320	342	343	406
	409	467	500	502[ī]
	503			
manẓar	825[i]			
maqʿad	142[i]	425[i]		
maqālat	657			
maqām	463[i]	718	945[ī]	
maqhūr	824			
maqṣad	589[i]	590	637	
maqṣūd	240	322		
mard	203	304	305	305
	434[ān]	459[ān]	517[ān]	534[i]
	560[ān]	560	676	686[i]
	711[ān]	719[i]	787	791
	913[r]			
mardum	548	739[i]		
mardumī	248			

mardūd	277			
marg	466[i]	487	487[i]	488
	488	813		
marḥam	124[i]	424[i]		
marjaʿ	633[i]			
markab	450	502[i]	524[i]	
masʿūd	320			
masāfat	454[i]			
masīḥ	360	468	846	
masīḥā-dam		822		
masjid	44	61		
masjidī	60			
maskan	122	135[i]	147	500[ī]
	728[i]			
mast	65[i]	394	430[i]	448[i]
	537	562	901[i]	
mašġūl	278	593		
mašriq	93[i]			
maṭlūb	418	526		
maṯal	662	682	742	
mauj	852[i]			
maujūd	261	628		
mauqūf	662			
mauṣūf	19			
maẓlūm	904			
mā	54	63	66	67
	68	68	69	135
	138	142	142	146
	147	147	211[r]	533
	867	867	867	868
	910	910		
mā auḥā	79			
māʾil	156	765		
mādar	888[i]			
māh	479	844[r]		
mah	52	427	800	924
	933			
mā-jarā	364	383[ī]		
māl	767			
mālik ul-mulk		21		

mānand 16

māndan

  mānd (inf.) 178 345 345 466

  bi-mānd 888 888

  māndah 438

  bi-māndah 7

  bi-mān 302

  mānī 512

  bi-mānī 767

  mānad 365 531 818 818

mānistan

  na-mānad 15

mār 743

māt 508

māyah 271 353[i] 356[i] 639 646 649[i] 686[i]

māyah-baxš 24[i] 649[i]

māzū(y) 642

midḥat 73 214[i]

mih 860

mihr 481[i] 615 759[i] 855 855 933

mihrbān 871

mih-tar 244

miḥnat 189 352 467 693[r]

milkat 700[i] 701 702[i]

millat 107[i]

miskīn 158 189[i] 325

miṣr 121[i] 329[i] 847[i]

miṯl 16

miyān 37[i] 97 327[i] 399 434 437[i] 459 484[i] 528 528 545[i] 585[i] 609[i] 679[i] 778 826 887

miyānah 307[i]

miyānjī 529[i]

mīnā 622

muʾabbad 543

muʿallaq 518

muʿammar 95

muʿtakif 419 583

muʿṭī 651

mubāḥ 923

mubārak 211

mubārak-pai 125[i]

mubdiʿ 27[i] 316[i] 367[i] 652 653[i]

mubīn 209

muddat 873[ī]

mudrik 254[i] 366[i]

mufāraqat 817

muḥāl 204 583 603

muḥīṭ 48

muḥtaram 84

mujarrad 371 452 543

mujāhadah 63 252

mujrim 129

mukarram 128 243

mukāšaf 370

mukrim 129 651

mulk 15[i] 292[i] 613 710 832[i] 863 864 870[i] 882

mumkināt 641

munʿim 196[āni]

munavvar 453

munazzah 31 51 395

munīr 933[i]

munšī 21[i]

muntaẓam 931

muqaddar 798

muqaddas 51[i]

muqbil 228[ī] 343

muqīm 888

murakkab 816

murād 285 723[ī]

murdah-dil 491

murdan

murd 441
mīram 167
na-mīrī 489
bi-mīrad 688
murğ 80^{i} 819^{i}
murīd 709
muruvvat 260
musabbiḥ 355
musallam 128 666 833
musalmān 283 876 878 903
musalmānī 107
mustaˁidd 254^{i}
mustaḥaqq 26^{i}
mustamand 189^{i} 857
mustaqarr 617^{i}
mustavī 882
muṣṭafavī 94
mušarraf 559
mušāhadah 63 252
mušk 943
muškil 722 862
mušrik $96^{\bar{a}n}$
muštarī 224
muštarī-naẓar 899
mutaˁāl 634
mutaḥallī 319
muṭālaˁah 367
muṭlaq 21 86 276 634 923 945
muṭrib $149^{\bar{a}n}$
muvāfiq 611
muxālif 885
muxliṣan 588
muxtaṣar 921 932
muxtār 56
muyassar 696 705
muzavvar 453
mužah 852^{i}
mūnis 171 925^{i}
mūr 752 805
mūsī 538

ن

naˁīm 845
nabavī 94
nadīm 189
nafˁ 429^{i} 664 697 751
nafas 55 $184^{\bar{i}}$ 512 520^{i} 527 610 $667^{\bar{i}}$ 667 668 669 909 928
nafīs 285 720
nafs 21 160^{i} 281^{i} 282 284^{i} 425^{i} 487 490^{r} 522 586^{i} 632^{i} 636^{i} 638 639 639 728
nafy 13
nağmah 141 149^{i}
nağz 134 209 221^{i} 643 923 931 940 941
nağz-suxun 115
nah 4 4 12 12 18 18 39 120 166 166 176 180 219 294 303 383 398 399 400 442 504 525 589 746 748 748 766 784 800 800 855 857
n(a)- 137 137 233 233
naḥs 899
naḥs-tar 899
nairam 476
najāt 118
nakhat 136^{i}
namaṭ 220
namāz 584
namāzī 506
namrūd 539^{r}
namūdan

namūd 211 677
bi-nmūd-ast 881
namāy 698 804 804
bi-nmāy 577
namā'ī 44 824
bi-namā'ī 838
namāyad 707
na-nmāyad 513
naqd 102[i] 223[i] 226[r] 373[i] 575[i] 577[i] 577[i] 698 727[i]
naqš 73[i] 213[i] 238[i] 246[ī] 316[i] 319[i] 342[i] 576[i] 615[i] 619[i] 626[i] 632[i] 640 660[i] 722[i] 839[i] 917[i] 918[i]
naqš-band 26[i] 52[i] 246[i] 625
naqš-xvān 382
nasaq 594 654 863
nasīm 352 655
nasl 78[i]
nasrīn 924
naṣṣ 10[i]
našāṭ 617 750
našv 152 647
natījah 151[i]
nau 719 851
nū 22
nauʿ 274
nauḏar 474
navā 391[i]
navī 149
naxčavān 944[r]
naxšab 800
naxvat 546
nazd 235[i] 563[i] 676[i] 702[i] 789[i]
nazdīk 455
naẓar 245 325 712 795 843 846
naẓīr 195[i] 653
naẓm 25[i] 214[r] 654[i] 921[i] 923[i] 938 939 940[i] 948
nā'ib 638[i]
na-ahl 686
nā-čīz 330
nā-dān 286 559 741 742 743
nāfiḏ 48
nā-gahān 404
nā-gāh 114
nā-gah 377
nā-hangām 682
nā-kas 282 730[ān] 731[ān] 732 733[ān] 734 803[i]
nālah 186
nām 1[i] 33[hāi] 210 736 769[i] 868[i]
nāmah 466[i] 730[i]
nā-maḥdūd 277
nā-maḥṣūr 629
nāmī 646[r]
nān 175 176 177 510 745 803
nā-pasand 457
nā-pākī 460
nāqiṣ 927
nā-sipās 898
n-āsūdah 900
nā-šināsī 314[i]
nāṭiq 10
nā-xušnūd 876
nā-xūb 418
nā-xvaš 486
nāẓir 387
niʿāl 636
niʿmat 681 693[r] 699[ī] 715[i] 767 881
niʿmat-afzāy 695

niʿma'l-ʿabd 698
nidā 315
nigarīstan
  nigar 891
  na-ngarand 753
nigāštan
  nigāšt 23 641
  nigāštah-am 917
  mī-nigārad 640
nihād 160[i]
nihādan
  nihād (inf.) 159
  bi-nhādam 212
  nihād 76 886
  nihādah 57
  bi-nhādah 145
  nih 444 444 588
  bi-nih 451
  ma-nih 766
  niham 157 199 199
  nihī 412 456 456 463 546 851
  na-nihī 298 413
  nihand 373
nihān 496
nihāyat 3 18 236
nihuftah 377
nihuftah-rūy 111
nikūhīdah 878
nikū-kārī 333
niqāb 480[i]
nišastan
  nišastī 457
  bi-nišast 704
  ma-nišīn 333 418 738
  nišīnī 299 344 437 484 733
  bi-nšīnī 375
nišān 226 530[ī] 818
nišīman 340
nišīman-gah 821
niṭāq 826
niṯār 215 248[i] 946[i]
niyāz 584 708
nižand 179
nīk 32 241 254 284 308 308 308[i] 649 659 660[ī] 664 735 750 879 936
nīk-baxt 724[ān] 724
nīkī 312 314[i] 410
nīk-rūzī 799
nīkū 74
  nikū 663 743 766
nīl 555[i]
nīmah 777
nīst (subst.) 561 568
nīstī 113
nīš 481
nīz 48 134 433 579
nuh 648
nuktah 134[ī] 208[ī] 209[hā] 370[ī] 384[hā] 528[r] 743[r] 923
nuktah-gūyān 423
nuqṣān 595 596
nuqṣānī 107
nušūr 305 307
nuṭq 7 8 364[r]
nuxust 151 241 621
nuzhat 138[i]
nūḥ 468
nūn 627 654
nūr 84[i] 94[i] 102[i] 103[i] 247[i] 288 372 453[i] 629 641 643[i] 650[i] 808[ī] 809[i] 824 836
nūš 124[i] 303 429 481[i]
nūš-ā-nūš 388
nūšīdan
  nūšī 148

پ

padīd 266 627
pad̲(ī)ruftan
  pad̲ruftah 91
  pad̲īrad 652
  mī-pad̲īrad 639
pahlū 297
paidā 316
paiġambar 91 114 468[ān]
pai-rau 711[i]
paivand 16 120 703
paivastah 545 585 637
paivastan
  paivast (inf.) 757
  paivast 627
  paivand 436
  paivandī 301
palīd-tar 551
panāh 872
panj 648 819
panj-naubah 76
panjumīn 832
parākandah 491
pardah 836
pardah-dār 827[i]
pardāxtan
  na-pardāzī 542 542
pargār 422
parhīxtan
  bi-parhīzad 522
  na-parhīzand 677
parīdan
  na-param 937
parīšān 905
parīšānī 197
parr-u-bāl 937[i]
partau 809[i] 844[i]
parvardah 310[i] 534 762[r]
parvardan
  parvard 249 762
  parvar 806
  ma-parvar 805
parvariš 645 787
parvānah 609
parvāz 165 821
parvīn 924 931
pas 167 243 309 312 433 518 621 652 707 917
pasandīdah 878
pasandīdan
  na-psandīd 683
  na-psandī 689
past 67 813
pastī 406[i]
pay- 97[i] 259[i] 266[i] 273[i] 361[i] 389[i] 569[i] 605[i] 630[i] 646[i] 667[i] 710[i] 748[i] 755[i] 773[i] 783[i] 797 803[i] 828[i]
pādšāh 21[i] 613
pādšāhī 3[-r] 884
  pādšāʾī 874
pāk 170 296 462 463 506 633 808
pākī 460
pānṣad-u-bīst-u-hašt 940
pārah 504[i]
pārsī 270 271 272
pāsbān 83[i]
pāy 130 159 298 396 399 402 413 444 463 525[i] 546 588 604 606 610 711 740 796[i]
  pai 407 916
pāyah 99[i] 427 499[i]

pāy-bast 294 335[i] 448[i]

pāyistan

  ma-pāy 327 452

  na-pāyad 885

pindāštan

  pindāštī 266

pinhān 550 679

pisar 682

pīč 716

pīr 830

pīrāyah 497[i]

pīš 84 131 168 208 208 487 661 668 710[i] 746 803[i] 829

pīšah 333 725 727

pīšī 50

pīš-tar 487 628 912

pīšvā 70[i]

pul 774[i]

pur 96 379 401 404 834 841 842 859 889 901 924 924 930

pur-maʿānī 216[r]

pur-nīš 124

pušt 711[i]

puxtah 744[i]

pūst 527

pūšiš 747

pūšīdan

  bi-pūš 451

  pūšī 148

pūyandah 29

pūyān 423 756

pūyīdan

  pūy 206

  ma-pūy 599 603 707

  pūyad 755 817

ق

qaʿr 324[i] 567[i] 773[i]

qabūl 90 278 565 587[i]

qadaḥ 842[i]

qadam 113 157 192 230 411 412 430 455 456 573[i] 886

qadam-sāxtah 422

qadīmī 19

qadr 235 262[i] 264[i] 289 557 701[i]

qaḍā 777

qafaṣ 819[i] 819 820

qafā 464[i]

qahr 285[i] 303 586[i] 657

qaḥṭ 194[i]

qaimat 238[i] 264

qalam 4 416

qalb (subst. I) 371[i]

qalb (subst. II) 575

qalb-šikan 476

qamar 827

qanāʿat 604

qarīn 812 858

qasam 848

qaṣd 607[i]

qaṣīr 773

qaṣr 623[i] 828 832[i]

qaṭʿ 374

qaum 437[i]

qavī 785 882

qayyūm 6 653

qāʾid 925[i]

qāʾil 640

qāʾim 14

qābil 252[i] 615[i] 629[i]

qādir 6 634[i]

qāf 496
qāhir 6 586
qālib 444^{i}
qāl-u-qīl 505^{i}
qāmat 186 882^{i}
qāran 476
qārī 252^{i}
qāṣir 236
qiblah 54^{i} 249^{i}
qidam 9 9 84 408
411 413 430 720
qiṣṣah 198^{īr} 200^{ī} 478^{i} 498
616^{i}
qivām 259^{i}
qiyām 584 587
qiyāmat 304
quˁūd 584 587
quddūs 17
qudrat 247
quds 358 461^{r}
qudsī 297^{ān} 317^{ān} 946^{ān}
qul huva'llah 12
qurʾān 10 101 102 326
qurˁah 207
qurb 367^{i}
qurbat 719^{ī} 925^{i}
qurṣ 354^{i}
quvvat 95^{i} 165^{i} 231^{i} 259
399^{ī} 639 695^{i} 815
qūt 163^{i} 231 791^{i} 792
792 815

ر

raˁīyat 871^{i} 872
rabbanā-ẓalamnā-xvān 556
rabbānī 809 920
rabbiya'llah 140
rabbuna'l-ʾaˁlā 141
rad(d) 64
raḍīnā 671
rafīˁ 23
rafīq 161^{i} 301^{āni} 486 692
738^{i} 744^{i} 812^{āni}
raftan 483 525^{i}
raft (inf.) 667
raft 276 384 667 863
864
mī-raft 383 383
raftah 538 539
rau 278 337 343 347
493 589 591
bi-rau 452
ravam 132
bi-ravam 169
ravī 304 304
ravad 230
rahānandah 275
rahānīdan
bi-rahān 302
rah-bar 68^{i}
rah-namā(y) 66 69^{ī} 313
447
rah-namūn 309^{i}
rah-vārī 537
raḥim 844
raḥīl 483
raḥmat 55^{i} 78^{i} 635^{i}
rajā 463 585
ramz 920^{i} 922 922^{i}
rang 642^{i} 749 841
rang-āmīz 536
ranj 345 658 664 666
676
ranjīdan
na-ranjad 754
rasānandah 275
rasāndan
rasānī 845
rasānad 443

mī-rasānad		652					775	916^i	
rasīdan						*rāh-gu$\underline{d}$ar*	776		
rasīd	185					*rāhib*	830^i		
rasam	132					*rāh-rau*	$342_{}$	$573_{}$	
rasī	293	357	449	589		*rah-rau*	$66^{\bar{a}n}\_144^{\bar{a}n}$	$343_{}$	$391^{\bar{i}}_{}$
bi-rasī	268	412					$419^{\bar{a}ni}493^{\bar{a}nr}572^{\bar{a}nr}677^{\bar{a}n}$		
na-rasī	412						$751^{\bar{a}nr}$		
rasad	9	365	526			*rāḥat*	172	658	664	676
bi-rasad		801	801			*rān*	524		
na-rasad		161	236	341		*rāndah*	60^i		
rasm	763	894^i				*rāndan*			
rastah (subst.)	223^i	$728^{\bar{i}}$	729			*rānd* (inf.)	178		
rastah (adj.)	729					*rāndah*	108		
rastan						*rāst*	465	544	597	721
rastī	725						734	774	
bi-rastī	691					*rāstī*	723	724	725	726^r
bi-rast	704						727	729	729
rasūl	90					*rāst-rau*	719		
raunaq	948					*rāyat*	824^i	865^i	
raušan	935					*rāz*	94^i	679^i	
ravān	665					*ribāṭ*	156	158^i	
ravāq	298^i					*riḍā*	168	673	675
raviš	430	572	718			*rištah*	429^i	606^i	934^i
raxnah	884					*riyā*	111	587	
raxt	122^i	133	349	484		*rīsmān*	518	519	
	592^i	880	887			*rīš*	124		
rāḍī	663					*rīš-xand*	911		
rāh	8	8	45	295		*rīxtan*			
	323	337	337	381		*rīxt*	893		
	408	450^i	454	455		*bi-rīxt*	175	762	
	455	485^i	508^i	528		*rīzam*	176		
	534^i	534^i	560^i	567		*rubūbīyat*	71		
	568					*ruqʿah*	207^i		
rah	28	113^i	132	144^i		*rusul*	70	70	82	470
	145^i	158^i	166	206^i		*rux*	110^i	211	405	524
	276^i	337	339	342			677	733^i	890	915
	374	401	403	414		*rūḥ*	54	55^r	92	234
	449^i	452	520^i	560			633^i	646^i	806^r	807
	568	571	588^i	603^i			$808_{}$	922^i	
	610^i	670^i	676	719		*rūḥānī*	$427^{\bar{a}n}$	920	

rū-šinās	669[i]			
rūy	74[i]	94[i]	117	193[i]
	400[i]	480	513	523[i]
	555	576[i]	671	671
	707	708[hā]	723	797
	840[i]	849	877[i]	881
rūz	29	58	86	110
	185[i]	187	211[ī]	255[i]
	334[i]	440[i]	556	581
	582	585	755	758[ī]
	768[ī]	773[i]	776[hā]	776[ī]
	850[i]	861	861	
rūzgār	163	174[i]	190	194
	196[i]	198[ī]	768	874[ī]
	904			
rūzī	798	799	800	801
	802[i]	805[i]		

س

saʿādat	211	726	782[i]	948
saʿd	830[i]			
saʿīr	773			
sabab	78[i]	898		
sabuk-rūḥ	126	424	793	
sabūy	479	480		
sabzah	841			
sadād	890			
safar	329[ī]	340	446	525[i]
	774			
sag	294	307[ī]	400	550[ī]
	551	732	784	784
	812			
sag-sīrat	307			
saḥar	833			
saḥar-xīzī	833			
sail-āb	158			
sair	648[i]			
salāmat	346			
salīm	371			
samar	868			
samūm	352	655		
sanāʾī	942			
sang	504			
sanjīdan				
na-sanjad	754			
saqar	438	710	774	780
	907			
saqaṭ	180			
saqf	47[i]	77[i]	135[i]	188[i]
	906[i]			
sar	30[i]	87	87	108[i]
	113	144[i]	146	169
	283	323[i]	325[i]	361
	390[i]	415[i]	422	433[i]
	435[i]	437	456[i]	516
	517[i]	522[i]	591	592[i]
	610[i]	619	644	758[i]
	834	894	919[i]	
sar-afrāzī	440			
sar-farāzī	272	547		
sarāčah	470[i]			
sarā-pardah	836			
sarāy	165[i]	171[i]	345[i]	377
	467[i]	512[i]	600	664[i]
	669	769[i]	769[i]	
sard	520			
sar-farāz	598			
sar-gardān	28			
sar-gaštah	905			
sar-hangī	829			
sarī	595			
sarmad	356			
sar-nigūn	865			
sar-xail	82			
sarsarī	224	595		
sarvar	217[ī]	428[ān]		
sarvarī	547			
savād (subst. I)	641			
savād (subst. II)	154[i]	157		

saxt 502 743
saxtī 409
sayyid 70^{i} 78^{i}
sādah-dil 286
sākin 38^{i} 39^{i} 72^{i} $145^{\bar{a}n}$ $155^{\bar{a}n}$ 280^{i} 324^{i} $355^{\bar{a}n}$ $358^{\bar{a}ni}$ $423^{\bar{a}ni}$ 583^{i} 614^{i} 636^{i}
sāl 479 767 788 790 940
sālik 72^{i} 389^{i}
sām 476 682
sāmiʿ ul-ʾaṣvāt 2
sāqī 65 $388^{\bar{a}n}$
sāxtan
  sāxtam 192
  sāxtand 323
  sāxtah 158
  saxt-ast 257
  bi-sāz 458
  ma-sāz 769
  sāzam 169 398
  sāzī 440
  sāzand 946
sāyabān 258^{i}
sāyah 99^{i} 150^{i} 635^{i} 869^{i} 887
sāz 652
sidrah 613
sih 496
siḥr 209^{i} 923^{i} 945^{i}
sikkah 226
silk 919
sipanj 664
sipanj-sarāy 849
sipardan
  siparī 407
sipas 206
sipās 199 315
sipihr 546
sir(r) 71^{i} 80^{i} 208^{i} 365 373^{i} 426^{i} 494^{i} $496^{\bar{i}}$ 497^{i} 509^{i} 513 619 620 678^{i}
sitam 438 750
sitūdan
  na-stāyand 549
siyah-rūy 642
siyāhī 643^{i}
siyāsat 61
siyum 828
sīmurġ 866
sīnah $424^{h\bar{a}i}$ 859 $888^{h\bar{a}}$
sīrat 739^{i}
subḥānī 391
suflī 624
sufrah 445^{i} 673^{i}
suftan
  suft (inf.) 494
  suft 85 263 393
  na-suft 942
sujūd 26
sukūn 75
sulaimānī 700
sulṭān 143 631
surādiq 145^{i} 374^{i}
surmah 103^{i}
surūr 292
sust 589
sustī 153
suturdan
  bi-sturdam 916
sutūr 484
suxan 1 37 124 177^{i} 180 199^{r} 199 201 206 209^{i} 212^{r} 218 219 220 220 222^{i} 224^{i} 225 230 234 235 237 238 343 366 383 455 497^{i}

527 529 920 921
926 927[hāi] 931 936[hā]
937 941 944 945
suxun 183
suxan-dān 195
suxan-dān-tar 908
sūd 749
sūrah 252[i]
sūxtan
sūxt 188 188 778 778
906
sūzam 934
na-sūzad 574
sūy- (suy-) 378[i] 381[i] 425[i]
443[i] 447[i] 503[i] 549[i]
817[i] 913[i]
sūz 520 521 581 758[ī]
sūzān 935 935

ص

ṣabr 692 694 698
ṣad 742 767
ṣadaf 77[i] 101[i]
ṣadr 75[i]
ṣaf-dar 476[āni]
ṣaf(f) 416[i] 636[i]
ṣaf-kašīdah 388
ṣaḥn 135[i]
ṣaḥrā 349
ṣalāḥ 131[i] 153[i] 645[i] 871[i]
890
ṣamad 17 51
ṣanᶜat 602[i]
ṣarf 669
ṣaut 384 385 529
ṣābir 697
ṣādiq 611
ṣāfī 92
ṣāḥib 275[-r]
ṣāḥib-dil 228[ī]
ṣāliḥ 788
ṣāliḥ (n.pr.) 469
ṣāniᶜ 625 848[i]
ṣidq 89 91 93 142
329 425 505 515[i]
576
ṣifat 7 11 17 34
226 245 247 262[i]
368 397 459 495[i]
594 603[i] 932
ṣifāt 8 10[i] 51[i] 232
267[i] 287[i] 287[i]
ṣillah 605
ṣināᶜat 604
ṣīt 81[i]
ṣubḥ 422 824 850
ṣuḥbat 299[i] 606[i] 611[i] 731[i]
735[i] 736
ṣulḥ 750
ṣunᶜ 33[i]
ṣūfī 569[i]
ṣūrat 23[i] 24 397 397
459 550[i] 626 739[i]
932[i]

ش

šab 29 58 86 110
185 187 556 580
581 582 585 755
824
šahd 737
šahida'llah 11
šahr 135[ī] 138[i] 146[i] 156[i]
166 320[i]
šahr-band 154
šahriyār 706[ān] 820
šah-savār 88[ān] 831
šahvat 231 747

šaḥnah 439[i]
šaiṭān 438 439[i]
šaix 472
šak(k) 577 688
šamʿ 70[i] 609 883[ī] 922[i] 934
šamʿ-kirdār 935
šamāʾil 897
šamsah 79[i]
šaqāvat 726
šarʿ 81 437 439[r] 443 549
šaraf 88 100 247[i] 265 290 637 705 944
šarang 429
šarar 137 777[ī]
šarāb 511 842 901[i]
šarbat 510[i] 675[i]
šarḥ 41[i] 74[i] 236 922[i]
šarīʿat 440 443 444
šarīf 545 893[ān]
šarīf-tar 245 348
šarm 103 298 684
šarq 834
šar(r) 109 429[i] 751
šarṭ 564
šar-u-šūr 783
šauq 30[ī] 31[i] 32 148 390 521
šaxṣ 647[i]
šāʿirī 602
šādī 685
šāh 147[ī] 148 631 638
  šah 473[āni] 868[ī] 870[āni] 882 885
šāhid 71[i] 110[i] 318[ī] 513[i] 846[i] 928[ī] 929[āni] 941
šāh-rāh 72[i]
šākir 697
šām 422 850
-šān (-išān) 96 140 140 141 232 356 420 420 431 432 432 736 736 740 740 746 752 752 754 754 859 895 895 896 896 897 897 900 900 906 906 907 907 912
šāx 109[i] 152[i] 714[i]
šāyistah 291[i]
šāyistan
  šāʾī 461
  šāyad 168 182 205 401 532
  na-šāyad 337
šiʿār 210[i] 248[i] 315 440[i] 460[i] 493 497[i] 541[i]
šiʿr 443 602
šibh 51
šiblī 472
šigarf 384 529 643
šigarf-tar 928
šikam 786 794
šikastah 42
šikastah-pāy 155[i]
šikastan
  bi-šikan 714 819
šik(k)ar 136 695
šinās 315
šināxtan
  šināsad 701
šinīdan
  šinīdī 758
  na-šinīdī 263
  šinīdah 478
  šinau 478
  bi-šnau 452 465 544 597 743
  šinavī 41 41 149 616

616
šinavad 230
šiš 648
šiš-jihat 251 381 396
šitāftan
bi-štābad 488
šīn 496
šīrīn 695 931 941
šīr 471[i]
šīṯ 468
šīvah 536[hāi] 915
šudan
šudī 282 506
šud 120 269 277 452 455 519 558 575 627 628 705 705 862 866 867 883 886 889 889 891 891 927 927 930
na-šud 269 371 622
šudah 7 335
šud-ast 10 186 187
šau 267 278 446 452 568 568
šavī 279 279 285 285 288 288 296 306 330 330 358 358 435 439 545 552 552 559 596 598 598 669 768 768 785
na-šavī 291 291 296 729
šavad 184 191 364 364 372 372 373 530 530 696 722 841 841
na-šavad 123 160 573 668 720
šavīm 65
šuġl 380[i] 724[i]
šukr 692 695 698[ī]
šumār 334 807 816
šustah 405
šustan
šustah 111
bi-šūy 505
šutur-murġ 164
šūm 866
šūr 109 175 176 783
šūr-baxtī 578 799
šūriš 608[i]

ت

taʾassuf 119
taʿab 185
taʿallum 140
taʿalluq 808
taʿjīl 483
taʿrīf 127 837
tabarrā 347
tabāhī 884
tadbīr 458[ī]
tag 784
taġyīr 4
tahamtan 475
tahī 297 546
taḥqīq 161 210 431
taḥrīr 4
taḥsīn 947
taḥṣīl 278[i]
taḥt 651[i]
tajrīd 341 341 717
takabbur 552
tak-u-pūy 43 392 479 797 902
tak-u-tāz 321
takyah 731
takyah-jāy 447
talbīs 273 540 720
talqīn 312
talx 694

tamannā 523[i] 618
tamām 718
tamām-ʿiyār 225 575
tamāmī 646[r]
tamāšā 347 621[i]
tamkīn 947
tan 75 87 167 426 527 805 816 817
tang 364 450
tang-dil 332
tangī 597[i]
tangnā(y) 116[i] 814[i]
tanhā-rau 831
tan-zadah 362
taqvā 131[r]
tar 573 852
taraddud 317
tarannum 140
tark 272[i] 290[i] 300[i] 411[i] 417[i] 453[i] 535[i] 540[i]
tarkīb 25 385
tarsīdan
  tarsī 516
tasnīm 352
tašrīf 127 837
taufīq 161 210 431 692
tauḥīd 341
tavaqquf 119
tavassuṭ 630
tavāḍuʿ 552
tavān 53
tavān-gar 835
tavānistan
  tavān 618
  na-tavān 262 723
  na-tvān 494 494
  bi-na-tvān 667
  tavānam 166 166
  na-tvānam 159
  tavānī 227 229 229 554 678 730 736 744
  na-tavānī 339 512
  tavānad 36 367 717 717
  bi-tavānad 363
  na-tavānad 757 802
  na-tvānad 365 370 531
  na-mī-tavānad 909
taxtah 73[i] 111[i] 241[i] 319[i] 615[i] 632[i] 722[i] 916[i]
tā 46 59 59 116 118 129 132 160 161 173 192 199 227 230 242 268 274 279 283 291 295 296 323 330 336 336 338 350 370 371 374 401 406 408 410 412 413 414 435 439 442 454 461 462 463 464 479 481 489 490 491 500 511 513 530 532 537 541 545 554 559 565 567 578 589 591 620 668 669 678 680 687 696 698 708 712 721 722 728 730 736 740 744 752 763 783 787 796 806 821 886 887 914 921 938
tābiʿ 282 747[i]
tāftan
  bi-tāft 723
  bi-tāftah-am 915
  bi-tābī 797
tār 324
tārak 546[i] 893[i]

tāzah-rūy 545 841

tāzī 270 271 272

tīġ 108

tīr 213

tīrah 324 581 687 892

tīrah-fām 850

tīz-āhang 186

tīz-par 502

tu 44 45 45 51
53 55 55 58
58 61 61 65
65 65 66 66
67 67 68 68
85 86 128 128
150 150 151 156
203 203 240 244
244 246 247 247
248 248 255 255
257 258 258 259
259 261 262 262
262 264 265 266
280 281 284 286
289 295 296 299
299 306 307 308
308 308 312 314
314 316 317 321
322 331 342 342
342 342 344 362
372 376 406 408
412 412 432 433
435 438 450 452
452 457 464 464
466 489 489 490
538 541 541 544
548 553 565 566
578 593 620 623
664 667 668 685
689 689 722 723
730 730 730 735
764 764 765 766
780 782 782 796
797 811 822 823
825 831 832 832
843 845 846 846
847 847 848 849
855 855 903 914
938

tu- 53 54 54 57[r]
60 60 62[r] 68
68 121 121 151
152 152 223 234[r]
242[r] 242[r] 243[r] 256
265[r] 292[r] 314 314
323[r] 331[r] 406 406
411[r] 589 617 617
696[r] 696[r] 707[r] 712[r]
712 728 728 766[r]
779 779 828 833[r]
844 844

tuḥfah 920[ī]

turrahāt 232 442

turš 783

turuš-rūy 930

ط

ṭaʿām 511

ṭaʿn 321 905[hāi]

ṭabʿ 92 759

ṭabīʿat 444

ṭabīʿī 296

ṭalʿat 103

ṭalab 29 30 417[i] 526
543[i] 588 596 731[i]
915

ṭalabīdan

ṭalab 42 42 418 447
447 600 600 800

ṭalabī 547 547

ṭalāq 413[i]

ṭamaʿ	68^{i}	222	709	
ṭarab	157	527		
ṭaraf	166	182	637	639
	944			
ṭarāz	214	218^{i}	219^{i}	220^{i}
ṭarf	301			
ṭarīq	131^{i}	210^{i}	230	572
	707^{i}			
ṭarīqat	206	233	445	572
ṭauq	31^{i}			
ṭavāf	612^{i}			
ṭāʿat	555	$564^{ī}$	581^{i}	
ṭāhir	33^{i}			
ṭāliʿ	320^{i}			
ṭālib	58^{i}	63^{i}	231^{i}	745^{i}
	$925^{āni}$			
ṭāqat	165^{i}	533^{i}		
ṭārum	257^{i}	832		
ṭilism	402			
ṭufail	82^{i}			
ṭumṭurāq	772			
ṭurrah	204			
ṭūs	475			
ṭūṭī	115^{i}	$139^{ān}$		

ث

ṯabāt	430^{i}			
ṯamar	152	726		
ṯamīn	209			
ṯanā	197	218	219	
ṯaqīlī	793			
ṯānī	386			
ṯumma'jtabāhu	557			
ṯurayyā	328			

أ

u	1	5	5	6
	6	6	12	13
	13	15	16	16
	17	17	17	18
	18	20	21	22
	22	24	27	27
	27	28	28	28
	29	31	32	32
	32	32	32	38
	40	43	44	51
	51	52	52	53
	55	56	57	58
	58	62	64	65
	65	66	67	69
	70	75	75	81
	82	82	84	86
	89	89	89	91
	93	100	101	104
	105	106	106	109
	109	116	117	119
	122	135	143	147
	159	164	165	170
	170	171	173	174
	184	185	188	189
	189	197	202	204
	204	211	213	218
	221	231	231	235
	248	251	254	257
	259	260	260	260
	260	260	261	265
	268	270	271	272
	272	273	273	273
	274	274	279	281
	286	289	289	294
	297	299	302	302
	308	310	312	315
	326	329	330	331
	343	345	355	355
	360	360	360	362
	362	366	378	384
	385	385	387	393
	394	394	394	399
	400	403	417	418
	421	421	422	424

426	429	432	436
436	442	442	450
450	451	452	452
454	454	454	457
458	459	460	461
467	468	468	468
468	469	469	469
469	469	469	471
471	472	472	473
474	474	474	474
475	475	475	476
476	476	479	481
484	485	486	486
490	491	491	492
496	496	498	505
507	509	510	511
511	515	516	520
520	521	522	525
529	529	538	538
541	541	545	547
549	550	552	553
556	557	559	562
562	566	569	570
576	577	578	584
584	585	585	585
586	587	587	589
589	590	595	599
600	601	602	603
603	604	609	611
615	615	616	617
619	624	624	624
625	626	626	626
627	627	627	630
631	632	634	637
638	638	640	642
643	644	648	648
649	651	651	654
658	658	658	658
660	664	664	664
664	666	671	676
676	680	684	684

	685	685	685	687
	692	693	693	694
	695	697	697	698
	709	709	713	713
	714	714	716	720
	720	736	737	738
	739	744	745	747
	747	747	747	747
	749	750	750	751
	755	756	760	761
	763	764	766	767
	778	780	782	783
	783	784	786	788
	795	799	799	801
	803	803	805	811
	812	814	815	834
	835	841	853	857
	857	857	860	861
	861	862	862	866
	872	874	877	890
	890	894	898	901
	902	905	909	911
	922	923	923	924
	924	931	933	935
	941	941	941	945
	947			
v-	47	61	167	169
	212	242	250	261
	285	288	307	313
	330	331	350	393
	410	415	432	441
	456	510	511	516
	547	552	561	574
	594	598	599	605
	616	625	625	655
	655	663	666	689
	693	693	746	770
	813	878	904	909
uftādan (ūftādan)				
uftād	179	179	571	571
na-mīy-uftād	200			

uftādand 317
uftādah 144 394
ūftādah 392
uftādah-and 321
umam 89
umīd 52 861[i]
uns 358
uqlīdīs 273
uqtulu'l-mušrikīn 108

او

ū 4 4 5 5
10 12 12 14
14 15 15 15
18 22 24 24
26 26 27 27
31 31 33 33
34 35 38 38
41 41 41 41
42 43 43[r] 45
45 46 47 48
49 49 50 75
77 77 78 80
80 82 84 87
92 95 97 97
99 99 106 106
107 107 135 136[r]
136[r] 137 137 140
142 161 191 191
201 229 229 235
285 310 348 352
352 370 387 387
393 394 395 395
417 419 420 421
436 480 481 481
481 483 490 500
510 525 525 557
557 558 558 561
563 563 576 601
615 615 629 632
632 633 633 634[r]
635 635 636 638
638 640 640 641
642 645 647 647
652 653[r] 655 655
656 659 663 670
674 694 694 701
703 704 706 706
727 748 755 756
756 759 761 762
764 764 765 765
766 766[r] 788 795
805 820 856 856
868 872 876 879
885 908 908 917
922 922 946
ūy 419
vai 82 82 293 551
651 800
ūlā 24

و

vadūd 456 635
va'ḍ-ḍuḥā 74
vafā 194 732 732 737
vah 286
vahm 7 8[r] 9 20
32 365 366 366
vaḥdahu lā šarīka lah 11 149
vaḥdat 339 339
vai (interj.) 51 60 125
126 127 793
valad 51
valī 878 923
va-līk 200 831
valīyu'llāh 114
va'l-lail 74
vaqf 426
vaqt 305[i] 307[i] 332 483[i]
662 697[i] 807[i]

varāy- 62[i] 102[i] 264[i] 351[i] 359[i]
varzīdan
varz 417
vaṣf 4[i] 74[i] 204[i]
vaṣl 361[i] 419[i]
vaṭan 122 398 501
vazīr 742
vāfī 92
vāhib ul-ʿaql 170
vāḥid 17
vājib 14
vājib ul-vujūd 20
vālā 340
vālih 394
vālī 635[i] 829[i]
vārid 404[i]
vidāʿ 414[i]
vilāyat 142[i] 439 498 656 808[i] 867[i]
vird 218[i]
viṣāl 58[i] 390 430[i] 526[i]
vitr 17
viṯāq 114 826
vujūd 14[i] 26 100[i] 240 240[i] 254[i] 261[i] 298[i] 316[i] 320 413[i] 416[i] 420[i] 456 577[i] 624[i] 635 848[i] 849[i]
vušāq 826

خ

xabar 233 369 420
xaḍir 446
xaḍir-kisvat 822[i]
xail 82[i] 824[i]
xaimaḥ 23[i] 349
xair 751
xajil 332 334
xalāʾiq 606
xalīl 539[i]
xalq 111 222 597 598 599 869[r] 876 898[r]
xamīdan
xamīd 186
xandah 678 678 679[i] 680[i] 681[i] 682 685 686[i] 687 688[i] 691
xandīdan
xandīd 690
mī-xandīd 683
bi-xand 691
ma-xand 434
mī-xandam 771
xandī 684 689
na-xandī 687
bi-xandad 689
xar 778
xarak 776[i]
xarāb 123 158 864
xarāb-ābād 123
xarābāt 43 44 448[i]
xar-gāh 625
xar-gah 622[i] 623
xarī 300
xarj 227
xas 731[ān] 732 733[ān] 796[ān]
xasīs 285 605 803
xastah 40[i] 768[i] 850 857 905[i]
xaṣlat 779[i]
xatm 948[i]
xaṭar 710 712
xaṭā 180 219 265 571 571 855
xaṭ(ṭ) 283[i] 603 604 641[i] 642 869[i]
xauf 585
xazān 353

xazīnah 105[i]
xāḍiʿ 584
xāk 46 76 136[i] 243 348[i] 352[i] 462 477 479[i] 480 480[i] 515 808 837[r] 843 893
xāk-dān 335[i] 482[i]
xākī 160 946[ān]
xāk-rūb 83
xāl 204 603
xāliq ul-xalq 2 239
xāliṣan 588
xālī 104
xām 538[ān] 744
xāmah 213 918[i]
xāmuš 423[āni]
xānah 95[i] 158 280[i] 305 583[i]
xānaqāh 72[i]
xān-u-mān 403
xāqān 702
xār 760 851[ī]
xāstan
xīz 117 122 418 458 492 505 577
xīzī 305 307
xāṣ 143[i] 145 147[i] 368 374 501[i] 553[i] 748[ān] 862
xāṣah 587
xāṣ ul-xāṣ 435
xāšiʿ 584
xātam 470[i]
xāṭir 20 50 207 236 254 754 927[i] 933[i]
xāzin 71[i] 80[i] 105[i]
xidmat 435
xiḍāb 842
xiḍr 114[i]
xiḍr-sīrat 217
xilʿat 75[i] 148[i] 557[i]
xilqat 253
xirad 32 134 192 218 223 309 310 333 487 649 649 735 761 806
xirad-mand 801
xirāmīdan
xirām 122
xirqah 403 946[hā]
xiṣāl 288[i] 811[i]
xiṭāb 255 371 698 822[i]
xiṭṭah 123[i] 155[r] 462[i] 823[i]
xiyāl 583
xizānah 54[i] 80[i]
xīrah 579 687 689
xubṯ 460 506[i] 900
xudā(y) 1 66 170[ī] 291 539 539 588 600 610 669 876 902
xuḍūʿ 585
xuftah 202
xuftan 782
xuftah-and 477
xujastah-pai 651
xujastah-qadam 125
xum 431[i]
xum-xānah 445[i] 673[i]
xunyā-gar 828
xurram 477
xurramī 120 888
xusrau 428[ān] 822[i] 831
xusūf 354
xušk-nān 702[ī]
xū 490 674 674
xūbī 658
xūb-rū 544
xūb-tar 246
xūk 294 400 812
xūn 96 184 405[i] 762[i]

852[i] 854 859 867
889 938[i]
xūn-rīzī 896
xvad 14 122 130 192
195 202 248 249
254 264 265 284
308 332 357 376[r]
410[r] 411 412 413
439 440 457 458[r]
466 489 534 542
542 558[r] 560[r] 565[r]
566 577 586 592
596 775 801 802
817 870[r] 934
xvad-bīnī 901
xvad-dīd 561
xvad-parastī 406[i]
xvard 509 511 747
xvardan 782 785 785
xvard (inf.) 166 229
xvardam 938
xvardī 673 673
xvard 175 510 786
bi-xvard 762
xvardah 381
xvar 445 445
bi-xvar 451
ma-xvar 801
xvarī 790
na-mī-xvarī 775
xvariš 805[i]
xvaršīd 52 354 864[i]
xvaš 670 909
xvaš-dilī 887
xvaš-navā(y) 115[i]
xvaš-sarā(y) 221
xvaš-sipāsī 314[i]
xvāb 509 511 665[i] 747
833
xvājah 470[i]
xvāndah 60[i]
xvāndan
xvānd (inf.) 365 466
xvāndah 108
na-xvānī 730
xvānad 238 276 370
xvānand 237 569 569 926
945
xvār 552 803
xvārī 708
xvāstan
bi-xvāham 178
na-xvāham 178
na-mī-xvāham 181
xvāhī 62 345 345 492
734 772
bi-xvāhī 464 466
na-xvāhī 466
xvāhad 35
xvāstār 911
xvīš 302[r] 407 434 534
577 578 578 593
661 746 871 871
xvīš-tan 241[r] 328[r] 340[r] 399[r]
463 543 559[r] 794
804 898
xvīš-tan-bīn 562

ی

yaʿqūb 120 469
yafʿalu'llāhu mā yašā(') 659
yak 20[i] 130[i] 250[i] 250[i]
367[i] 456 459[i] 477[i]
556 562[i] 562[i] 610
666[i] 676[i] 773 777[i]
843 878[i] 909 928
yak-bāragī 303
yak-bārah 863
yak-čand 201

yak-digar 627
yak-nafas 542 612 770
yak-rang 355 586
yak-sar 778 825
yak-šab 202[ī]
yal 829[i]
yaqīn 20 280 284 329
452 453 617 877
yazīd 709
yā 183 229 230 446
446 470 473 475
665 665 665
yād 510 810 848
yāftan
yāftam 377
yāftī 914
yāft 508 940
yāftah 100 107 390 430
bi-yāftah-am 915
na-yāft-ast 465
yābam 132 133
yābī 137 137 293 293
591 721
bi-yābī 374 914
yābad 363 488
yār 88[ān] 171 344 541[i]
yāristan
yārad 57
yāsamīn 840
yāsij 657[i]
yūnus 469
yūsuf 300 318[ī] 469 847[i]
yūšaʿ 469

ز

zabān 35 36 37 42[i]
177 178 236 321[i]
383 393 494 505
528 579 640 697
900
zabān-dānī 386
zadan 57 339 363 512
zad (inf.) 717 717
zad 76 207 207 518
518 682 742
zadah 429
zadah-am 113 113
zan 327 341 349 493
515 515 517 606
606
bi-zan 711
zanam 167 399
zanī 515 517 579 579
592 836
zahr 303
zahīr 345
zaḥmat 528[i]
zaid 630 632
zain 100
zamān 13 383 502[ī] 624
719 947
zamānah 662 866[i] 910[i]
zamin 155
zamīn 81 193 257 289
299 548
zan 436
zanax 911
zang 620[i]
zar 834
zar-afšānī 835
zarq 111 570
zarrāq 379
zaxm 768[i]
zādan
zādī 764
zād 12
bi-zād 764
zād-ast 654
zāyad 928 928

zāhid 569
zāj 642
zār 324 857
zāviyah 567
zi-bar 427
zidūdan
na-zdāʾī 620
zih 519[i]
zihī 282 516 765
zindagānī 216[r] 873
zindagī 488 489
zindah 53 491
zindānī 335
zinhār 334
zišt 64 486 663
zištī 658
zišt-kārī 578[i]
zišt-xūy 544
ziyādat 948
ziyān 749
zī 8 913
zībā-rūy 318
zībā-xūy 318
zīr 407[i] 524[i] 610[i] 781[i] 796[i] 802[i] 864[i]
zīrak 683[i] 785
zīstan 789
zīst (inf.) 464 701 772 909
zīst 441
zī 334 483
ziyam 167
zīvar 201[i] 214[i] 319[i] 607[i] 839[i]
zubdah 73[i] 251[i]
zuhd 417
zuhrah 828[i]
zuhrah-jamāl 929
zulf 110[i] 204 603
zūd 441 885
zūd-sair 760

ظ

ẓafar 107
ẓarīf 893[ān]
ẓāhir 33[i] 86 249 355 570 586
ẓālim 875[ān] 876[i] 879 885
ẓulm 685 864 877[i] 879 880 883 884 884 886
ẓulmat 118 438[i]
ẓulmānī 116 335 809

ژ

žarf 325

III. FREQUENCY WORD-LIST

	1. *u (v-)*	489
	2. *az (-(a)z, z(i)-)*	470
	3. *-(a)st*	294
	4. *būdan*	244
	5. *kih (ki-, k-, kī-)*	214
	6. *dar* (prep.)	203
	7. *tu (tu-)*	199
	8. *ba- (bad-, bah)*	196
	9. *īn (-īn)*	187
	10. *ū (ūy, vai)*	186
	11. *kardan*	180
	12. *-(a)š*	137
	13. *ān (-ān)*	125
	14. *čūn (ču)*	100
t	15. *jihān*	97
	16. *bar* (prep.)	95
	17. *tā*	95
	18. *-(a)t*	90
	19. *šudan*	88
	20. *hamah*	79
t	21. *dil*	70
	22. *čih (čī-)*	69
	23. *agar (ar, gar)*	65
	24. *bā*	58
	25. *dīdan*	58
	26. *guftan*	53
	27. *-ī* (verb)	52
t	28. *rāh (rah)*	51
t	29. *jān*	47
	30. *-(a)m* (pron.)	43
t	31. *xvad*	43
	32. *-and*	41
	33. *suxan (suxun)*	41
	34. *dānistan*	40
	35. *dāštan*	40
	36. *man (ma-)*	40
	37. *āmadan*	38
	38. *ān-kih (-ān-kih)*	37
ta	39. *ʿišq*	36
	40. *andar*	36
	41. *nah (n(a)-)*	36
	42. *ai*	35
	43. *-šān (-išān)*	34
	44. *zadan*	34
	45. *dādan*	33
	46. *har-čih*	31
	47. *kas*	31
	48. *sar*	31
	49. *gaštan (gardīdan)*	30
	50. *har-kih*	30
	51. *justan*	30
	52. *tavānistan*	30
a	53. *ʿālam*	27
	54. *har*	27
t	55. *bad*	26
	56. *raftan*	25
	57. *bīrūn (burūn)*	23
	58. *nihādan*	23
	59. *rūz*	23
	60. *afgandan (figandan)*	22
	61. *čand*	22
ta	62. *ḥaq(q)*	22
	63. *mā*	22
	64. *yāftan*	22
a	65. *jumlah*	21
	66. *pāy*	20
	67. *rūy*	20
	68. *yak*	20
ta	69. *ʿilm*	19
	70. *burdan*	19
	71. *du*	19
	72. *pay-*	19

ta	73.	*vujūd*	19
	74.	*bas*	18
	75.	*čunīn*	18
a	76.	*naqš*	18
	77.	*xvardan*	18
t	78.	*mard*	17
	79.	*miyān*	17
	80.	*rasīdan*	17
t	81.	*zabān*	17
	82.	*barāy-*	16
	83.	*bastan*	16
	84.	*dar* (subst.)	16
	85.	*dīdah*	16
	86.	*juz*	16
ta	87.	*nafs*	16
ta	88.	*nūr*	16
t	89.	*xāk*	16
ta	90.	*ʿāšiq*	15
	91.	*-am* (verb)	15
	92.	*band*	15
t	93.	*čašm*	15
	94.	*dīgar (digar)*	15
a	95.	*ġam(m)*	15
	96.	*ham*	15
ta	97.	*havā*	15
	98.	*kai*	15
ta	99.	*maʿnī (maʿnā)*	15
	100.	*māndan*	15
t	101.	*nīk*	15
ta	102.	*ṣifat*	15
	103.	*šinīdan*	15
ta	104.	*ʿadl*	14
ta	105.	*ʿaql*	14
t	106.	*āb*	14
t	107.	*čarx*	14
	108.	*dam*	14
ta	109.	*kamāl*	14
ta	110.	*sir(r)*	14
t	111.	*xirad*	14
	112.	*āvardan*	13
ta	113.	*bālā*	13
t	114.	*dīv*	13
	115.	*hīč*	13
a	116.	*manzil*	13
	117.	*pur*	13
a	118.	*sākin*	13
	119.	*šab*	13
	120.	*xvāstan*	13
t	121.	*dīn*	12
	122.	*dūr*	12
	123.	*giriftan*	12
	124.	*kū*	12
ta	125.	*luṭf*	12
ta	126.	*maʿrifat*	12
a	127.	*nafas*	12
	128.	*namūdan*	12
	129.	*pīš*	12
t	130.	*xudā(y)*	12
	131.	*xvāndan*	12
	132.	*xvīš*	12
ta	133.	*ʿizzat*	11
	134.	*bāyistan*	11
	135.	*bih*	11
ta	136.	*falak*	11
	137.	*gušādan*	11
	138.	*ham-ču*	11
ta	139.	*ḥirṣ*	11
	140.	*kār*	11
	141.	*nišastan*	11
a	142.	*qadam*	11
t	143.	*rāh-rau (rah-rau)*	11
	144.	*sarāy*	11
t	145.	*xandah*	11
	146.	*yā*	11
	147.	*agar-čih (ar-čih, gar-čih)*	10
	148.	*ān-čih (-ān-čih)*	10
	149.	*ān-jā (-ān-jā)*	10
	150.	*bīš*	10
	151.	*hamī*	10

t	152.	*hastī*	10
	153.	*īn-čunīn*	10
t	154.	*īzad*	10
ta	155.	*jism*	10
	156.	*pas*	10
ta	157.	*rūḥ*	10
	158.	*sāxtan*	10
a	159.	*ṭalabīdan*	10
	160.	*uftādan (ūftādan)*	10
	161.	*xūn*	10
	162.	*xvīš-tan*	10
t	163.	*āsmān*	9
a	164.	*āxir*	9
	165.	*bāz* (adj./adv.)	9
	166.	*čāh (čah)*	9
a	167.	*fāriġ*	9
	168.	*furū (furūd)*	9
	169.	*guḏaštan*	9
	170.	*gūr*	9
	171.	*ham-dam*	9
	172.	*īn-jā (-īn-jā)*	9
	173.	*jā(y)*	9
	174.	*kam*	9
	175.	*kašīdan*	9
ta	176.	*kibr*	9
	177.	*kujā*	9
a	178.	*mulk*	9
a	179.	*naqd*	9
a	180.	*naẓm*	9
	181.	*rūzgār*	9
t	182.	*sag*	9
	183.	*sūy- (suy-)*	9
ta	184.	*ṣidq*	9
ta	185.	*ṣūrat*	9
	186.	*šāh (šah)*	9
ta	187.	*ṭalab*	9
	188.	*xandīdan*	9
	189.	*xāstan*	9
ta	190.	*xāṣ*	9
	191.	*zīstan*	9
ta	192.	*ẓulm*	9
a	193.	*avval*	8
t	194.	*āb-rūy*	8
	195.	*bahr*	8
t	196.	*čust*	8
	197.	*dast*	8
t	198.	*dūst*	8
ta	199.	*ḏāt*	8
t	200.	*gardūn*	8
ta	201.	*hazl*	8
ta	202.	*himmat*	8
ta	203.	*ḥaḍrat*	8
ta	204.	*ḥaqīqat*	8
ta	205.	*ḥarf*	8
t	206.	*lāf*	8
	207.	*naġz*	8
a	208.	*nuktah*	8
ta	209.	*qidam*	8
a	210.	*quvvat*	8
	211.	*rux*	8
ta	212.	*šaraf*	8
ta	213.	*šāhid*	8
a	214.	*šiʿār*	8
t	215.	*tan*	8
a	216.	*tark*	8
	217.	*taxtah*	8
ta	218.	*vahm*	8
a	219.	*xalq*	8
a	220.	*xāṭir*	8
ta	221.	*yaqīn*	8
a	222.	*ʿāfiyat*	7
a	223.	*aṯar*	7
a	224.	*ādam*	7
	225.	*ān-čunān*	7
	226.	*āstān*	7
	227.	*ātaš*	7
t	228.	*dad*	7
	229.	*dar-āmadan*	7
t	230.	*darūn*	7
a	231.	*dur(r)*	7

t	232.	*farrux*	7
	233.	*gauhar (guhar)*	7
	234.	*guḏāštan*	7
ta	235.	*ġāfil*	7
ta	236.	*havas*	7
t	237.	*hunar*	7
	238.	*-īm*	7
a	239.	*jahd*	7
t	240.	*mast*	7
	241.	*māh (mah)*	7
	242.	*māyah*	7
t	243.	*nā-kas*	7
t	244.	*pāk*	7
a	245.	*rafīq*	7
	246.	*raxt*	7
t	247.	*rāstī*	7
	248.	*sūxtan*	7
a	249.	*ṣifāt*	7
	250.	*šāyistan*	7
a	251.	*vaqt*	7
	252.	*zīr*	7
a	253.	*ʿamal*	6
a	254.	*ʿumr*	6
	255.	*afzūdan (fazūdan)*	6
ta	256.	*asrār*	6
	257.	*axtar*	6
	258.	*bar-dāštan*	6
	259.	*burīdan*	6
	260.	*bū(y)*	6
a	261.	*daulat*	6
	262.	*dāman (dāmān)*	6
ta	263.	*dunyā*	6
ta	264.	*ḏauq*	6
ta	265.	*ḏikr*	6
t	266.	*gil*	6
t	267.	*guft-u-gūy*	6
a	268.	*ġuṣṣah*	6
	269.	*haft*	6
	270.	*hamginān*	6
	271.	*ham-rah*	6
ta	272.	*hū*	6
ta	273.	*ḥasad*	6
ta	274.	*ḥayāt*	6
a	275.	*ḥāṣil*	6
ta	276.	*ḥukm*	6
ta	277.	*kāfir*	6
a	278.	*mail*	6
a	279.	*majlis*	6
	280.	*marg*	6
t	281.	*mihr*	6
ta	282.	*muṭlaq*	6
a	283.	*naẓar*	6
	284.	*nām*	6
t	285.	*nān*	6
a	286.	*niʿmat*	6
	287.	*pūyīdan*	6
ta	288.	*qadr*	6
a	289.	*qūt*	6
	290.	*rāst*	6
	291.	*rūzī*	6
a	292.	*ṣuḥbat*	6
	293.	*šahr*	6
ta	294.	*šauq*	6
	295.	*vai* (interj.)	6
ta	296.	*vilāyat*	6
a	297.	*xaṭā*	6
a	298.	*xaṭ(ṭ)*	6
	299.	*zamān*	6
t	300.	*zamīn*	6
	301.	*zādan*	6
a	302.	*ẓāhir*	6
ta	303.	*ʿadam*	5
a	304.	*ʿanā(ʾ)*	5
a	305.	*ʿādat*	5
ta	306.	*ʿāšiqī*	5
ta	307.	*ʿiṣmat*	5
ta	308.	*amr*	5
t	309.	*ārzū*	5
t	310.	*āz*	5
ta	311.	*baqā*	5

	312.	*bar-tar*	5
	313.	*bar-xāstan*	5
	314.	*bastah*	5
	315.	*bār* (subst. III)	5
a	316.	*bāṭin*	5
ta	317.	*daˁvī (daˁvā)*	5
	318.	*dard*	5
a	319.	*dāʾim*	5
	320.	*dušman*	5
ta	321.	*faiḍ*	5
a	322.	*fard*	5
a	323.	*fiˁl*	5
	324.	*gāh*	5
	325.	*gird*	5
	326.	*ham-nišīn*	5
	327.	*har-yak*	5
t	328.	*harzah*	5
	329.	*hīmah*	5
ta	330.	*ḥaqāʾiq*	5
ta	331.	*ḥikmat*	5
	332.	*īšān*	5
a	333.	*jaib*	5
ta	334.	*jid(d)*	5
	335.	*jigar*	5
	336.	*juft*	5
ta	337.	*jūd*	5
	338.	*kār-u-bār*	5
a	339.	*kul(l)*	5
a	340.	*makān*	5
a	341.	*maskan*	5
ta	342.	*mubdiˁ*	5
	343.	*nazd*	5
t	344.	*nā-dān*	5
a	345.	*qiṣṣah*	5
	346.	*ranj*	5
a	347.	*safar*	5
ta	348.	*saqar*	5
a	349.	*saqf*	5
	350.	*sāl*	5
	351.	*sāyah*	5
	352.	*suftan*	5
ta	353.	*ṣalāḥ*	5
a	354.	*šamˁ*	5
ta	355.	*šarˁ*	5
	356.	*tak-u-pūy*	5
a	357.	*ṭaraf*	5
a	358.	*ṭarīq*	5
a	359.	*ṭālib*	5
a	360.	*varāy-*	5
	361.	*xastah*	5
	362.	*xānah*	5
t	363.	*xvāb*	5
	364.	*zīvar*	5
a	365.	*ˁain*	4
ta	366.	*ˁazīz*	4
a	367.	*ˁīsī (ˁīsā)*	4
ta	368.	*abad*	4
t	369.	*afsānah (fasānah)*	4
	370.	*andīšah*	4
a	371.	*ašyā(ʾ)*	4
ta	372.	*azal*	4
	373.	*āfarīniš*	4
	374.	*āh*	4
	375.	*ārāstan*	4
	376.	*āstānah*	4
	377.	*āstī(n)*	4
t	378.	*badī*	4
	379.	*bandah*	4
	380.	*bar-kašīdan*	4
	381.	*batar (=bad-tar)*	4
	382.	*bār* (subst. II)	4
	383.	*bih-tarīn*	4
	384.	*bisyār*	4
	385.	*bī*	4
	386.	*bī-navā*	4
	387.	*bulbul*	4
	388.	*būstān (bustān)*	4
	389.	*čahār (čār)*	4
	390.	*čaman*	4
	391.	*čūn-kih*	4

a	392.	*daur*	4
a	393.	*dār* (subst. II)	4
ta	394.	*ḏamīmah*	4
ta	395.	*fāʿil*	4
t	396.	*giryah*	4
	397.	*gul(i)stān*	4
	398.	*gurīxtan*	4
	399.	*gusistan*	4
a	400.	*ham-nafas*	4
a	401.	*ḥarīf*	4
a	402.	*ḥijāb*	4
ta	403.	*ḥiss*	4
ta	404.	*ixlāṣ*	4
	405.	*jam*	4
ta	406.	*jamʿ*	4
ta	407.	*jamāl*	4
t	408.	*jauhar*	4
t	409.	*jāh*	4
	410.	*jām*	4
a	411.	*kaʿbah*	4
a	412.	*kasb*	4
a	413.	*kaun*	4
	414.	*kār-nāmah*	4
	415.	*kišvar*	4
t	416.	*kīn*	4
a	417.	*laḏḏat*	4
a	418.	*lauḥ*	4
a	419.	*līk*	4
a	420.	*luqmah*	4
	421.	*magar*	4
ta	422.	*malak*	4
ta	423.	*manṣab*	4
a	424.	*miḥnat*	4
	425.	*murdan*	4
ta	426.	*musalmān*	4
a	427.	*nafʿ*	4
a	428.	*naqš-band*	4
	429.	*nigāštan*	4
t	430.	*nīkū (ṇikū)*	4
	431.	*nīz*	4
	432.	*nūš*	4
	433.	*paivastan*	4
	434.	*parvardan*	4
ta	435.	*qabūl*	4
a	436.	*qahr*	4
ta	437.	*qurʾān*	4
	438.	*rah-namā(y)*	4
a	439.	*rāḥat*	4
	440.	*rīxtan*	4
ta	441.	*rusul*	4
ta	442.	*saʿādat*	4
t	443.	*sūz*	4
a	444.	*šarḥ*	4
	445.	*šūr*	4
ta	446.	*taufīq*	4
t	447.	*tīrah*	4
	448.	*ṭarāz*	4
ta	449.	*ṭarīqat*	4
ta	450.	*vafā*	4
ta	451.	*viṣāl*	4
ta	452.	*xas*	4
a	453.	*xiṭāb*	4
a	454.	*xiṭṭah*	4
	455.	*yār*	4
a	456.	*yūsuf*	4
ta	457.	*ẓālim*	4
a	458.	*ʿahd*	3
a	459.	*ʿalam*	3
a	460.	*ʿājiz*	3
ta	461.	*ʿām*	3
ta	462.	*ʿināyat*	3
ta	463.	*ʿišq-bāzī*	3
a	464.	*ʿizz*	3
a	465.	*ʿunṣur*	3
ta	466.	*ablah*	3
	467.	*abr*	3
	468.	*afšāndan (fišāndan)*	3
a	469.	*aiman (aimun)*	3
ta	470.	*arkān*	3
	471.	*āʾīn*	3

	472.	*āfarīdan*	3
	473.	*āgāhī (āgahī)*	3
	474.	*ālūdan*	3
	475.	*āmūxtan*	3
a	476.	*baḥr*	3
	477.	*bar-afšāndan*	3
a	478.	*barī*	3
	479.	*bar-kandan*	3
	480.	*baxt*	3
	481.	*bādah*	3
	482.	*bālā*	3
	483.	*bār-gāh*	3
	484.	*bāzār*	3
	485.	*bāzī*	3
	486.	*bī-niyāz*	3
	487.	*bīx*	3
t	488.	*bī-xirad*	3
	489.	*buland*	3
	490.	*buland-tar*	3
	491.	*bun*	3
t	492.	*but-parast*	3
	493.	*čīz*	3
	494.	*dar-guḏaštan*	3
	495.	*dar-kašīdan*	3
t	496.	*dil-šikastah*	3
ta	497.	*dūn*	3
	498.	*dūstī*	3
a	499.	*ḍaᶜīf*	3
a	500.	*ḍarr*	3
ta	501.	*faḍl*	3
	502.	*fardā*	3
a	503.	*farš*	3
a	504.	*fikr*	3
a	505.	*fikrat*	3
a	506.	*fiṭrat*	3
	507.	*gardan*	3
	508.	*gazāf*	3
	509.	*guḏar*	3
t	510.	*guft*	3
	511.	*gūšah*	3
a	512.	*ġalaṭ*	3
a	513.	*ġanā*	3
a	514.	*ġaraḍ*	3
ta	515.	*ġarūr*	3
	516.	*ham-rāhī (ham-rahī)*	3
	517.	*har-kujā*	3
	518.	*hazār*	3
	519.	*hān*	3
ta	520.	*hidāyat*	3
ta	521.	*ḥalāl*	3
a	522.	*ḥašr*	3
a	523.	*ḥazīn*	3
ta	524.	*ḥīlah (ḥīlat)*	3
ta	525.	*jahl*	3
ta	526.	*jaur*	3
t	527.	*jihānī*	3
	528.	*junbiš*	3
	529.	*kaivān*	3
a	530.	*kalīm*	3
ta	531.	*karam*	3
a	532.	*kašf*	3
t	533.	*kašī*	3
ta	534.	*kāmil*	3
	535.	*kār-gāh*	3
	536.	*kāstan*	3
ta	537.	*kufr*	3
	538.	*kūšīdan*	3
a	539.	*maᶜlūm*	3
a	540.	*madad*	3
ta	541.	*maḥabbat*	3
a	542.	*maḥḍ*	3
a	543.	*maḥram*	3
	544.	*mai*	3
ta	545.	*majāz*	3
a	546.	*mamlakat*	3
a	547.	*maqām*	3
a	548.	*maqṣad*	3
a	549.	*markab*	3
a	550.	*masīḥ*	3
a	551.	*maṯal*	3

a	552.	*milkat*	3
a	553.	*miskīn*	3
a	554.	*miṣr*	3
ta	555.	*muḥāl*	3
ta	556.	*mujarrad*	3
a	557.	*munazzah*	3
a	558.	*musallam*	3
a	559.	*nasaq*	3
	560.	*nau (nū)*	3
a	561.	*nihāyat*	3
	562.	*nišān*	3
a	563.	*niṯār*	3
t	564.	*nīkī*	3
a	565.	*nuṭq*	3
	566.	*nuxust*	3
	567.	*paḏ(ī)ruftan*	3
t	568.	*paiġambar*	3
	569.	*paivand*	3
	570.	*paivastah*	3
	571.	*parvardah*	3
	572.	*pādšāhī (pādšāʾī)*	3
	573.	*pārsī*	3
	574.	*pāyah*	3
	575.	*pāy-bast*	3
	576.	*pāyistan*	3
	577.	*pīšah*	3
	578.	*pīš-tar*	3
a	579.	*qaʿr*	3
a	580.	*qafaṣ*	3
a	581.	*qaṣr*	3
a	582.	*qābil*	3
ta	583.	*qudsī*	3
ta	584.	*raḥmat*	3
ta	585.	*ramz*	3
	586.	*rang*	3
	587.	*rasāndan*	3
	588.	*rastah* (subst.)	3
	589.	*rastan*	3
	590.	*raviš*	3
ta	591.	*riḍā*	3
	592.	*rištah*	3
ta	593.	*sabuk-rūḥ*	3
t	594.	*sar-afrāzī (sar-farāzī)*	3
ta	595.	*siḥr*	3
	596.	*sīnah*	3
ta	597.	*ṣabr*	3
ta	598.	*ṣaut*	3
a	599.	*ṣubḥ*	3
ta	600.	*šarāb*	3
ta	601.	*šarīʿat*	3
t	602.	*šarm*	3
a	603.	*šar(r)*	3
	604.	*šāx*	3
t	605.	*šigarf*	3
ta	606.	*šiš-jihat*	3
	607.	*šīrīn*	3
ta	608.	*šukr*	3
	609.	*šumār*	3
ta	610.	*taḥqīq*	3
ta	611.	*tajrīd*	3
ta	612.	*talbīs*	3
	613.	*tāftan*	3
	614.	*tāzī*	3
ta	615.	*ṭamaʿ*	3
ta	616.	*ṭāʿat*	3
a	617.	*ṯanā*	3
a	618.	*vaṣf*	3
a	619.	*vaṭan*	3
a	620.	*xabar*	3
ta	621.	*xarāb*	3
a	622.	*xarābāt*	3
	623.	*xar-gāh (xar-gah)*	3
ta	624.	*xasīs*	3
a	625.	*xāzin*	3
a	626.	*xilʿat*	3
	627.	*xīrah*	3
ta	628.	*xubṯ*	3
	629.	*xusrau*	3
	630.	*xū*	3

t	631.	*xūk*	3
t	632.	*xvard*	3
	633.	*xvaršīd*	3
a	634.	*yak-nafas*	3
	635.	*yād*	3
	636.	*zamānah*	3
	637.	*zihī*	3
t	638.	*zišt*	3
	639.	*zulf*	3
ta	640.	*ẓulmānī*	3
a	641.	*ʿajab*	2
a	642.	*ʿamr*	2
a	643.	*ʿanbar*	2
a	644.	*ʿarṣah*	2
a	645.	*ʿarūs*	2
a	646.	*ʿālim ul-ġaib*	2
ta	647.	*ʿāqil*	2
ta	648.	*ʿārif*	2
ta	649.	*ʿillīyīn*	2
ta	650.	*ʿiṣyān*	2
a	651.	*ʿiyāl*	2
a	652.	*ʿum(m)ar*	2
ta	653.	*ʿuqbā*	2
a	654.	*ʿuṯmān*	2
a	655.	*aʿlā*	2
a	656.	*abjad*	2
a	657.	*abū bakr*	2
ta	658.	*aflāk*	2
	659.	*afrūxtan*	2
a	660.	*ahl*	2
	661.	*aivān*	2
a	662.	*al-ḥaq*	2
a	663.	*alif*	2
a	664.	*amān*	2
a	665.	*ana'l-ḥaq(q)*	2
ta	666.	*anbiyā(ʾ)*	2
	667.	*andāxtan*	2
	668.	*andūxtan*	2
	669.	*angīxtan*	2
ta	670.	*anjum*	2
a	671.	*asās*	2
ta	672.	*aṣl*	2
	673.	*ašk*	2
ta	674.	*aṯīr*	2
a	675.	*axḍar*	2
a	676.	*ayyūb*	2
	677.	*ābād*	2
	678.	*āftāb*	2
	679.	*ān-čunān-kih*	2
	680.	*ān-gāh*	2
	681.	*āsūdah*	2
	682.	*āsūdan*	2
a	683.	*āxir ul-amr*	2
a	684.	*badāyat*	2
ta	685.	*baḏl*	2
ta	686.	*bahā*	2
	687.	*bahman*	2
a	688.	*bal-kih*	2
t	689.	*bandagī*	2
	690.	*bar-āmadan*	2
	691.	*bar-āvardan*	2
	692.	*bar-fišāndan*	2
	693.	*bar-giriftan*	2
a	694.	*barq*	2
	695.	*bar-xvāndan*	2
ta	696.	*baxīl*	2
	697.	*bazm*	2
	698.	*bād-angīz*	2
	699.	*bāġ*	2
	700.	*bām*	2
ta	701.	*bāqī*	2
	702.	*bār* (subst. I)	2
ta	703.	*bidʿat*	2
t	704.	*bihišt*	2
	705.	*bihīn*	2
t	706.	*bī-čūn*	2
a	707.	*bī-ḥāṣil*	2
t	708.	*bīnā*	2
ta	709.	*bī-riyā*	2
a	710.	*bī-xabar*	2

	711.	*bī-zabān*	2
	712.	*bū-kih (bū-k)*	2
	713.	*čang*	2
t	714.	*čābuk*	2
a	715.	*čār-takbīr*	2
	716.	*čihrah*	2
	717.	*čirā*	2
	718.	*dabīr*	2
a	719.	*dalīl*	2
	720.	*dar-andāxtan*	2
	721.	*dar-gāh (dar-gah)*	2
	722.	*dar-gunjīdan*	2
a	723.	*darj*	2
	724.	*dar-nigaristan*	2
a	725.	*dars*	2
	726.	*daryā*	2
a	727.	*daurān*	2
	728.	*davīdan*	2
	729.	*dām*	2
t	730.	*dāniš*	2
	731.	*dāyah*	2
a	732.	*dimāġ*	2
	733.	*dirāz*	2
a	734.	*diyār*	2
	735.	*dīr*	2
t	736.	*dīvānah*	2
t	737.	*dīvī*	2
	738.	*dūd*	2
	739.	*dūš* (adv.)	2
a	740.	*ḍāʾiʿ (ḍāyiʿ)*	2
ta	741.	*ḏalīl*	2
ta	742.	*fanā*	2
a	743.	*faraj*	2
	744.	*farīdūn*	2
	745.	*farmān*	2
a	746.	*farq*	2
	747.	*farzand*	2
ta	748.	*fuḥš*	2
t	749.	*galū*	2
	750.	*gardāndan*	2
	751.	*gilah*	2
	752.	*girān-bār*	2
t	753.	*girān-sang*	2
	754.	*girāyistan*	2
	755.	*giriftār*	2
t	756.	*guftār*	2
	757.	*gum*	2
	758.	*gunbad*	2
	759.	*gustardan*	2
	760.	*guzīdan*	2
	761.	*gūnah*	2
	762.	*gūš*	2
	763.	*gū(y)*	2
	764.	*gūyā*	2
ta	765.	*ġaib*	2
a	766.	*ġair*	2
ta	767.	*ġairat*	2
a	768.	*ġāyat*	2
a	769.	*ġiḏā*	2
a	770.	*ġulām*	2
	771.	*ham-nišast*	2
t	772.	*hast* (subst.)	2
a	773.	*hayūlā*	2
a	774.	*ḥabl*	2
a	775.	*ḥairānī*	2
ta	776.	*ḥakīm*	2
ta	777.	*ḥamīdah*	2
ta	778.	*ḥayy*	2
a	779.	*ḥāl*	2
a	780.	*ḥāl-rā*	2
a	781.	*ḥikāyat*	2
ta	782.	*ḥilm*	2
ta	783.	*ḥuḍūr*	2
ta	784.	*ḥusn*	2
a	785.	*ibrāhīm*	2
a	786.	*ibtidā(ʾ)*	2
ta	787.	*ilāhī*	2
a	788.	*iltifāt*	2
a	789.	*iskandar (sikandar)*	2
a	790.	*ism*	2

ta	791.	*istiḥālat*	2
a	792.	*jabra᾿īl (jabrīl)*	2
ta	793.	*jalāl*	2
	794.	*jastah*	2
	795.	*jau*	2
ta	796.	*jāhil*	2
	797.	*jāy-gāh (jāy-gah)*	2
a	798.	*jihat*	2
	799.	*jihān-afrūz*	2
	800.	*just-u-jūy*	2
	801.	*jūy*	2
	802.	*kabūd*	2
	803.	*kamar*	2
a	804.	*kā᾿ināt*	2
a	805.	*kāf*	2
ta	806.	*kāhil*	2
t	807.	*kām* (subst. I)	2
	808.	*kilk*	2
	809.	*kūtāh*	2
	810.	*kūy*	2
	811.	*kūzah-gar*	2
ta	812.	*la᾿īm*	2
a	813.	*lafẓ*	2
	814.	*lagad*	2
	815.	*lang*	2
ta	816.	*laṭīf-tar*	2
a	817.	*lā᾿iq*	2
ta	818.	*maᶜbūd*	2
ta	819.	*maᶜdalat*	2
a	820.	*maᶜdūm*	2
a	821.	*maᶜrūf*	2
a	822.	*madḥ*	2
a	823.	*madīḥ*	2
	824.	*mah* (neg.)	2
a	825.	*maḥbūs*	2
ta	826.	*majīd*	2
a	827.	*majrūḥ*	2
ta	828.	*makr*	2
ta	829.	*malakī*	2
a	830.	*mamālik*	2
a	831.	*maqᶜad*	2
a	832.	*maqṣūd*	2
	833.	*mardum*	2
a	834.	*marham*	2
a	835.	*masjid*	2
a	836.	*mašġūl*	2
ta	837.	*maṭlūb*	2
a	838.	*maujūd*	2
a	839.	*mā᾿il*	2
a	840.	*mā-jarā*	2
	841.	*māyah-baxš*	2
a	842.	*midḥat*	2
a	843.	*muᶜtakif*	2
a	844.	*mudrik*	2
ta	845.	*mujāhadah*	2
ta	846.	*mukarram*	2
ta	847.	*mukrim*	2
ta	848.	*muqbil*	2
a	849.	*murād*	2
	850.	*murġ*	2
	851.	*mustamand*	2
ta	852.	*mušāhadah*	2
a	853.	*muškil*	2
a	854.	*muxtaṣar*	2
a	855.	*muyassar*	2
a	856.	*mūnis*	2
	857.	*mūr*	2
ta	858.	*nafīs*	2
a	859.	*naġmah*	2
a	860.	*nasīm*	2
a	861.	*našāṭ*	2
a	862.	*našv*	2
a	863.	*naẓīr*	2
	864.	*nā-gāh (nā-gah)*	2
	865.	*nāmah*	2
	866.	*nigāristan*	2
t	867.	*niyāz*	2
t	868.	*nīk-baxt*	2
t	869.	*nīst* (subst.)	2
ta	870.	*nuqṣān*	2

a	871.	*nušūr*	2
a	872.	*nūn*	2
	873.	*padīd*	2
	874.	*panj*	2
	875.	*pardāxtan*	2
	876.	*parhīxtan*	2
	877.	*partau*	2
	878.	*parvariš*	2
	879.	*parvāz*	2
	880.	*parvīn*	2
	881.	*pasandīdan*	2
	882.	*past*	2
	883.	*pādšāh*	2
	884.	*pinhān*	2
	885.	*pūšīdan*	2
	886.	*pūyān*	2
a	887.	*qaimat*	2
a	888.	*qalam*	2
a	889.	*qarīn*	2
a	890.	*qavī*	2
ta	891.	*qayyūm*	2
ta	892.	*qādir*	2
ta	893.	*qāhir*	2
a	894.	*qāmat*	2
ta	895.	*qiblah*	2
a	896.	*qiyām*	2
a	897.	*quʿūd*	2
ta	898.	*quds*	2
ta	899.	*qurbat*	2
a	900.	*raʿīyat*	2
ta	901.	*rabbānī*	2
ta	902.	*rajā*	2
a	903.	*rasm*	2
	904.	*rāndan*	2
a	905.	*rāyat*	2
t	906.	*rāz*	2
a	907.	*ribāṭ*	2
ta	908.	*riyā*	2
	909.	*rīsmān*	2
ta	910.	*rūḥānī*	2
a	911.	*sabab*	2
	912.	*sabūy*	2
a	913.	*samūm*	2
t	914.	*sarsarī*	2
t	915.	*sarvar*	2
a	916.	*savād* (subst. II)	2
	917.	*saxt*	2
ta	918.	*sayyid*	2
ta	919.	*sālik*	2
	920.	*sām*	2
ta	921.	*sāqī*	2
t	922.	*sipās*	2
t	923.	*sitam*	2
a	924.	*sufrah*	2
ta	925.	*sulṭān*	2
	926.	*surādiq*	2
	927.	*sūzān*	2
	928.	*ṣad*	2
a	929.	*ṣadaf*	2
a	930.	*ṣaf(f)*	2
ta	931.	*ṣamad*	2
a	932.	*ṣāniʿ*	2
	933.	*šahriyār*	2
	934.	*šah-savār*	2
ta	935.	*šahvat*	2
ta	936.	*šaiṭān*	2
a	937.	*šak(k)*	2
a	938.	*šarar*	2
a	939.	*šarbat*	2
ta	940.	*šarīf*	2
ta	941.	*šarīf-tar*	2
	942.	*šām*	2
a	943.	*šiʿr*	2
t	944.	*šikam*	2
	945.	*šikastan*	2
	946.	*šik(k)ar*	2
t	947.	*šīvah*	2
a	948.	*šuġl*	2
	949.	*šustan*	2
t	950.	*šūr-baxtī*	2

a	951.	*taʿrīf*	2
	952.	*tahī*	2
a	953.	*tamannā*	2
a	954.	*tamām-ʿiyār*	2
a	955.	*tamāšā*	2
	956.	*tang*	2
	957.	*tangnā(y)*	2
	958.	*tar*	2
a	959.	*tarkīb*	2
a	960.	*tašrīf*	2
a	961.	*tābiʿ*	2
	962.	*tārak*	2
t	963.	*tāzah-rūy*	2
ta	964.	*turrahāt*	2
a	965.	*ṭaʿn*	2
a	966.	*ṭabʿ*	2
ta	967.	*ṭarab*	2
a	968.	*ṭāqat*	2
	969.	*ṭārum*	2
	970.	*ṭūṭī*	2
a	971.	*ṯamar*	2
	972.	*umīd*	2
ta	973.	*vadūd*	2
a	974.	*vaḥdahu lā šarīka lah*	2
ta	975.	*vaḥdat*	2
a	976.	*valī*	2
a	977.	*va-līk*	2
ta	978.	*vaṣl*	2
a	979.	*vālī*	2
	980.	*viṯāq*	2
a	981.	*xail*	2
a	982.	*xaimah*	2
a	983.	*xajil*	2
a	984.	*xaṭar*	2
	985.	*xāk-dān*	2
t	986.	*xākī*	2
a	987.	*xāl*	2
a	988.	*xāliq ul-xalq*	2
t	989.	*xām*	2
	990.	*xāmah*	2
	991.	*xār*	2
a	992.	*xirqah*	2
a	993.	*xiṣāl*	2
a	994.	*xizānah*	2
	995.	*xuftan*	2
	996.	*xum-xānah*	2
	997.	*xurramī*	2
	998.	*xvaš*	2
t	999.	*xvār*	2
a	1,000.	*yaʿqūb*	2
t	1,001.	*yak-rang*	2
	1,002.	*yak-sar*	2
a	1,003.	*zaid*	2
ta	1,004.	*zarq*	2
	1,005.	*zār*	2
t	1,006.	*zindcgānī*	2
t	1,007.	*zindagī*	2
t	1,008.	*zindah*	2
	1,009.	*zī*	2
t	1,010.	*zīrak*	2
a	1,011.	*zubdah*	2
	1,012.	*zūd*	2
ta	1,013.	*ẓulmat*	2
ta	1,014.	*ʿafin*	1
ta	1,015.	*ʿaiš*	1
a	1,016.	*ʿalī*	1
a	1,017.	*ʿallama'l-ʾasmāʾ*	1
a	1,018.	*ʿandalīb*	1
a	1,019.	*ʿanqā*	1
a	1,020.	*ʿaqīm*	1
a	1,021.	*ʿaqrab*	1
ta	1,022.	*ʿarš*	1
a	1,023.	*ʿazāzīl*	1
a	1,024.	*ʿazl*	1
a	1,025.	*ʿazm*	1
a	1,026.	*ʿaẓīm*	1
ta	1,027.	*ʿābid*	1
ta	1,028.	*ʿādil*	1
a	1,029.	*ʿājizī*	1
ta	1,030.	*ʿālim*	1

a	1,031.	*ᶜālim us-sirr va'l-xafīyāt*	1
a	1,032.	*ᶜālī*	1
a	1,033.	*ᶜāriḍ*	1
a	1,034.	*ᶜāriyat*	1
a	1,035.	*ᶜāsiq-kuš*	1
ta	1,036.	*ᶜibādat*	1
a	1,037.	*ᶜibārat*	1
a	1,038.	*ᶜibrat*	1
a	1,039.	*ᶜinān*	1
a	1,040.	*ᶜiqd*	1
a	1,041.	*ᶜīsī-āṯār*	1
a	1,042.	*ᶜīsī-dam*	1
a	1,043.	*ᶜuḍv*	1
a	1,044.	*ᶜuluvv*	1
a	1,045.	*ᶜulvī*	1
ta	1,046.	*ᶜuqūl*	1
ta	1,047.	*ᶜuššāq*	1
a	1,048.	*ᶜuṭārid*	1
a	1,049.	*aᶜmā*	1
a	1,050.	*aᶜẓam*	1
a	1,051.	*abkam*	1
ta	1,052.	*abrār*	1
	1,053.	*abrū*	1
	1,054.	*afrāxtan*	1
a	1,055.	*afvāh*	1
a	1,056.	*aġbar*	1
a	1,057.	*aġyār*	1
ta	1,058.	*aḥad*	1
a	1,059.	*aḥzān*	1
a	1,060.	*ajal*	1
a	1,061.	*akbar*	1
a	1,062.	*akl*	1
a	1,063.	*alast*	1
a	1,064.	*alḥān*	1
a	1,065.	*allaḏī asrā*	1
ta	1,066.	*allāh*	1
	1,067.	*almās*	1
a	1,068.	*al-qiṣṣah*	1
ta	1,069.	*amal*	1
ta	1,070.	*ammārah*	1
a	1,071.	*amṯāl*	1
a	1,072.	*anᶜām*	1
	1,073.	*anbāštan*	1
	1,074.	*anbūh*	1
	1,075.	*andarūn*	1
	1,076.	*andīšīdan*	1
	1,077.	*angāštan*	1
a	1,078.	*anta xair un-nās*	1
a	1,079.	*arbāb*	1
	1,080.	*arġavān*	1
a	1,081.	*arsalnā*	1
a	1,082.	*a-lam našraḥ*	1
a	1,083.	*asfal us-sāfilīn*	1
a	1,084.	*asīr*	1
a	1,085.	*au adnā*	1
a	1,086.	*auṣāf*	1
a	1,087.	*avvalīn*	1
a	1,088.	*ayyām*	1
a	1,089.	*azhar*	1
	1,090.	*ābistan*	1
a	1,091.	*ādamī*	1
	1,092.	*āfarīn*	1
a	1,093.	*āfat*	1
	1,094.	*āftāb-sāyah*	1
	1,095.	*āgāh*	1
	1,096.	*āhang*	1
	1,097.	*āhan-gar*	1
t	1,098.	*ālāyiš*	1
t	1,099.	*ālūdagī*	1
	1,100.	*ālūdah*	1
	1,101.	*āšiyānah*	1
	1,102.	*āškār*	1
	1,103.	*ātašīn*	1
	1,104.	*āvīxtan*	1
a	1,105.	*āyat*	1
	1,106.	*āzār*	1
	1,107.	*āzurdan*	1
a	1,108.	*badal*	1
a	1,109.	*badan*	1

a	1,110.	*badīʿ*	1
t	1,111.	*bad-kār*	1
	1,112.	*bad-mihr*	1
a	1,113.	*badr*	1
t	1,114.	*bad-tarīn*	1
	1,115.	*bahānah*	1
a	1,116.	*bahjat*	1
	1,117.	*bahrah*	1
a	1,118.	*baina aṣbaʿain*	1
a	1,119.	*bait*	1
ta	1,120.	*balā-kaš*	1
a	1,121.	*balīyāt*	1
	1,122.	*bandah-farmān*	1
	1,123.	*bar* (subst. I)	1
	1,124.	*bar* (subst. II)	1
	1,125.	*bar-andāxtan*	1
	1,126.	*bar-ā-bar*	1
	1,127.	*bar-ārandah*	1
	1,128.	*bar-āsūdan*	1
	1,129.	*bar-bastan*	1
ta	1,130.	*bar-bāṭil*	1
	1,131.	*bar-dūxtan*	1
	1,132.	*bar-firāštan*	1
	1,133.	*bar-guzīdan*	1
a	1,134.	*bar-ḥaḏar*	1
	1,135.	*bar-kardan*	1
	1,136.	*bar-kār*	1
	1,137.	*bar-tarī*	1
	1,138.	*bar-tāftan*	1
	1,139.	*ba-sāmān-tar*	1
a	1,140.	*basīṭ*	1
	1,141.	*bastah-dil*	1
a	1,142.	*bastah-niqāb*	1
	1,143.	*bas-yār*	1
ta	1,144.	*bašar*	1
ta	1,145.	*bašarīyat*	1
	1,146.	*baxšīdan*	1
a	1,147.	*bāʿiṯ ul-ʾamvāt*	1
	1,148.	*bād*	1
	1,149.	*bā-far-u-farhang*	1
a	1,150.	*bā-fatrat*	1
	1,151.	*bālīn*	1
	1,152.	*bāragī*	1
	1,153.	*bāvar*	1
a	1,154.	*bā-xabar*	1
	1,155.	*bāxtan*	1
a	1,156.	*bā-yazīd*	1
a	1,157.	*bā-yazīdī*	1
	1,158.	*bāz* (subst.)	1
	1,159.	*bāz-gašt*	1
	1,160.	*bāz-pas*	1
	1,161.	*bāzū*	1
	1,162.	*bih-tar*	1
a	1,163.	*bikr*	1
a	1,164.	*birādar*	1
a	1,165.	*bisāṭ*	1
a	1,166.	*bišr-i ḥāfī*	1
	1,167.	*biyābān*	1
a	1,168.	*bī-ʿadad*	1
ta	1,169.	*bī-ʿaib*	1
ta	1,170.	*bī-ʿilm*	1
a	1,171.	*bī-adab*	1
t	1,172.	*bī-āzarm*	1
a	1,173.	*bī-badan*	1
	1,174.	*bī-barg*	1
	1,175.	*bī-dahan*	1
t	1,176.	*bī-dādī*	1
t	1,177.	*bī-dānišī*	1
	1,178.	*bī-dīdah*	1
	1,179.	*bī-gāh*	1
a	1,180.	*bī-ġam-u-ranj*	1
t	1,181.	*bī-hamtā*	1
t	1,182.	*bī-hūdah*	1
t	1,183.	*bī-hūdah-xand*	1
ta	1,184.	*bī-ḥayā*	1
	1,185.	*bī-jāy*	1
ta	1,186.	*bī-kibr*	1
	1,187.	*bī-kilk*	1
	1,188.	*bī-kulāh-u-kamar*	1
	1,189.	*bīm*	1

a	1,190.	*bī-makān*	1		1,230.	*čār-yār*	1
ta	1,191.	*bī-miṯl-u-šibh*	1		1,231.	*či-gūnah*	1
a	1,192.	*bī-naṣīb*	1		1,232.	*čirāġ*	1
ta	1,193.	*bī-naẓarī*	1		1,233.	*čirk*	1
t	1,194.	*bīnāʾī*	1		1,234.	*čīn*	1
t	1,195.	*bīniš*	1		1,235.	*čīr*	1
a	1,196.	*bī-qalam*	1		1,236.	*čunān*	1
	1,197.	*bī-rang*	1		1,237.	*čūn-man*	1
a	1,198.	*bī-raunaq*	1		1,238.	*čūn-tu*	1
a	1,199.	*bī-sipāh-u-ḥašar*	1	a	1,239.	*daʿvat*	1
	1,200.	*bī-sutūn*	1	t	1,240.	*dadī*	1
ta	1,201.	*bī-šarʿ*	1	ta	1,241.	*daġal*	1
	1,202.	*bīš-tar*	1		1,242.	*dah*	1
t	1,203.	*bī-tabāhī*	1		1,243.	*dahān*	1
ta	1,204.	*bī-tanāhī*	1	a	1,244.	*dajlah*	1
a	1,205.	*bī-vaqt*	1		1,245.	*dalv*	1
t	1,206.	*bī-xiradī*	1		1,246.	*dam-ba-dam*	1
	1,207.	*bīxtan*	1		1,247.	*dandān*	1
t	1,208.	*bī-xvad*	1	ta	1,248.	*daqāʾiq*	1
	1,209.	*bī-zabānī*	1	a	1,249.	*daraj*	1
	1,210.	*bīžan*	1		1,250.	*dar-āvardan*	1
ta	1,211.	*bukā*	1		1,251.	*dar-band*	1
	1,212.	*buland-pāyah*	1		1,252.	*dar-bastan*	1
	1,213.	*bunyād*	1		1,253.	*dar-figandan*	1
a	1,214.	*burqaʿ*	1		1,254.	*darīġ*	1
a	1,215.	*burūdat*	1		1,255.	*dar-kār*	1
	1,216.	*burūt*	1		1,256.	*dar-māndah*	1
a	1,217.	*bušrī*	1		1,257.	*dar-namūdan*	1
t	1,218.	*but*	1		1,258.	*dar-rasīdan*	1
	1,219.	*but-kadah*	1		1,259.	*darrīdan*	1
	1,220.	*buzurg*	1		1,260.	*dar-tāxtan*	1
t	1,221.	*buzurgvār*	1		1,261.	*darvīš*	1
	1,222.	*būd*	1		1,262.	*darvīšī*	1
a	1,223.	*bū-saʿīd*	1		1,263.	*dar-yāftan*	1
	1,224.	*būsīdan*	1		1,264.	*dastān*	1
	1,225.	*čašmah*	1	a	1,265.	*davā*	1
	1,226.	*čār-bāliš*	1	ta	1,266.	*davāmī*	1
	1,227.	*čār-sū*	1	t	1,267.	*dād*	1
a	1,228.	*čār-ṭabʿ*	1	a	1,268.	*dāfiʿ*	1
	1,229.	*čārum*	1		1,269.	*dār* (subst. I)	1

	1,270.	*dārū*	1
	1,271.	*digar-gūn*	1
t	1,272.	*dihiš*	1
t	1,273.	*dil-dārī*	1
	1,274.	*dil-figār*	1
t	1,275.	*dil-sitān*	1
	1,276.	*dil-sūxtah*	1
	1,277.	*dil-šād*	1
	1,278.	*diraxt*	1
	1,279.	*dībā*	1
t	1,280.	*dīdār*	1
t	1,281.	*dīn-dār*	1
	1,282.	*dīvān*	1
a	1,283.	*duʿā*	1
a	1,284.	*dukān*	1
ta	1,285.	*dunyā-jūy*	1
t	1,286.	*durūġ*	1
t	1,287.	*durūġ-gūy*	1
ta	1,288.	*dūn-himmat*	1
	1,289.	*dūš* (subst.)	1
	1,290.	*dūš-ā-dūš*	1
a	1,291.	*ḍaḥḥāk*	1
ta	1,292.	*ḍalālat*	1
a	1,293.	*ḍamīr*	1
a	1,294.	*ḍarb*	1
ta	1,295.	*ḏalīlī*	1
ta	1,296.	*ḏamīm*	1
a	1,297.	*ḏarrah*	1
ta	1,298.	*ḏākir*	1
a	1,299.	*ḏurvah*	1
a	1,300.	*ḏu'n-nūrain*	1
a	1,301.	*faḍāʾ*	1
a	1,302.	*faḍāʾil*	1
ta	1,303.	*falakī*	1
ta	1,304.	*falak-pāyah*	1
a	1,305.	*faqīr*	1
ta	1,306.	*faraḥ*	1
	1,307.	*farāštan*	1
	1,308.	*farmūdan*	1
	1,309.	*farsūdah*	1
	1,310.	*farsūdan*	1
a	1,311.	*fasād*	1
ta	1,312.	*faṣl*	1
a	1,313.	*faut*	1
a	1,314.	*faxr*	1
ta	1,315.	*fānī*	1
ta	1,316.	*fāṭir*	1
t	1,317.	*figandagī*	1
	1,318.	*firistādan*	1
t	1,319.	*firištah*	1
ta	1,320.	*firištah-ṣifat*	1
ta	1,321.	*fitnah-angīzī*	1
ta	1,322.	*fiṭnat*	1
	1,323.	*fīrūzah*	1
a	1,324.	*furṣat*	1
ta	1,325.	*futūḥ*	1
t	1,326.	*gand*	1
	1,327.	*ganj*	1
	1,328.	*ganj-nāmah*	1
	1,329.	*ganj-xānah*	1
	1,330.	*gardan-kaš*	1
	1,331.	*garībān*	1
	1,332.	*garm*	1
	1,333.	*garm-rau*	1
	1,334.	*gav*	1
	1,335.	*girān*	1
	1,336.	*giristan*	1
	1,337.	*gīsū*	1
	1,338.	*gīv*	1
	1,339.	*guftah*	1
	1,340.	*gul*	1
	1,341.	*gul-čihr*	1
	1,342.	*gulšan*	1
	1,343.	*gumān*	1
	1,344.	*gum-rāh*	1
t	1,345.	*gunāh*	1
t	1,346.	*gurg*	1
	1,347.	*gurīzān*	1
	1,348.	*gurūh*	1
	1,349.	*guvāh*	1

	1,350.	*guzīdah*	1
	1,351.	*gū*	1
	1,352.	*gūdarz*	1
ta	1,353.	*ġaflat*	1
ta	1,354.	*ġaibī*	1
a	1,355.	*ġam-gusār*	1
a	1,356.	*ġam-nāk*	1
ta	1,357.	*ġam-xvārī*	1
a	1,358.	*ġār*	1
a	1,359.	*ġulāmī*	1
	1,360.	*ġunčah*	1
ta	1,361.	*ġurūr*	1
a	1,362.	*hadaf*	1
a	1,363.	*hadyah*	1
	1,364.	*haftah*	1
a	1,365.	*ham-ʿinān*	1
	1,366.	*hamah-sālah*	1
	1,367.	*hamān*	1
	1,368.	*hamīn*	1
	1,369.	*hamīšah*	1
	1,370.	*ham-nišīnī*	1
	1,371.	*hargiz*	1
t	1,372.	*harzah-gūy*	1
a	1,373.	*haul*	1
a	1,374.	*havān*	1
a	1,375.	*hāmān*	1
	1,376.	*hāmūn*	1
ta	1,377.	*hāviyah*	1
a	1,378.	*hilāl*	1
t	1,379.	*hīč-čīz*	1
	1,380.	*hīzum*	1
a	1,381.	*humāyūn-liqā*	1
t	1,382.	*huš*	1
t	1,383.	*hušyārī*	1
ta	1,384.	*huv(v)īyat*	1
a	1,385.	*hūd*	1
	1,386.	*hūšang*	1
a	1,387.	*ḥabīb*	1
a	1,388.	*ḥaidar*	1
ta	1,389.	*ḥairat*	1
a	1,390.	*ḥairān*	1
a	1,391.	*ḥajjāj*	1
a	1,392.	*ḥalqah*	1
a	1,393.	*ḥamal*	1
ta	1,394.	*ḥaq-dūst*	1
a	1,395.	*ḥaq-guḏārī*	1
ta	1,396.	*ḥaqīr*	1
a	1,397.	*ḥaraj*	1
ta	1,398.	*ḥarām*	1
a	1,399.	*ḥarārat*	1
a	1,400.	*ḥassān*	1
a	1,401.	*ḥassānī*	1
ta	1,402.	*ḥasūd*	1
a	1,403.	*ḥašv*	1
a	1,404.	*ḥavādiṯ*	1
ta	1,405.	*ḥayā*	1
a	1,406.	*ḥādiṯāt*	1
a	1,407.	*ḥāḍir*	1
a	1,408.	*ḥāfiẓ*	1
a	1,409.	*ḥājib*	1
a	1,410.	*ḥālī*	1
a	1,411.	*ḥāmil*	1
a	1,412.	*ḥāris*	1
a	1,413.	*ḥāsid*	1
a	1,414.	*ḥimāyat*	1
ta	1,415.	*ḥiqd*	1
a	1,416.	*ḥisāb*	1
a	1,417.	*ḥujjat*	1
a	1,418.	*ḥujrah*	1
a	1,419.	*ḥurūf*	1
a	1,420.	*ibā*	1
ta	1,421.	*ibdāʾ*	1
a	1,422.	*iblīs*	1
a	1,423.	*idrāk*	1
ta	1,424.	*ilāh*	1
a	1,425.	*imkān*	1
a	1,426.	*imlā*	1
	1,427.	*imrūz*	1
a	1,428.	*ins*	1
ta	1,429.	*inṣāf*	1

a	1,430.	*inšā*	1
a	1,431.	*inzivā*	1
ta	1,432.	*iqbāl*	1
a	1,433.	*iqlīm*	1
a	1,434.	*iqtidā*	1
ta	1,435.	*istidlāl*	1
ta	1,436.	*istikmāl*	1
ta	1,437.	*istiqlāl*	1
ta	1,438.	*išrāq*	1
a	1,439.	*iṯbāt*	1
a	1,440.	*ixtiyār*	1
ta	1,441.	*īmān*	1
	1,442.	*īnak*	1
	1,443.	*īn-jihānī*	1
	1,444.	*īraj*	1
t	1,445.	*īzadī*	1
a	1,446.	*jabīn*	1
	1,447.	*jahān*	1
ta	1,448.	*jaḥīm*	1
	1,449.	*jang*	1
	1,450.	*jangī*	1
a	1,451.	*janīn*	1
ta	1,452.	*jasad*	1
	1,453.	*jastan*	1
t	1,454.	*javān-mard*	1
a	1,455.	*jāmiʿ*	1
a	1,456.	*jānn*	1
	1,457.	*jān-sipārī*	1
	1,458.	*jāvidān*	1
	1,459.	*jigar-xastah*	1
	1,460.	*jihān-ārāy*	1
	1,461.	*jihān-gušāʾī*	1
	1,462.	*jihān-jūyān*	1
a	1,463.	*jihāt*	1
a	1,464.	*jilvah*	1
ta	1,465.	*jins*	1
a	1,466.	*jismānī*	1
	1,467.	*judā*	1
a	1,468.	*jurʿah-xvār*	1
ta	1,469.	*jurm*	1
	1,470.	*jūyandah*	1
	1,471.	*kabast*	1
	1,472.	*kad-xudā*	1
a	1,473.	*kaf(f)*	1
	1,474.	*kaifar*	1
	1,475.	*kai-qubād*	1
a	1,476.	*kalām*	1
a	1,477.	*kam-ʿiyārī*	1
ta	1,478.	*kamālīyat*	1
	1,479.	*kamān*	1
	1,480.	*kam-u-bīšī*	1
	1,481.	*kam-xvariš*	1
	1,482.	*kandan*	1
	1,483.	*kardah*	1
ta	1,484.	*karīm*	1
a	1,485.	*kasād*	1
ta	1,486.	*kaṯīf*	1
a	1,487.	*kaunain*	1
t	1,488.	*kaž*	1
t	1,489.	*kaž-rau*	1
	1,490.	*kāhiš*	1
t	1,491.	*kālbud*	1
	1,492.	*kām* (subst. II)	1
	1,493.	*kām-rānī*	1
	1,494.	*kārak*	1
	1,495.	*kāravān*	1
	1,496.	*kār-sāz*	1
	1,497.	*kār-xānah*	1
	1,498.	*kāš*	1
ta	1,499.	*kibriyā*	1
t	1,500.	*kirdagār*	1
	1,501.	*kirm*	1
	1,502.	*kisrā*	1
ta	1,503.	*kiyāsat*	1
a	1,504.	*kīmiyā*	1
t	1,505.	*kīnah*	1
ta	1,506.	*kudūrat*	1
	1,507.	*kuhnah*	1
	1,508.	*kulah*	1
a	1,509.	*kun*	1

a	1,510.	*kun fa-kān*	1
a	1,511.	*kun fa-yakūn*	1
	1,512.	*kunj*	1
a	1,513.	*kunyat*	1
a	1,514.	*kusūf*	1
	1,515.	*kuštan*	1
	1,516.	*laˁl*	1
ta	1,517.	*laˁnat*	1
	1,518.	*lab*	1
	1,519.	*lagan*	1
a	1,520.	*laḥad*	1
a	1,521.	*laisa-fī-jubbatī-siva'llah-gūy*	1
a	1,522.	*lam yalid va-lam yūlad*	1
	1,523.	*langī*	1
ta	1,524.	*laṭīf*	1
	1,525.	*lālah*	1
ta	1,526.	*lā-ubālī*	1
a	1,527.	*lā ilāha illā hū*	1
a	1,528.	*lā-jaram*	1
a	1,529.	*lā-yamūt*	1
ta	1,530.	*lā-yazālī*	1
	1,531.	*lijāmī*	1
a	1,532.	*lī maˁa'llah*	1
a	1,533.	*lī-maˁa'llāh-gūy*	1
	1,534.	*lūt*	1
a	1,535.	*lūṭ*	1
a	1,536.	*maˀvā*	1
ta	1,537.	*maˁālī*	1
ta	1,538.	*maˁānī*	1
a	1,539.	*maˁdan*	1
a	1,540.	*maˁšūqah*	1
ta	1,541.	*maˁyūb*	1
a	1,542.	*maˁzūl*	1
ta	1,543.	*mabdaˀ*	1
a	1,544.	*mabdaˁ*	1
a	1,545.	*madīnah*	1
a	1,546.	*maḍīq*	1
a	1,547.	*madkūr*	1
a	1,548.	*mafˁūl*	1
a	1,549.	*mafxar*	1
	1,550.	*maġz*	1
a	1,551.	*maḥakk*	1
ta	1,552.	*maḥbūb*	1
a	1,553.	*maḥkūm*	1
a	1,554.	*maḥrūm*	1
a	1,555.	*maḥšar*	1
a	1,556.	*maḥv*	1
a	1,557.	*maḥzūn*	1
	1,558.	*maidān*	1
a	1,559.	*majbūr*	1
a	1,560.	*majmaˁ*	1
a	1,561.	*makārim ul-ˀaxlāq*	1
ta	1,562.	*makramat*	1
ta	1,563.	*maksab*	1
ta	1,564.	*malak-sāyah*	1
ta	1,565.	*malakūt*	1
ta	1,566.	*malāˀik*	1
a	1,567.	*malīḥ*	1
a	1,568.	*mamālik-sūz*	1
a	1,569.	*manbaˁ*	1
a	1,570.	*manhaj*	1
a	1,571.	*mansūb*	1
a	1,572.	*mansūx*	1
ta	1,573.	*manṭiq*	1
	1,574.	*manūčihr*	1
a	1,575.	*manẓar*	1
a	1,576.	*maqālat*	1
a	1,577.	*maqhūr*	1
t	1,578.	*mardumī*	1
ta	1,579.	*mardūd*	1
ta	1,580.	*marjaˁ*	1
a	1,581.	*masˁūd*	1
a	1,582.	*masāfat*	1
a	1,583.	*masīḥā-dam*	1
ta	1,584.	*masjidī*	1
a	1,585.	*mašriq*	1
a	1,586.	*mauj*	1
a	1,587.	*mauqūf*	1

a	1,588.	*mauṣūf*	1
a	1,589.	*maẓlūm*	1
a	1,590.	*mā auḥā*	1
	1,591.	*mādar*	1
a	1,592.	*māl*	1
a	1,593.	*mālik ul-mulk*	1
	1,594.	*mānand*	1
	1,595.	*mānistan*	1
	1,596.	*mār*	1
	1,597.	*māt*	1
	1,598.	*māzū(y)*	1
	1,599.	*mih*	1
t	1,600.	*mihrbān*	1
	1,601.	*mih-tar*	1
a	1,602.	*millat*	1
a	1,603.	*miṯl*	1
	1,604.	*miyānah*	1
	1,605.	*miyānjī*	1
	1,606.	*mīnā*	1
ta	1,607.	*muʾabbad*	1
a	1,608.	*muʿallaq*	1
a	1,609.	*muʿammar*	1
ta	1,610.	*muʿṭī*	1
ta	1,611.	*mubāḥ*	1
ta	1,612.	*mubārak*	1
ta	1,613.	*mubārak-pai*	1
a	1,614.	*mubīn*	1
a	1,615.	*muddat*	1
a	1,616.	*mufāraqat*	1
a	1,617.	*muḥīṭ*	1
ta	1,618.	*muḥtaram*	1
ta	1,619.	*mujrim*	1
ta	1,620.	*mukāšaf*	1
a	1,621.	*mumkināt*	1
a	1,622.	*munʿim*	1
ta	1,623.	*munavvar*	1
a	1,624.	*munīr*	1
a	1,625.	*munšī*	1
a	1,626.	*muntaẓam*	1
a	1,627.	*muqaddar*	1
ta	1,628.	*muqaddas*	1
a	1,629.	*muqīm*	1
a	1,630.	*murakkab*	1
t	1,631.	*murdah-dil*	1
a	1,632.	*murīd*	1
ta	1,633.	*muruvvat*	1
ta	1,634.	*musabbiḥ*	1
ta	1,635.	*musalmānī*	1
a	1,636.	*mustaʿidd*	1
a	1,637.	*mustaḥaqq*	1
a	1,638.	*mustaqarr*	1
a	1,639.	*mustavī*	1
a	1,640.	*muṣṭafavī*	1
ta	1,641.	*mušarraf*	1
	1,642.	*mušk*	1
ta	1,643.	*mušrik*	1
a	1,644.	*muštarī*	1
a	1,645.	*muštarī-naẓar*	1
ta	1,646.	*mutaʿāl*	1
a	1,647.	*mutaḥallī*	1
a	1,648.	*muṭālaʿah*	1
a	1,649.	*muṭrib*	1
ta	1,650.	*muvāfiq*	1
a	1,651.	*muxālif*	1
a	1,652.	*muxliṣan*	1
a	1,653.	*muxtār*	1
ta	1,654.	*muzavvar*	1
	1,655.	*mužah*	1
a	1,656.	*mūsī*	1
a	1,657.	*naʿīm*	1
a	1,658.	*nabavī*	1
a	1,659.	*nadīm*	1
a	1,660.	*nafy*	1
	1,661.	*naǧz-suxun*	1
ta	1,662.	*naḥs*	1
ta	1,663.	*naḥs-tar*	1
	1,664.	*nairam*	1
ta	1,665.	*najāt*	1
a	1,666.	*nakhat*	1
a	1,667.	*namaṭ*	1

t	1,668.	*namāz*	1
t	1,669.	*namāzī*	1
	1,670.	*namrūd*	1
a	1,671.	*naqš-xvān*	1
a	1,672.	*nasl*	1
	1,673.	*nasrīn*	1
a	1,674.	*naṣṣ*	1
a	1,675.	*natījah*	1
ta	1,676.	*nauʿ*	1
	1,677.	*nauḏar*	1
	1,678.	*navā*	1
	1,679.	*navī*	1
	1,680.	*naxčavān*	1
	1,681.	*naxšab*	1
ta	1,682.	*naxvat*	1
	1,683.	*nazdīk*	1
a	1,684.	*nāʾib*	1
ta	1,685.	*nā-ahl*	1
t	1,686.	*nā-čīz*	1
a	1,687.	*nāfiḏ*	1
	1,688.	*nā-gahān*	1
	1,689.	*nā-hangām*	1
	1,690.	*nālah*	1
a	1,691.	*nā-maḥdūd*	1
a	1,692.	*nā-maḥṣūr*	1
a	1,693.	*nāmī*	1
	1,694.	*nā-pasand*	1
t	1,695.	*nā-pākī*	1
ta	1,696.	*nāqiṣ*	1
	1,697.	*nā-sipās*	1
	1,698.	*nā-āsūdah*	1
t	1,699.	*nā-šināsī*	1
a	1,700.	*nāṭiq*	1
	1,701.	*nā-xušnūd*	1
t	1,702.	*nā-xūb*	1
	1,703.	*nā-xvaš*	1
a	1,704.	*nāẓir*	1
a	1,705.	*niʿāl*	1
a	1,706.	*niʿmat-afzāy*	1
a	1,707.	*niʿma'l-ʿabd*	1
a	1,708.	*nidā*	1
	1,709.	*nihād*	1
	1,710.	*nihān*	1
	1,711.	*nihuftah*	1
	1,712.	*nihuftah-rūy*	1
t	1,713.	*nikūhīdah*	1
t	1,714.	*nikū-kārī*	1
a	1,715.	*niqāb*	1
	1,716.	*nišīman*	1
	1,717.	*nišīman-gah*	1
a	1,718.	*niṭāq*	1
	1,719.	*nižand*	1
t	1,720.	*nīk-rūzī*	1
a	1,721.	*nīl*	1
	1,722.	*nīmah*	1
t	1,723.	*nīstī*	1
	1,724.	*nīš*	1
	1,725.	*nuh*	1
a	1,726.	*nuktah-gūyān*	1
a	1,727.	*nuqṣānī*	1
a	1,728.	*nuzhat*	1
a	1,729.	*nūḥ*	1
	1,730.	*nūš-ā-nūš*	1
	1,731.	*nūšīdan*	1
	1,732.	*pahlū*	1
	1,733.	*paidā*	1
	1,734.	*pai-rau*	1
t	1,735.	*palīd-tar*	1
	1,736.	*panāh*	1
a	1,737.	*panj-naubah*	1
	1,738.	*panjumīn*	1
t	1,739.	*parākandah*	1
	1,740.	*pardah*	1
	1,741.	*pardah-dār*	1
	1,742.	*pargār*	1
	1,743.	*parīdan*	1
	1,744.	*parīšān*	1
	1,745.	*parīšānī*	1
	1,746.	*parr-u-bāl*	1
	1,747.	*parvānah*	1

t	1,748.	*pasandīdah*	1
t	1,749.	*pastī*	1
t	1,750.	*pākī*	1
	1,751.	*pānṣad-u-bīst-u-hašt*	1
	1,752.	*pārah*	1
	1,753.	*pāsbān*	1
	1,754.	*pindāštan*	1
	1,755.	*pisar*	1
	1,756.	*pīč*	1
	1,757.	*pīr*	1
	1,758.	*pīrāyah*	1
	1,759.	*pīšī*	1
	1,760.	*pīšvā*	1
	1,761.	*pul*	1
ta	1,762.	*pur-maʿānī*	1
	1,763.	*pur-nīš*	1
	1,764.	*pušt*	1
t	1,765.	*puxtah*	1
	1,766.	*pūst*	1
t	1,767.	*pūšiš*	1
	1,768.	*pūyandah*	1
a	1,769.	*qadaḥ*	1
a	1,770.	*qadam-sāxtah*	1
ta	1,771.	*qadīmī*	1
a	1,772.	*qaḍā*	1
a	1,773.	*qafā*	1
a	1,774.	*qaḥṭ*	1
ta	1,775.	*qalb* (subst. I)	1
a	1,776.	*qalb* (subst. II)	1
a	1,777.	*qalb-šikan*	1
a	1,778.	*qamar*	1
ta	1,779.	*qanāʿat*	1
a	1,780.	*qasam*	1
a	1,781.	*qaṣd*	1
a	1,782.	*qaṣīr*	1
a	1,783.	*qaṭʿ*	1
a	1,784.	*qaum*	1
a	1,785.	*qāʾid*	1
a	1,786.	*qāʾil*	1
a	1,787.	*qāʾim*	1
a	1,788.	*qāf*	1
a	1,789.	*qālib*	1
a	1,790.	*qāl-u-qīl*	1
a	1,791.	*qāran*	1
a	1,792.	*qārī*	1
a	1,793.	*qāṣir*	1
a	1,794.	*qivām*	1
a	1,795.	*qiyāmat*	1
ta	1,796.	*quddūs*	1
ta	1,797.	*qudrat*	1
a	1,798.	*qul huva'llah*	1
a	1,799.	*qurʿah*	1
ta	1,800.	*qurb*	1
a	1,801.	*qurṣ*	1
a	1,802.	*rabbanā-ẓalamnā-xvān*	1
a	1,803.	*rabbiya'llah*	1
a	1,804.	*rabbuna'l-ʾaʿlā*	1
a	1,805.	*rad(d)*	1
a	1,806.	*raḍīnā*	1
a	1,807.	*rafīʿ*	1
	1,808.	*rahānandah*	1
	1,809.	*rahānīdan*	1
	1,810.	*rah-bar*	1
	1,811.	*rah-namūn*	1
	1,812.	*rah-vārī*	1
a	1,813.	*raḥīm*	1
a	1,814.	*raḥīl*	1
	1,815.	*rang-āmīz*	1
	1,816.	*ranjīdan*	1
	1,817.	*rasānandah*	1
	1,818.	*rastah* (adj.)	1
ta	1,819.	*rasūl*	1
ta	1,820.	*raunaq*	1
	1,821.	*raušan*	1
	1,822.	*ravān*	1
	1,823.	*ravāq*	1
	1,824.	*raxnah*	1
ta	1,825.	*rāḍī*	1
	1,826.	*rāh-guḏar*	1
a	1,827.	*rāhib*	1

	1,828.	*rān*	1		1,868.	*sāyabān*	1
	1,829.	*rāndah*	1		1,869.	*sāz*	1
t	1,830.	*rāst-rau*	1	*ta*	1,870.	*sidrah*	1
	1,831.	*rīš*	1		1,871.	*sih*	1
t	1,832.	*rīš-xand*	1	*a*	1,872.	*sikkah*	1
ta	1,833.	*rubūbīyat*	1	*a*	1,873.	*silk*	1
a	1,834.	*ruqᶜah*	1		1,874.	*sipanj*	1
	1,835.	*rū-šinās*	1		1,875.	*sipanj-sarāy*	1
a	1,836.	*saᶜd*	1		1,876.	*sipardan*	1
ta	1,837.	*saᶜīr*	1		1,877.	*sipas*	1
	1,838.	*sabzah*	1	*t*	1,878.	*sipihr*	1
ta	1,839.	*sadād*	1		1,879.	*situdan*	1
ta	1,840.	*sag-sīrat*	1		1,880.	*siyah-rūy*	1
a	1,841.	*saḥar*	1	*t*	1,881.	*siyāhī*	1
a	1,842.	*saḥar-xīzī*	1	*a*	1,882.	*siyāsat*	1
a	1,843.	*sail-āb*	1		1,883.	*siyum*	1
a	1,844.	*sair*	1		1,884.	*sīmurġ*	1
a	1,845.	*salāmat*	1	*a*	1,885.	*sīrat*	1
ta	1,846.	*salīm*	1	*a*	1,886.	*subḥānī*	1
a	1,847.	*samar*	1	*a*	1,887.	*suflī*	1
a	1,848.	*sanāʾī*	1	*ta*	1,888.	*sujūd*	1
	1,849.	*sang*	1	*ta*	1,889.	*sukūn*	1
	1,850.	*sanjīdan*	1	*a*	1,890.	*sulaimānī*	1
a	1,851.	*saqaṭ*	1		1,891.	*surmah*	1
	1,852.	*sarāčah*	1	*ta*	1,892.	*surūr*	1
	1,853.	*sarā-pardah*	1	*t*	1,893.	*sust*	1
	1,854.	*sard*	1	*t*	1,894.	*sustī*	1
t	1,855.	*sar-farāz*	1		1,895.	*suturdan*	1
	1,856.	*sar-gardān*	1	*t*	1,896.	*sutūr*	1
	1,857.	*sar-gaštah*	1		1,897.	*suxan-dān*	1
	1,858.	*sar-hangī*	1		1,898.	*suxan-dān-tar*	1
t	1,859.	*sarī*	1		1,899.	*sūd*	1
ta	1,860.	*sarmad*	1	*a*	1,900.	*sūrah*	1
	1,861.	*sar-nigūn*	1	*a*	1,901.	*ṣadr*	1
a	1,862.	*sar-xail*	1	*a*	1,902.	*ṣaf-dar*	1
t	1,863.	*sarvarī*	1	*a*	1,903.	*ṣaf-kašīdah*	1
ta	1,864.	*savād* (subst. I)	1	*a*	1,904.	*ṣaḥn*	1
	1,865.	*saxtī*	1	*a*	1,905.	*ṣaḥrā*	1
	1,866.	*sādah-dil*	1	*a*	1,906.	*ṣanᶜat*	1
a	1,867.	*sāmiᶜ ul-ʾaṣvāt*	1	*a*	1,907.	*ṣarf*	1

ta	1,908.	*ṣābir*	1
ta	1,909.	*ṣādiq*	1
ta	1,910.	*ṣāfī*	1
a	1,911.	*ṣāḥib*	1
ta	1,912.	*ṣāḥib-dil*	1
ta	1,913.	*ṣāliḥ*	1
a	1,914.	*ṣāliḥ* (n. pr.)	1
a	1,915.	*ṣillah*	1
a	1,916.	*ṣināʿat*	1
a	1,917.	*ṣīt*	1
a	1,918.	*ṣulḥ*	1
a	1,919.	*ṣunʿ*	1
ta	1,920.	*ṣūfī*	1
a	1,921.	*šahd*	1
a	1,922.	*šahida'llah*	1
	1,923.	*šahr-band*	1
a	1,924.	*šaḥnah*	1
a	1,925.	*šaix*	1
a	1,926.	*šamʿ-kirdār*	1
a	1,927.	*šamāʾil*	1
a	1,928.	*šamsah*	1
ta	1,929.	*šaqāvat*	1
	1,930.	*šarang*	1
a	1,931.	*šarq*	1
a	1,932.	*šarṭ*	1
a	1,933.	*šar-u-šūr*	1
a	1,934.	*šaxṣ*	1
a	1,935.	*šāʿirī*	1
	1,936.	*šādī*	1
	1,937.	*šāh-rāh*	1
ta	1,938.	*šākir*	1
	1,939.	*šāyistah*	1
a	1,940.	*šibh*	1
a	1,941.	*šiblī*	1
t	1,942.	*šigarf-tar*	1
	1,943.	*šikastah*	1
	1,944.	*šikastah-pāy*	1
t	1,945.	*šinās*	1
	1,946.	*šināxtan*	1
	1,947.	*šiš*	1
	1,948.	*šitāftan*	1
a	1,949.	*šīn*	1
	1,950.	*šīr*	1
a	1,951.	*šīṯ*	1
	1,952.	*šustah*	1
	1,953.	*šutur-murġ*	1
ta	1,954.	*šūm*	1
	1,955.	*šūriš*	1
a	1,956.	*taʾassuf*	1
a	1,957.	*taʿab*	1
a	1,958.	*taʿallum*	1
a	1,959.	*taʿalluq*	1
a	1,960.	*taʿjīl*	1
a	1,961.	*tabarrā*	1
t	1,962.	*tabāhī*	1
a	1,963.	*tadbīr*	1
	1,964.	*tag*	1
a	1,965.	*taġyīr*	1
	1,966.	*tahamtan*	1
a	1,967.	*taḥrīr*	1
ta	1,968.	*taḥsīn*	1
a	1,969.	*taḥṣīl*	1
a	1,970.	*taḥt*	1
ta	1,971.	*takabbur*	1
	1,972.	*tak-u-tāz*	1
a	1,973.	*takyah*	1
a	1,974.	*takyah-jāy*	1
a	1,975.	*talqīn*	1
	1,976.	*talx*	1
a	1,977.	*tamām*	1
ta	1,978.	*tamāmī*	1
ta	1,979.	*tamkīn*	1
	1,980.	*tang-dil*	1
	1,981.	*tangī*	1
	1,982.	*tanhā-rau*	1
	1,983.	*tan-zadah*	1
ta	1,984.	*taqvā*	1
a	1,985.	*taraddud*	1
a	1,986.	*tarannum*	1
	1,987.	*tarsīdan*	1

a	1,988.	tasnīm	1
ta	1,989.	tauḥīd	1
a	1,990.	tavaqquf	1
a	1,991.	tavassuṭ	1
ta	1,992.	tavāḍuʿ	1
	1,993.	tavān	1
	1,994.	tavān-gar	1
	1,995.	tār	1
	1,996.	tīǧ	1
	1,997.	tīr	1
	1,998.	tīrah-fām	1
	1,999.	tīz-āhang	1
	2,000.	tīz-par	1
	2,001.	tuḥfah	1
	2,002.	turš	1
	2,003.	turuš-rūy	1
ta	2,004.	ṭaʿām	1
ta	2,005.	ṭabīʿat	1
ta	2,006.	ṭabīʿī	1
a	2,007.	ṭalʿat	1
a	2,008.	ṭalāq	1
a	2,009.	ṭarf	1
a	2,010.	ṭauq	1
a	2,011.	ṭavāf	1
ta	2,012.	ṭāhir	1
a	2,013.	ṭāliʿ	1
a	2,014.	ṭilism	1
a	2,015.	ṭufail	1
a	2,016.	ṭumṭurāq	1
a	2,017.	ṭurrah	1
	2,018.	ṭūs	1
ta	2,019.	ṯabāt	1
a	2,020.	ṯamīn	1
ta	2,021.	ṯaqīlī	1
a	2,022.	ṯānī	1
a	2,023.	ṯumma'jtabāhu	1
a	2,024.	ṯurayyā	1
a	2,025.	umam	1
ta	2,026.	uns	1
a	2,027.	uqlīdīs	1
a	2,028.	uqtulu'l-mušrikīn	1
a	2,029.	ūlā	1
a	2,030.	va'ḍ-ḍuḥā	1
	2,031.	vah	1
a	2,032.	valad	1
a	2,033.	valīyu'llāh	1
a	2,034.	va'l-lail	1
a	2,035.	vaqf	1
	2,036.	varzīdan	1
	2,037.	vazīr	1
ta	2,038.	vāfī	1
a	2,039.	vāhib ul-ʿaql	1
ta	2,040.	vāḥid	1
ta	2,041.	vājib	1
a	2,042.	vājib ul-vujūd	1
	2,043.	vālā	1
ta	2,044.	vālih	1
ta	2,045.	vārid	1
a	2,046.	vidāʿ	1
ta	2,047.	vird	1
ta	2,048.	vitr	1
	2,049.	vušāq	1
a	2,050.	xaḍir	1
a	2,051.	xaḍir-kisvat	1
a	2,052.	xair	1
ta	2,053.	xalāʾiq	1
a	2,054.	xalīl	1
	2,055.	xamīdan	1
	2,056.	xar	1
	2,057.	xarak	1
ta	2,058.	xarāb-ābād	1
	2,059.	xarī	1
a	2,060.	xarj	1
a	2,061.	xaṣlat	1
a	2,062.	xatm	1
ta	2,063.	xauf	1
	2,064.	xazān	1
a	2,065.	xazīnah	1
ta	2,066.	xāḍiʿ	1
	2,067.	xāk-rūb	1

a	2,068.	*xāliṣan*	1
a	2,069.	*xālī*	1
	2,070.	*xāmuš*	1
t	2,071.	*xānaqāh*	1
	2,072.	*xān-u-mān*	1
	2,073.	*xāqān*	1
ta	2,074.	*xāṣah*	1
a	2,075.	*xāṣ ul-xāṣ*	1
ta	2,076.	*xāšiʿ*	1
a	2,077.	*xātam*	1
a	2,078.	*xidmat*	1
a	2,079.	*xiḍāb*	1
a	2,080.	*xiḍr*	1
a	2,081.	*xiḍr-sīrat*	1
a	2,082.	*xilqat*	1
t	2,083.	*xirad-mand*	1
	2,084.	*xirāmīdan*	1
ta	2,085.	*xiyāl*	1
ta	2,086.	*xuḍūʿ*	1
t	2,087.	*xuftah*	1
t	2,088.	*xujastah-pai*	1
ta	2,089.	*xujastah-qadam*	1
	2,090.	*xum*	1
	2,091.	*xunyā-gar*	1
	2,092.	*xurram*	1
a	2,093.	*xusūf*	1
	2,094.	*xušk-nān*	1
	2,095.	*xūbī*	1
	2,096.	*xūb-rū*	1
	2,097.	*xūb-tar*	1
t	2,098.	*xūn-rīzī*	1
t	2,099.	*xvad-bīnī*	1
t	2,100.	*xvad-dīd*	1
t	2,101.	*xvad-parastī*	1
	2,102.	*xvariš*	1
	2,103.	*xvaš-dilī*	1
	2,104.	*xvaš-navā(y)*	1
	2,105.	*xvaš-sarā(y)*	1
t	2,106.	*xvaš-sipāsī*	1
	2,107.	*xvājah*	1
	2,108.	*xvāndah*	1
t	2,109.	*xvārī*	1
	2,110.	*xvāstār*	1
t	2,111.	*xvīš-tan-bīn*	1
a	2,112.	*yafʿalu'llahū mā yašā(ʾ)*	1
	2,113.	*yak-bāragī*	1
	2,114.	*yak-bārah*	1
	2,115.	*yak-čand*	1
	2,116.	*yak-digar*	1
	2,117.	*yak-šab*	1
	2,118.	*yal*	1
a	2,119.	*yazīd*	1
	2,120.	*yāristan*	1
	2,121.	*yāsamīn*	1
	2,122.	*yāsij*	1
a	2,123.	*yūnus*	1
a	2,124.	*yūšaʿ*	1
	2,125.	*zabān-dānī*	1
	2,126.	*zahr*	1
a	2,127.	*zaḥīr*	1
a	2,128.	*zaḥmat*	1
a	2,129.	*zain*	1
	2,130.	*zamin*	1
	2,131.	*zan*	1
t	2,132.	*zanax*	1
	2,133.	*zang*	1
	2,134.	*zar*	1
	2,135.	*zar-afšānī*	1
ta	2,136.	*zarrāq*	1
	2,137.	*zaxm*	1
ta	2,138.	*zāhid*	1
	2,139.	*zāj*	1
ta	2,140.	*zāviyah*	1
	2,141.	*zi-bar*	1
	2,142.	*zidūdan*	1
	2,143.	*zih*	1
	2,144.	*zindānī*	1
	2,145.	*zinhār*	1
	2,146.	*zištī*	1

t	2,147	*zišt-kārī*	1
t	2,148.	*zišt-xūy*	1
a	2,149.	*ziyādat*	1
	2,150.	*ziyān*	1
	2,151.	*zībā-rūy*	1
	2,152.	*zībā-xūy*	1
ta	2,153.	*zuhd*	1
a	2,154.	*zuhrah*	1
a	2,155.	*zuhrah-jamāl*	1
a	2,156.	*zūd-sair*	1
a	2,157.	*ẓafar*	1
ta	2,158.	*ẓarīf*	1
	2,159.	*žarf*	1

IV. STATISTICAL SURVEY OF THE GENERAL VOCABULARY

A. PRELIMINARIES

It is pertinent to ask: what can philological and linguistical studies hope to gain from statistical methods? There are two kinds of answers. One concerns the applications, e.g. stylistic and comparative studies, and as a special case of those: determination of authorship. The other concerns the quantitative results as such. It seems that the second kind of answer should be the primary. If we strive to describe a language, or the language of a given text specimen, in as exact a way as possible, there is no reason to suppress the quantitative description for the sake of the qualitative. In other words: there is no reason to disregard numbers as means of language description. The relative relevance of the results, however, can only be estimated when those results are incorporated in a complete model of description. But this is true also for qualitative results. No attempt at such estimations can be made here. It is only postulated that statistical results have some value as such.

There are, of course, innumerable ways of making statistics even on a very limited text material. Also when we confine ourselves to lexical studies, a great variety of statistical procedures are conceivable. The basic theoretical works on linguistical statistics, of which a few were mentioned in the introduction (e.g. books by Yule, Herdan, Guiraud and Frumkina), give many examples of such procedures. A majority of the described procedures regarding lexical studies are concerned with the calculation of frequencies in some way or another: the relation between the frequency of a word and the rank of that word according to frequency, between the frequency and the length of the word, between high frequency or low frequency words and the total vocabulary or the total number of occurrences, etc.

By "frequency" is often understood just the number of occurrences of a given word in a given text material in absolute or relative numbers.[1] At times, however, "frequency" is used to

[1] The relative frequency of a word, calculated as the relation between the number of occurrences of that word and the total number of word-occurrences in a text, is called the probability of that word.

denote the number of occurrences (in absolute or relative numbers) of other elements, e.g. the number of words in a given material that occur a given number of times (i.e. have the same "frequency", with the previous definition).

From a general point of view, two qualities in these procedures catch the eye. They are seldom related to the semantic (signifié) side of the language and it is often difficult to interpret the numeric results in more general terms. In lexical studies, however, calculations of the frequency distribution of separate words in the vocabulary, the share of the hapax legomena in the vocabulary and in the total number of occurrences, etc., have been related to the "richness" of the vocabulary or "style" in question. This is evidently a possible method of characterization of a vocabulary (of a given text, author or genre), but there are difficulties in the interpretation of the results, partly because many of these relations are surprisingly stable from author to author, from genre to genre and even from language to language, and partly because of methodic problems in connection with differences in sample length (size of the compared text specimens) and fluctuations due to chance.

It is not possible here to introduce and discuss the rapidly growing literature in this field. The present study will be confined to some of the simplest and most commonly used methods of describing the relation between the frequency and the rank of a word and the relative shares of the vocabulary and the total number of occurrences.

B. RANK, FREQUENCY AND CUMULATED SHARES OF VOCABULARY AND OCCURRENCES (TABLE 1)

Table 1 presents in synoptic form the numeric purport of the frequence word-list published above. The figures of the ten columns should be understood in the following way:

Col. 1 gives the rank (r), i.e. an ordinal number to each word in the vocabulary (each "type") according to frequency, beginning with 1 for the most frequent word.

Col. 2 gives the frequency (f), i.e. the number of occur-

TABLE 1. *Rank, frequency, shares and cumulated shares of vocabulary and occurrences*

1	2	3	4	5	6	7	8	9	10
Rank r	Fre-quency f	Types x	Cumul.no. of types S(x)	Occurr-ences fx	Cumul. occurr. S(fx)	Share of vocab. x/V%	Share of tot.occ. fx/N%	Cumul.share of vocab. S(x)/V%	Cumul.share of tot.occ. S(fx)/N%
1	489	1	1	489	489	0.05	4.50	0.05	4.50
2	470	1	2	470	959	0.05	4.32	0.09	8.82
3	294	1	3	294	1,253	0.05	2.70	0.14	11.52
4	244	1	4	244	1,497	0.05	2.24	0.19	13.76
5	214	1	5	214	1,711	0.05	1.97	0.23	15.73
6	203	1	6	203	1,914	0.05	1.87	0.28	17.60
7	199	1	7	199	2,113	0.05	1.83	0.32	19.42
8	196	1	8	196	2,309	0.05	1.80	0.37	21.23
9	187	1	9	187	2,496	0.05	1.72	0.42	22.95
10	186	1	10	186	2,682	0.05	1.71	0.46	24.66
11	180	1	11	180	2,862	0.05	1.65	0.51	26.31
12	137	1	12	137	2,999	0.05	1.26	0.56	27.57
13	125	1	13	125	3,124	0.05	1.15	0.60	28.72
14	100	1	14	100	3,224	0.05	0.92	0.65	29.64
15	97	1	15	97	3,321	0.05	0.89	0.69	30.53
16	95	2	17	190	3,511	0.09	1.75	0.79	32.28
18	90	1	18	90	3,601	0.05	0.83	0.83	33.10
19	88	1	19	88	3,689	0.05	0.81	0.88	33.91
20	79	1	20	79	3,768	0.05	0.73	0.93	34.64

TABLE 1 (cont.)

1	2	3	4	5	6	7	8	9	10
21	70	1	21	70	3,838	0.05	0.64	0.97	35.28
22	69	1	22	69	3,907	0.05	0.63	1.02	35.92
23	65	1	23	65	3,972	0.05	0.60	1.07	36.51
24	58	2	25	116	4,088	0.09	1.07	1.16	37.58
26	53	1	26	53	4,141	0.05	0.49	1.20	38.07
27	52	1	27	52	4,193	0.05	0.48	1.25	38.55
28	51	1	28	51	4,244	0.05	0.47	1.30	39.01
29	47	1	29	47	4,291	0.05	0.43	1.34	39.45
30	43	2	31	86	4,377	0.09	0.79	1.44	40.24
32	41	2	33	82	4,459	0.09	0.75	1.53	40.99
34	40	3	36	120	4,579	0.14	1.10	1.67	42.09
37	38	1	37	38	4,617	0.05	0.35	1.71	42.44
38	37	1	38	37	4,654	0.05	0.34	1.76	42.78
39	36	3	41	108	4,762	0.14	0.99	1.95	43.78
42	35	1	42	35	4,792	0.05	0.32	1.95	44.10
43	34	2	44	68	4,865	0.09	0.63	2.04	44.72
45	33	1	45	33	4,898	0.05	0.30	2.08	45.03
46	31	3	48	93	4,991	0.14	0.85	2.22	45.88
49	30	4	52	120	5,111	0.19	1.10	2.41	46.98
53	27	2	54	54	5,165	0.09	0.50	2.50	47.48
55	26	1	55	26	5,191	0.05	0.24	2.55	47.72
56	25	1	56	25	5,216	0.05	0.23	2.59	47.95

1	2	3	4	5	6	7	8	9	10
57	23	3	59	69	5,285	0.14	0.63	2.73	48.58
60	22	5	64	110	5,395	0.23	1.01	2.96	49.60
65	21	1	65	21	5,416	0.05	0.19	3.01	49.79
66	20	3	68	60	5,476	0.14	0.55	3.15	50.34
69	19	5	73	95	5,571	0.23	0.87	3.38	51.21
74	18	4	77	72	5,643	0.19	0.66	3.57	51.88
78	17	4	81	68	5,711	0.19	0.63	3.75	52.50
82	16	8	89	128	5,839	0.37	1.18	4.12	53.68
90	15	14	103	210	6,049	0.65	1.93	4.77	55.61
104	14	8	111	112	6,161	0.37	1.03	5.14	56.64
112	13	9	120	117	6,278	0.42	1.08	5.56	57.71
121	12	12	132	144	6,422	0.56	1.32	6.11	59.04
133	11	14	146	154	6,576	0.65	1.42	6.76	60.45
147	10	16	162	160	6,736	0.74	1.47	7.50	61.92
163	9	30	192	270	7,006	1.39	2.48	8.89	64.41
193	8	29	221	232	7,238	1.34	2.13	10.24	66.54
222	7	31	252	217	7,455	1.44	1.99	11.67	68.53
253	6	50	302	300	7,755	2.32	2.76	13.99	71.29
303	5	62	364	310	8,065	2.87	2.85	16.86	74.14
365	4	93	457	372	8,437	4.31	3.42	21.17	77.56
458	3	183	640	549	8,986	8.48	5.04	29.64	82.61
641	2	373	1,013	746	9,732	17.28	6.86	46.92	89.46
1,014	1	1,146	2,159	1,146	10,878	53.08	10.54	100.00	100.00

rences of a word, the most frequent occurring 489 times (in absolute numbers).

Col. 3 gives the number of types (x), i.e. the number of separate words of the vocabulary, having the same frequency.

Col. 4 gives the cumulated number of types, i.e. the sum of the number of types added up step by step from the top (this number is approximately the same as the rank, giving the highest number of the interval where rank gives the lowest, in cases when there are more than one type with the same frequency).

Col. 5 gives the number of text occurrences of the types of the same frequency (as given on the same horizontal line), i.e. the product of the figures for frequency and type.

Col. 6 gives the cumulated number of text occurrences, i.e. the sum of the figures in col. 5 added up step by step from the top, so that the figure S(fx) gives the number of occurrences due to words occurring f times or more.

Col. 7 gives the percentage of the type/types on the same horizontal line in the total vocabulary (V), the share of one type (word) being approximately 0.05% and the share of the 1,146 hapax legomena being approximately 53.08%.

Col. 8 gives the percentage of the number of occurrences due to the type/types on the same horizontal line in the total number of occurrences (N), the share of the (one) most frequent word being approximately 4.50% (i.e. a probability of 0.045) and the share of the 1,146 hapax legomena being approximately 10.54%.

Col. 9 gives the cumulated share of the types in the total vocabulary (V), i.e. the sum of the percentages in col. 7 added up step by step from the top, so that the figure S(x)/V gives the share in the total vocabulary of types of the frequency of x or higher.

Col. 10 gives the cumulated share of the number of occurrences (due to the given types) in the total number of occurrences (N), i.e. the sum of the percentages in col. 8 added up step by step from the top, so that the figure S(fx)/N gives the share in the total number of occurrences due to types of the frequency of x or higher.

The following immediate results may be extracted from Table 1:

The total number of occurrences (N) is 10,878, i.e. the

length of the text (sample) is 10,878 words (regardless of type).

The total vocabulary (V) is 2,159, i.e. the text contains 2,159 different words (types).

The vocabulary of frequency 1 (V') is 1,146, i.e. the text contains 1,146 hapax legomena.

This gives the following ratios:[1]

$\frac{V}{N}$ = 19.85% (the relation between vocabulary and occurrences),

$\frac{V'}{V}$ = 53.08% (the share of the hapax legomena in the vocabulary),

$\frac{V'}{N}$ = 10.54% (the share of the hapax legomena in the occurrences).

The figures for the same ratios calculated on the results of the previous New Persian word counts are as follows.[2]

Koppe (2 samples from works by Buzurg ᶜAlavī):[3]

$\frac{V}{N} = \frac{2,177+1,821}{17,370+10,691} = \frac{3,998}{28,061}$ = 14.25% (14.78% average, if calculated separately for the two samples),

$\frac{V'}{V} = \frac{1,054+1,015}{3,998} = \frac{2,069}{3,998}$ = 51.75% (52.07% average for the samples),

$\frac{V'}{N} = \frac{2,069}{28,061}$ = 7.37% (7.78% average for the samples).

Skalmowski (4 samples from ghazals by Saᶜdī and Ḥāfiẓ):

$\frac{V}{N} = \frac{646 + 663 + 881 + 476}{2,240+1,925+2,772+1,185} = \frac{2,666}{8,122}$ = 32.82% (33.81% average for the samples),

$\frac{V'}{V} = \frac{400+440+541+332}{2,666} = \frac{1,713}{2,666}$ = 64.25% (64.86% average for the samples),

$\frac{V'}{N} = \frac{1,713}{8,122}$ = 21.09% (22.06% average for the samples).

---

[1]The ratios logN/logV (here = 1.21) and V/√N (here = 20.70), discussed by Guiraud, *Problèmes et méthodes*, 85-89, will not be used in this investigation.

[2]For reference to these studies, see the Introduction.

[3]Cf. the correction note by Lazard, op.cit., 65; Koppe does not mention the number of hapax legomena in the small group of European loan-words: 79+47 words; here half of them has been counted among the hapax legomena (V').

Lazard (8 samples from early prose works):

$$\frac{V}{N} = \frac{450 + 514 + 586 + 694 + 477 + 494 + 520 + 562}{2,376+2,289+2,424+2,259+2,302+2,165+2,299+2,253}$$

$= \frac{4,297}{18,367} = 23.40\%$ (23.42% average for the samples),

$$\frac{V'}{V} = \frac{241+314+344+455+250+287+296+336}{4,297} = \frac{2,523}{4,297} = 58.72\%$$

(58.25% average for the samples),

$\frac{V'}{N} = \frac{2,523}{18,367} = 13.74\%$ (13.76% average for the samples).

Osmanov (1 sample, the complete text of the *Dīvān* of ʿUnṣurī):

$$\frac{V}{N} = \frac{4,824}{46,472} = 10.38\%,$$

$$\frac{V'}{V} = \frac{2,167}{4,824} = 44.92\%,$$

$$\frac{V'}{N} = \frac{2,167}{46,472} = 4.66\%.$$

For the sake of comparison these figures can be arranged according to increasing sample length in the following table:

Investigator	Average sample length (N)	$\frac{V}{N}\%$	$\frac{V'}{V}\%$	$\frac{V'}{N}\%$	Type of text
Skalmowski	2,031	32.82	64.25	21.09	Classical poetry
Lazard	2,296	23.40	58.72	13.74	Early prose
Utas	10,878	19.85	53.08	10.54	Classical poetry
Koppe	14,031	14,25	51.75	7.37	Modern prose
Osmanov	46,472	10.38	44.92	4.66	Early poetry

This table shows in a most instructive way to what a great extent these ratios depend on the length of the sample.[1] It is obvious that for the purpose of comparing vocabularies and occurrences these ratios are practically useless, as long as we do not have samples of comparable size. The implications of this will be further discussed in the chapter on the Arabic loanword vocabulary.

---

[1] Cf. Herdan, *Language as choice and chance*, 17 ff.

C. THE RELATION VOCABULARY/OCCURRENCES (FIGURE 1)

If we return to Table 1 and look at the columns of cumulated shares, we find that, e.g., the 18 most frequent words of the vocabulary (0.83%) are responsible for approximately one third (33.10%) of the occurrences, that the 65 most frequent words of the vocabulary (3.01%) are responsible for approximately one half (49.79%) of the occurrences, and that the 364 most frequent words of the vocabulary (16.86%) are responsible for approximately three quarters (74.14%) of the occurrences. When presented in graphical form, this relation between the cumulated shares of the vocabulary and the occurrences gives a quite regular curve: see Figure 1, in which the cumulated shares of the vocabulary (col. 9 of Table 1) are introduced along the abscissa and the cumulated shares of the occurrences (col. 10 of Table 1) along the ordinate. The graph shows, for instance, that 10% of the vocabulary is responsible for about 65.5% of the occurrences and 40% of the vocabulary for about 87% of the occurrences.

The relation between vocabulary and occurrences illustrated in Figure 1 is very much the same not only for different samples from the same language but also for samples from different languages, the differences in the "height" of the curve depending mainly on the sample length.[1] There are no complete frequency-lists available for other New Persian texts and it is thus not possible to make up directly corresponding curves. It is interesting to notice, however, that the curve representing the relation between Arabic vocabulary and Arabic occurrences in *Šāhnāmah*, published by Moïnfar (op.cit., p. 71), differs little from Figure 1 here. Still Moïnfar's material is only a special vocabulary of 706 words. There 10% of the vocabulary is seen to be responsible for about 69% of occurrences and 40% of the vocabulary for about 92% of the occurrences, i.e. slightly higher (6%) figures for the occurrences than in the present material.

To judge from the table of select percentages of vocabulary

[1] Cf. this curve for the complete Russian text of the works of Pushkin drawn by Frumkina, *Statističeskie metody*, 50. That curve runs about 12% "higher" that the one in Figure 1, which mainly depends on the great compass of the Russian text material (N = 544,777; V = 21,197).

FIGURE 1. Cumulated share of vocabulary by cumulated share of occurrences

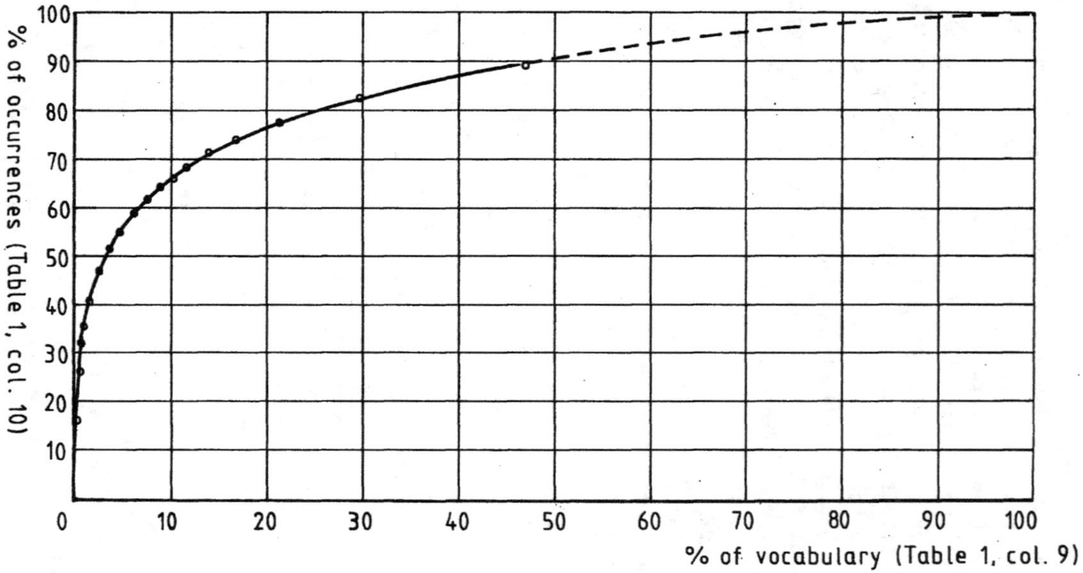

and occurrences published by Osmanov (p. 10), these comparatively high figures are representative of the situation for the *general* vocabulary in longer New Persian text samples. There is a remarkable similarity between the figures for the higher percentages in the table of Osmanov and in that of Moïnfar (end, p. 70):

Percentage of vocabulary		Percentage of occurrences	
Osmanov	Moïnfar	Osmanov	Moïnfar
21.4	22	85	85.1
30.35	30.1	89.2	89.6
38.63	40.2	92	93
	47		94.6
54		95	
	63.5		97.1

The explanation of this could be that this relation in a small special vocabulary (like the Arabic in *Šāhnāmah*) to some extent depends on the general characteristics of the general vocabulary of which it forms a part (in this case the extensive vocabulary of *Šāhnāmah*, V = approx. 8,000). This will be discussed in fuller detail in the section treating the Arabic loanwords.

D. THE RELATION RANK/FREQUENCY REPRESENTED IN BILOGARITHMIC COORDINATES (FIGURES 2-3)

One of the most commonly used and discussed ways of expressing a certain regularity in the frequency distribution within the vocabulary of a text is the so called "Zipf's law", saying that the frequency (f_r) of a word is inversely proportional to the rank (r) of that word (according to decreasing frequency), i.e. $f_r r = C$ or $f_r = Cr^{-1}$, where C is a constant.[1] Already a

[1] First formulated by the French stenographer J. H. Estoup but generally named after the American G. K. Zipf; cf. e.g. Frumkina, *Statističeskie metody*, 23 ff.

FIGURE 2. Rank by frequency in bilogarithmic form

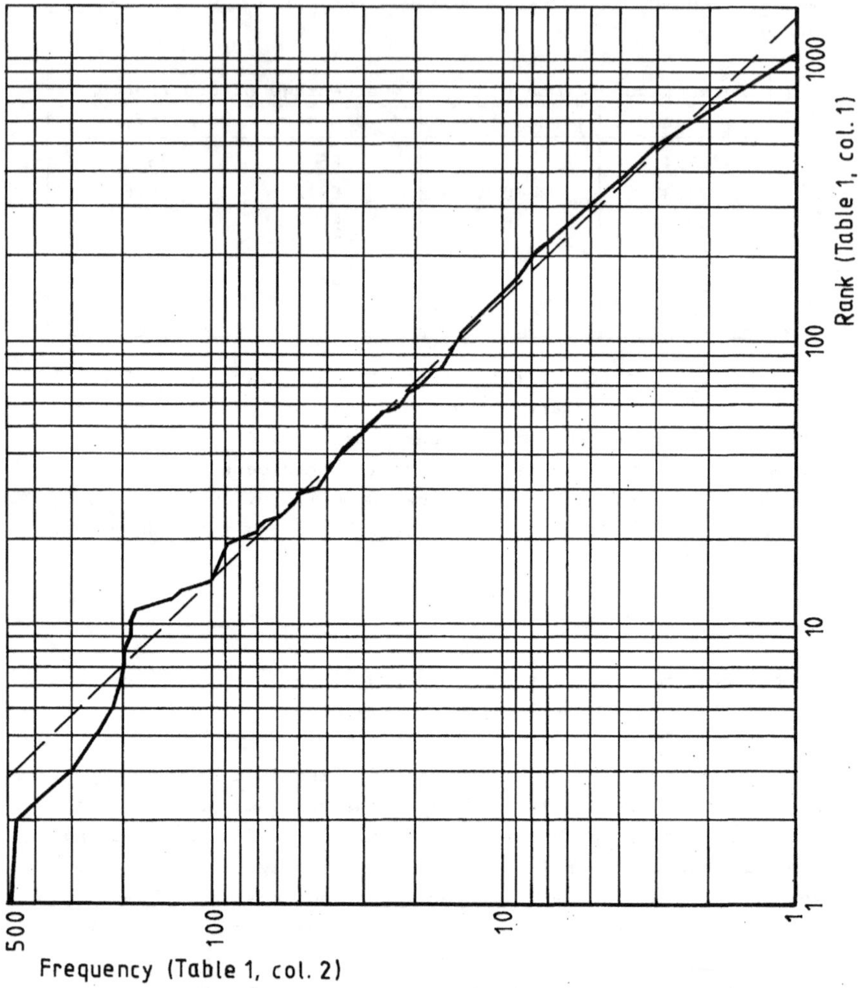

cursory look at the figures in columns 1 and 2 of Table 1 shows us that the constant (C) in this equation undergoes considerable variation with the figures resulting from the present material. This is especially noticeable for the words with the highest frequency (rank 1-11). These words give both the lowest and the highest value for C to be found in the material: $f_1 x 1 = 489$ and $f_{11} x 11 = 180 x 11 = 1{,}980$. The rest of the rank/frequency relations gives empiric values between 1,672 (r = 19) and 1,014 (r = 1,014) for C.[1]

The frequency distribution according to rank can be demonstrated in a graph (Figure 2), where the figures for rank and frequency are introduced in logarithmic form along the abscissa and ordinate respectively. If the empiric data were to conform completely to Zipf's law, i.e. if the constant C in the above equation really were invariable, the resulting graph would be a straight line running with 45° angle from abscissa to ordinate, cutting both axes at a point equal to the value of C. This theoretic line has been introduced (in dashes) in Figure 2, using the average value of C accoring to the figures in Table 1 (C = 1,402).

If we compare this curve with the corresponding graph of Osmanov on the material from ᶜUnṣurī (p. 8) and the one of Moïnfar on the Arabic vocabulary in *Šāhnāmah* (p. 88), we find quite similar configurations. As a matter of fact, this curve, with its slight but characteristic "hump", has proved to be much the same for various texts in various languages. It is obvious that Zipf's law gives only a coarse approximation of the relation rank/frequency and, consequently, a number of modifications have been proposed. In her manual *Statističeskie metody izučenija leksiki* (Moscow 1964), R. M. Frumkina (pp. 23-41) examines this law and its applications and comes to the conclusion that for $1 \leqslant r \leqslant 50$, i.e. for the 50 most frequent words, the law is not valid but has to be modified with a constant, differing from case to case, which in the bilogarithmic graph means a change of the angle of the curve (from the 45° of the unmodified Zipf's

[1] This depends, however, on the definition of rank: here the lowest number in the interval has been chosen; thus the highest rank is 1,014, used for the hapax legomena, numbered 1,014-2,159.

law). She considers (p. 37) the share of the occurrences due to the 50 most frequent words in the total number of occurrences as a constant, rather stable for literary texts within the same language. She quotes the following figures for this constant: for English ≈0.46, for French ≈0.43, and for Russian ≈0.425.

For the present text material this value can be calculated as $\frac{5,051}{10,878}$ = 0.4643 (46.43%). This suits excellently to the corresponding value given by Osmanov (p. 9) for the ʿUnṣurī material:[1] $\frac{22,089}{46,911}$ ≈ 0.468. On the other hand, the estimations of this coefficient that can be gleaned from the select frequency tables published by Koppe (p. 592) and Lazard (pp. 66-67)[2] seem to correspond less well: for Koppe's sample I, the share of the occurrences due to the 48 most frequent words (possible European loan-words excluded) appears to be $\frac{9,383}{17,370}$ = 0.5402, and for Lazard's very short sample RS the share of the occurrences due to the 52 most common words appears to be $\frac{1,301}{2,259}$ = 0.5759. There are, however, many uncertainties involved in these figures, and further investigations are required in order to establish the exact value and nature of this coefficient for Classical Persian: how far it depends on sample size, if it is comparatively stable for various types of texts (≈0.47?) or if it may be used to characterize the vocabulary of individual works.

Another modification of Zipf's law has been suggested by B. Mandelbrot[3] who adds two parameters to the equation, thus

$$f_r = C(r+\rho)^{-B}$$

one parameter (ρ) adjusting the values of r (the position of the curve to the left or right of the theoretical line of Zipf's law) and the other (B) giving the inclination of the corresponding curve in bilogarithmic coordinates. For ρ=0 and B=1 the equation coincides with that of Zipf's law. Here the value of B is of special interest. According to Mandelbrot, the parameter B is changing for low values of r (left part of the curve is

[1] Correctly = 0.4709; and if the figures in the table on the next page are correct: 22,088/46,472 = 0,4753.

[2] Skalmowski gives no such frequency data.

[3] *Word*, 10(1954):1, 1-27; again in Apostel-Mandelbrot-Morf: *Logique, langage et théorie de l'information*, Paris 1957, 22 ff.

FIGURE 3. Rank by frenquency in bilogarithmic form with rank as interval (r⩾15)

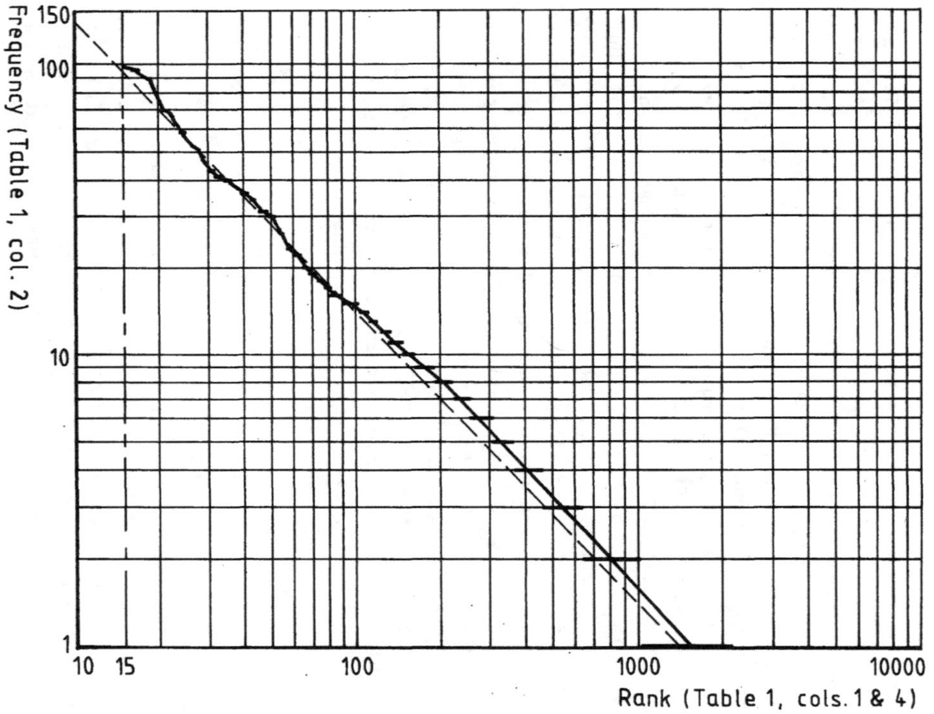

bending), but for higher values of r (approx. > 15)[1] B will tend to be stable and the corresponding curve (right part) thus a straight line. The angle of this line against the abscissa, expressed by B, varies from text sample to text sample. According to Mandelbrot (*Word* 10, p. 24) this is a convenient characteristic of how the available vocabulary ("les mots disponibles") is used, and its inverse (1/B) is called by him "la témperture informationelle du texte". This concept of the "text temperature" has been used by Skalmowski in his work on the Arabic loan-words in samples from Saᶜdī, Ḥāfiẓ and ᶜAlavī (op.cit., pp. 173 f.), giving values around 0.9 for the Persian part of the vocabulary and around 1.7 for the Arabic part of the vocabulary.

It remains difficult, however, to assess the expediency and reliability of this measure.[2] This value will not be calculated in a precise way for the present text material, but it should be noticed that if the curve in Figure 2 is drawn not with r defined as the lowest number in the interval but as the middle number, the curve (for r ⩾ 15) will be quite close to a straight line with 45° negative angle against the abscissa, i.e. both B and 1/B (the "text temperature") are approximately = 1. See Figure 3, where the intervals of each rank, i.e. the number of words having the same frequency, are traced with thick horizontal lines and the middle curve is drawn in a full line and the theoretical line of Zipf's law in dashes.

E. CONCLUSIONS

There are, of course, further possibilities of giving figures and various coefficients as a quantitative description of vocabulary and word occurrences in this text material, but as long as there is so little material on New Persian vocabulary available for comparison, it remains uncertain what measures are

---

[1] According to the graph, 1954, 19, and 1957, 25, and interpreted so by Frumkina, op.cit., 40.

[2] Uncertainties emanating from variations in sample length are mentioned by Lazard, op.cit., 58, n. 1, with reference to Guiraud, *Problèmes et méthodes*, 87.

most expedient. In the above comparisons with results published by Koppe, Skalmowski, Lazard, Moïnfar and Osmanov, it must be remembered that many of the pre-requisite conditions for comparison are fulfilled in an incomplete way only. Thus the definitions of a Persian word/lexeme differ, sample lengths vary, and figures are presented in differing form and for differing purposes.

On the whole, it must be said that the results, as far as they are comparable, show no obvious differences in the quantitative structure of the general vocabulary and word-occurrences in New Persian texts as widely different in origin as 11th century prose and poetry, 14th century poetry of various genres and 20th century prose. Much more exact comparisons will certainly be needed before we can get reliable evidence on individual characteristics of texts in this respect. Furthermore, the interpretation of Zipf's law and its modifications remains debateable. Many scholars, among them the transformationalists, even reject the linguistic relevance of Zipf's law, arguing that it only expresses a general statistical property of segmentable material.[1] This may be true to a greater or lesser extent, but at any rate it shows that an individual characteristic of a text must be sought in the deviation of the empiric results from the theoretic frequency distribution according to this "law". Then it should also be remembered that for exact comparison between two or more samples a careful assessment of possible random effects is necessary.[2]

Thus the statistics and material for statistics given above will come to full use only when completely comparable data on more Persian texts or samples of spoken language become available. Even then factors of uncertainty, such as differences in sample length, will need close attention.

---

[1]The standpoint of transformational grammar in this respect is summarized by J. David in the contribution "Grammaire transformationelle et analyse quantitative" to the colloquy volume *Statistique et linguistique* (publ. par J. David et R. Martin), Paris 1974, 18-28. Cf. also Guiraud, *Problèmes et méthodes*, 75-83, and Herdan, *Type-token mathematics*, 35-38.

[2]The limit is conventionally put to five chances in a hundred (i.e. probability 0.05) that an observed difference is due to fluctuation by chance, calculated through the Chi-square test; cf. Herdan, *Language as choice and chance*, 88 ff.

V. THE ARABIC LOAN-WORD VOCABULARY

A. DEFINITION OF ARABIC LOAN-WORDS

Most of the Arabic loan-words in a New Persian text are easily discernible, but there are always some words, the origin of which is more difficult to determine. There is the common heritage of old Near Eastern words of culture, there are early loan-words from Aramaic, Greek and Sanskrit, and there are the Iranian words borrowed by Aramaic and Arabic, and then borrowed back into Persian in Semitic shape.

Here the concept "Arabic loan-words" is used in the sense of words borrowed from or through Arabic into Persian, excluding words of Iranian origin. These words form the "Arabic vocabulary" (V_a). They are marked with an *a* in the margin of the frequency word-list of the general vocabulary published above (pp. 75-102). The remaining part of the general vocabulary is (in this context) designated the "Persian vocabulary" (V_p). In a few cases the decision if somewhat arbitrary, but for methodical reasons it has been necessary to place every word in one of the two categories.

The rules for separation of words have been given above (pp. 11-14). They imply, among other things, that Arabic phrases (including isolated finite verbal forms) are considered as one word/entry. Compound words or derivations containing at least one Arabic element are defined as Arabic words. This rule was established by Koppe (op.cit., p. 588) and apparently followed by Skalmowski (op.cit., p. 171) and Lazard (op.cit., p. 57). Moïnfar (op.cit., p. XI) appears to criticize this definition and to separate words of mixed origin into their Arabic and Iranian components. That makes no difference in the statistical results, however, as long as only the Arabic words are counted.

It should further be remembered that elatives are separated from the corresponding positives (e.g. *ˁaẓīm* and *aˁẓam*) and duals, broken plurals and feminine plurals in *-āt* from the corresponding singulars (e.g. *kaunain* from *kaun*, *aflāk* from *falak*, *ṣifāt* from *ṣifat*). Masculine and feminine forms are always separated, also when there is no discernible difference in meaning (e.g. *fikr* and *fikrat*; apparently not so by Moïnfar, cf. p. XVII), but spelling variants like *ḥīlah* and *ḥīlat* are listed under one entry. Arabicized Iranian words may appear in two forms, like *jauhar* and *gauhar* (*guhar*), listed under separate entries. The transcription of the Arabic words follows their Persian pronunciation and spelling and is at times influenced by metrical considerations.

B. RANK, FREQUENCY AND CUMULATED SHARES OF ARABIC VOCABULARY AND OCCURRENCES (TABLE 2)

Table 2 gives a synopsis of the rank/frequency distribution of the Arabic vocabulary as it is listed in the entries marked *a* in the general frequency word-list. The columns 1-8 correspond to columns 1-6 and 9-10 in Table 1, and their meaning can be described in the same way (cf. above pp. 104-105), with the difference that the columns in Table 2 treat relations within the Arabic vocabulary and occurrences and not within the general vocabulary and occurrences.

Column 9 gives the cumulated share of Arabic words (types) in the general vocabulary and column 10 the cumulated share of the occurrences due to those Arabic words (types) in the total number of occurrences.

Thus the Arabic vocabulary (V_a) contains 1,118 types (different words) and these cover in all 2,640 Arabic word occurrences (N_a). The most frequent Arabic word (*ʿišq*, "love") occurs 36 times and the number of Arabic hapax legomena (V_a') is 637. The share of Arabic words in the general vocabulary (V_a/V, cf. col. 9) is 51.78% and the share of Arabic words in the total number of occurrences (N_a/N, cf. col. 10) is 24.27%.

The following ratios can now be calculated:

$\frac{V_a}{N}$ = 10.29% (the relation between the Arabic vocabulary and the sample length),

$\frac{V_a}{N_a}$ = 42.39% (the relation between the Arabic vocabulary and the Arabic occurrences),

TABLE 2. *Rank, frequency and cumulated shares of the Arabic vocabulary and occurrences*

1	2	3	4	5	6	7	8	9	10
Rank	Frequency	Types	Cumul.no. of types	Occurrences	Cumulated occurr.	Cumul.share of Arab.voc.	Cumul.share of Arab.occ.	Cumul.share in gen.voc.	Cumul.share in tot.occ.
r	f	x	S(x)	fx	S(fx)	$S(x)/V_a\%$	$S(fx)/N_a\%$	S(x)/V%	S(fx)/N%
1	36	1	1	36	36	0.09	1.36	0.05	0.33
2	27	1	2	27	63	0.18	2.39	0.09	0.58
3	22	1	3	22	85	0.27	3.22	0.14	0.78
4	21	1	4	21	106	0.36	4.02	0.19	0.97
5	19	2	6	38	144	0.54	5.45	0.28	1.32
7	18	1	7	18	162	0.63	6.14	0.32	1.49
8	16	2	9	32	194	0.81	7.35	0.42	1.78
10	15	5	14	75	269	1.25	10.19	0.65	2.47
15	14	4	18	56	325	1.61	12.31	0.83	2.99
19	13	3	21	39	364	1.88	13.79	0.97	3.35
22	12	3	24	36	400	2.15	15.15	1.11	3.68
25	11	4	28	44	444	2.50	16.82	1.30	4.08
29	10	3	31	30	474	2.77	17.95	1.44	4.36
32	9	11	42	99	573	3.76	21.70	1.95	5.27
43	8	18	60	144	717	5.37	27.16	2.78	6.59
61	7	10	70	70	787	6.26	29.81	3.24	7.23
71	6	27	97	162	949	8.68	35.95	4.49	8.72
98	5	33	130	165	1,114	11.63	42.20	6.02	10.24
131	4	46	176	184	1,298	15.74	49.17	8.15	11.93
177	3	95	271	285	1,583	24.24	59.96	12.55	14.55
272	2	210	481	420	2,003	43.02	75.87	22.28	18.41
482	1	637	1,118	637	2,640	100.00	100.00	51.78	24.27

$$\frac{V_a'}{V_a} = 56.98\%$$ (the share of hapax legomena in the Arabic vocabulary),

$$\frac{V_a'}{N_a} = 24.13\%$$ (the share of hapax legomena in the number of Arabic occurrences).

According to the definition given above, the part of the general vocabulary which is not contained in the Arabic vocabulary (V_a) is called the Persian vocabulary (V_p). Likewise, the occurrences of the Persian vocabulary are called Persian occurrences and their total number is designated N_p. In the present text material V_p = 1,041, N_p = 8,238, and the number of Persian hapax legomena V_p' = 509. This gives the following ratios:

$$\frac{V_p}{N_p} = 12.64\%$$ (the relation between the Persian vocabulary and the Persian occurrences),

$$\frac{V_p'}{V_p} = 48.90\%$$ (the share of hapax legomena in the Persian vocabulary),

$$\frac{V_p'}{N_p} = 6.18\%$$ (the share of hapax legomena in the number of Persian occurrences).

C. COMPARISON WITH RESULTS OF PREVIOUS WORD-COUNTS (FIGURE 4)

Figures for most of the ratios mentioned above have been published by Skalmowski (samples from Saᶜdī, Ḥāfiẓ and ᶜAlavī) and Lazard (samples from eight early prose works). It is, however, far from easy to compare them with the present results. As was demonstrated above (p.110) on the ratios V/N, V'/V and V'/N, such relations vary considerably with the length of the samples. It has been shown repeatedly[1] that this is the case

[1]E.g. by Yule, *The statistical study of literary vocabulary*, 97 ff.

also with a special vocabulary like a loan-word vocabulary. Thus V_a/V must be expected to increase with increasing N. In his book *Language as choice and chance* (pp. 17-22, v. esp. Tables 3-5), Herdan states that the ratio special vocabulary/total vocabulary (his p_v; i.e. here V_a/V) increases with increasing N and that the ratio special vocabulary/total occurrences (his p_c; i.e. here V_a/N) decreases with increasing N. He maintains, however, that the ratio special occurrences/total occurrences (his p_w; i.e. here N_a/N) remains comparatively stable when the sample length varies.

The following table gives a general idea of how these ratios are related to the length of the samples in the available Persian word-counts (cf. the table on p.110):

Investigator	Average sample length (N)	$\frac{V}{N}$%	$\frac{V_a}{V}$%	$\frac{N_a}{N}$%	$\frac{V_a}{N}$%	$\frac{V_a}{N_a}$%	Century A.D.
Skalmowski	2,031	32.82	40.93	19.78	13.85	69.79	13th-14th
Lazard	2,296	23.40	37.00	15.27	8.93	57.48	10th-12th
Utas	10,878	19.85	51.78	24.27	10.29	42.35	14th
Koppe[1]	14.031	14.25	46.43	19.70	6.85	34.73	20th
Osmanov[2]	46,472	10.38	38.35	16.17	3.98	24.62	11th
Moïnfar[3]	c.374,000	(2.14)	(8.83)	(2.39)	(0.19)	(7.90)	10th

Apart from V/N (repeated from p.110 above), only the ratio V_a/N_a (the relation between Arabic vocabulary and Arabic occurrences) shows a completely clear tendency: it decreases with increasing N. The ratio V_a/N also decreases with increasing N, as stated by Herdan, with the exception of the reversed order

[1]With correction of a number of apparent mistakes, the most impostant being: N for sample ᶜA.II should be 10,961 (as noticed by Lazard, op.cit., 65, n.) and N_a for the same 2,119, giving N_a/N = 19.82%.

[2]With a preliminary count of the Arabic vocabulary, not differentiated by Osmanov himself; without access to the text source it has been impossible in many cases to determine the reading of homographs, etc.

[3]Based on the very rough estimate of V and N given by Moïnfar, op.cit., 64 f.; it should be noticed that all his numbers exclude proper names.

between the average figure for the samples of Lazard and the figure for my material. This is a first indication of a weaker presence of Arabic elements in those samples than in mine.

The ratio V_a/V (p_v of Herdan) is expected to increase with increasing N which it does not do here. This obviously depends on an increasing presence of Arabic elements with the advance of time, but the actual proportions of this change are hard to assess on these figures. For the Romance words in texts by Chaucer, Herdan shows that the variations of the ratio loan-word vocabulary/total vocabulary are propostional to the logarithm of the text size (N), but that rule can hardly be applied to the heterogeneous material under investigation here. As suggested by Herdan, N_a/N appears to be the most stable of these ratios (with regard to variations in sample length). Obviously, the best possibility of assessing the actual variation of the proportion of Arabic loan-words in the texts underlying these quite unequal samples will be found in a comparison of the figures for the ratio N_a/N.

These figures are given below together with those for V_a/V. The samples are presented with name of author or title (for details, see the respective works by Koppe, Skalmowski, Lazard, Moïnfar and Osmanov) and approximate time of origin. The shorter samples from Saᶜdī (S.II) and Ḥāfiẓ (H.II) and the longer sample from Alavī (ᶜA.II) are excluded in order to minimize differences in sample length. Mainly for reasons of space, the fourteen samples are arranged in two tables, one for prose works and one for poetry. ᶜAlavī, however, is grouped with *Ṭarīq ut-taḥqīq* because of the comparable sample lengths. This is no self-evident arrangement. For instance, a division into profane and religious works would also be of interest.

Poetry and ᶜAlavī

Text	*Šāhnāmah*	ᶜUnṣurī	Saᶜdī	Ḥāfiẓ	*Ṭarīq ut-taḥqīq*	ᶜAlavī
Time A.D.	c. 1000	c.1020	c.1270	c.1380	1343-44	1954
N	c.374,000	46,472	2,240	2,772	10,878	10,691
N_a/N%	(8.83)	16.17	17.23	20.53	24.27	19.82
V_a/V%	(2.39)	38.35	39.32	42.91	51.78	45.63

Prose (= Lazard, op.cit., p. 58, Tableau 3)

Text	*Tafsīr* Cambr.	Balᶜamī	*Tafsīr* Ṭabarī	Gardīzī	Baihaqī	*Tafsīr* ᶜAtīq	*Tafsīr* Rāzī	Rāvandī
Time A.D.	10th c.	963-64	c. 970	c.1050	c.1060	c.1070	c.1140	c.1200
N	2,165	2,376	2,302	2,289	2,424	2,299	2,253	2,259
$N_a/N\%$	10.94	9,64	11.29	14.98	16.09	12.87	20.24	26.11
$V_a/V\%$	25.91	24.22	31.86	37.94	38.22	35.26	51.15	51.44

With regard to the many factors of uncertainty due to differences in sample length, definitions of words and loan-words, etc., it is impossible to give these series of figures an exact interpretation, but they confirm, beyond any doubt, the conclusions drawn by Lazard of a steady increase of the Arabic loan-words in New Persian texts from the tenth to the twelfth century, with certain variations according to genre and, perhaps, individual style. Already the figures published by Lazard presented convincing evidence of this development, and they are now confirmed by the figures for the *Dīvan-i ᶜUnṣurī* and *Ṭarīq ut-taḥqīq* given above. The figures for ᶜUnṣurī do not differ in any significant way from those quoted for Baihaqī. This is valid also for the ratio V_a/V expected to increase with increasing N. To judge from the figures above, this increase is comparatively insignificant for the sample lengths under discussion (excluding *Šāh-nāmah*). Compare, for example, the relations:

Text	ᶜUnṣurī	Baihaqī	Rāvandī	*Ṭarīq ut-taḥqīq*
N	46,472	2,424	2,259	10,878
$N_a/N\%$	16.17	16.09	26.11	24.27
$V_a/V\%$	38.35	38.22	51.44	51.78

It seems as if the proportions of Persian and Arabic words in the vocabulary had reached a balance at the end of the 12th century A.D. and that variations from that time onwards are due mainly to genre and individual usage ("style"). In this perspective, the percentages for *Ṭarīq ut-taḥqīq* may be considered somewhat higher than the average, i.e. significantly higher than those quoted for Saᶜdī, Ḥāfiẓ and ᶜAlavī above. This finds its ready explanation in the fact that *Ṭarīq ut-taḥqīq* is a thoroughly religious poem with a religious vocabulary dominated by words of Arabic origin (as will be seen in the next chapter).

A comparison between the figures for *Ṭarīq ut-taḥqīq* and the sample from the "Letters" by ᶜAlavī (*Nāmah-hā va dāstānhāy-i dīgar*, 1954) is of special interest, as the length of the investigated texts is nearly the same. Although some of the definitions forming the basis of the respective word-count are at variance, it seems safe to conclude that the share of Arabic words in the vocabulary of *Ṭarīq ut-taḥqīq* is about 6% higher than in the modern prose work by ᶜAlavī. For the share of Arabic word-occurrences in the total number of occurrences the difference is somewhat smaller: about 4.5%. These differences can easily be ascribed to difference in genre. The difference between the figures for ᶜAlavī and Ḥāfiẓ is far smaller, and on the whole it must be stated that the conclusion by Koppe (op.cit., p. 593) on the rôle of the Arabic element in the style of ᶜAlavī was quite premature. He wrote: "Die fast übereinstimmenden Ergebnisse der Zählungen an beiden Werken [i.e. *Nāmah-hā* and *Čašmhāy-aš*] sind nicht zufällige Erscheinung, sondern gesetzmässiger Ausdruck eines individuellen sprachprägenden Stils. Eine Eigenart an ᶜAlawīs Stil ist, dass der von ihm gebrauchte Wortschatz zu fast gleichen Teilen aus persischen und arabischen Wörtern besteht." He forgot, however, to check this statement on an individual characteristic against some kind of norm. The equal proportions of Arabic and Persian words in the vocabulary are *not* a characteristic of ᶜAlavi's "style" but of the New Persian written language from the end of the 12th century till to-day.

If the cumulated shares of words in the Arabic vocabulary (Table 2, col. 7) and in the total number of Arabic occurrences (Table 2, col. 8) in *Ṭarīq ut-taḥqīq* are represented graphically, we get a curve of a configuration quite similar to the curve representing the same relation for the general vocabulary (i.e. Figure 1 above). This curve is drawn in Figure 4 (the lower full line). For the sake of comparison also the corresponding curves for the general vocabulary of *Ṭarīq ut-taḥqīq* (the upper full line), the Arabic vocabulary of ᶜUnṣurī (the lower line in

FIGURE 4. Cumulated share of Arabic and total vocabularies by cumulated share of Arabic and total occurrences (the two lowest curves: Arabic)

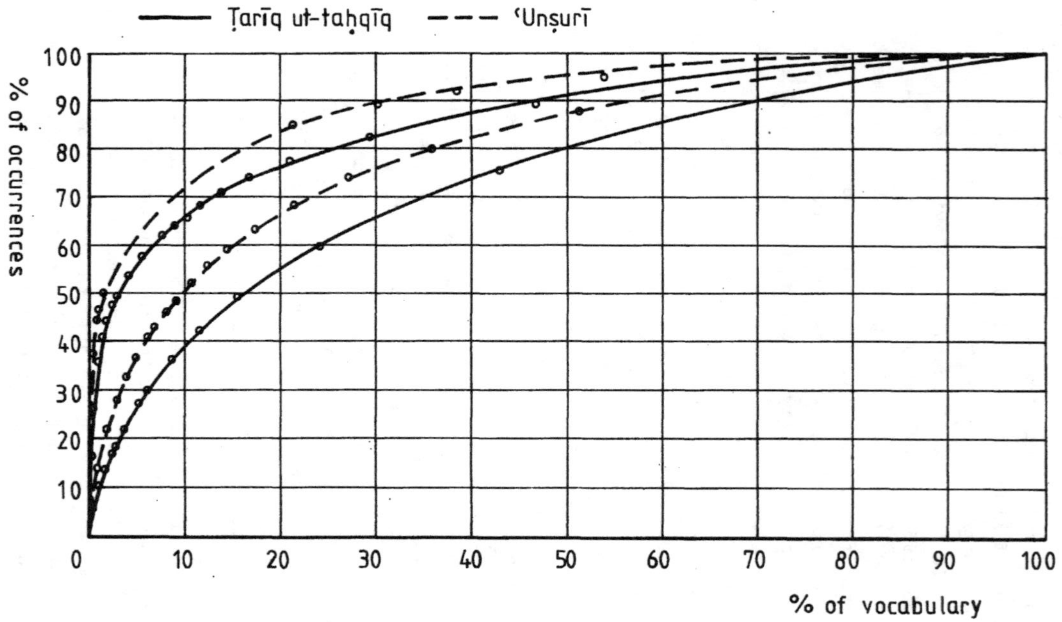

dashes)[1] and the general vocabulary of ᶜUnṣurī (the upper line in dashes)[2] are introduced in the figure.

It will be noticed that the height of the curves seems to be related to the length of the samples, which is natural, as it means that in a longer sample the most common words (types) are responsible for a greater proportion of the occurrences. It is perhaps more interesting to notice that the curves for the Arabic vocabularies of *Ṭarīq ut-taḥqīq* and ᶜUnṣurī run at rather equal distances *under* the respective curves for the general vocabulary. This fact in itself is not very remarkable: the Arabic loan-words are quite few among the most common words ("grammar words", etc.), but the regularity of this difference between the curves with regard to changing sample length is striking.

This may be taken as an explanation of the fact that the vocabulary/occurrences curve for the Arabic loan-words in *Šāhnāmah*, as presented by Moïnfar (p. 71) and mentioned above (pp. 111f.), coincides almost completely with the (approximate) curve here given for the general vocabulary of the *Dīvān-i ᶜUnṣurī*. If the curve of Moïnfar (p. 71) were introduced in Figure 4 here, it would only differ from the curve drawn for the general vocabulary of ᶜUnṣurī by a somewhat steeper left part (for the first 8% of the vocabulary). If the cumulated shares of the general vocabulary and occurrences of the whole of *Šāhnāmah* (a sample of some 374,000 words!) were calculated and the relation between them were represented graphically along the coordinates in Figure 4, we would undoubtedly get a curve running higher than that of the total vocabulary of ᶜUnṣurī. This seems to strengthen the view put forward by Moïnfar (pp. 61 f.) that the Arabic vocabulary is an integrated and not intentionally discriminated ("deformed" from a graphical point of view) part of the general vocabulary of Firdausī.

[1] Based on a rough count of the Arabic words in Osmanov's frequency word-list; cf. p. 124, n.2 , above.

[2] An approximation based on the incomplete figures given by Osmanov in the table on p. 10.

D. RANK/FREQUENCY OF ARABIC LOAN-WORDS REPRESENTED IN BI-LOGARITHMIC COORDINATES (FIGURE 5)

As was demonstrated above (pp.113 ff. and Figure 2) for the general vocabulary, the relation rank/frequency can be illustrated in a graph using bilogarithmic coordinates, with the figures for rank along the abscissa and those for frequency along the ordinate. The resulting curve for the general vocabulary and total occurrences would then run somewhere near a straight line with 45° negative inclination to the abscissa. That line is the representation of a theoretic relation rank/frequency according to the so called Zipf's law. It was further shown (pp. 116 f. and Figure 3) that for rank > 15 the curve for the general vocabulary of *Ṭarīq ut-taḥqīq* would run approximately parallel to the line of Zipf's law if rank (r) is not defined as the lowest number in the possible interval but as the middle number.

In Figure 5 the relation rank/frequency of the Arabic vocabulary of *Ṭarīq ut-taḥqīq* is represented graphically with the figures for rank (= Table 2, cols. 1 and 4) introduced along the abscissa and those for frequency (= Table 2, col. 2) along the ordinate, both in logarithmic scale. Rank is here shown as an interval (horizontal line) in the cases where a number of words (types) have the same frequency (number of occurrences). Thus the curve for the lower frequencies runs stairwise (frequency 2, e.g., covering rank 272-481). For the sake of comparison, the corresponding curves for the Arabic vocabularies of ᶜUnṣurī[1] and *Šāhnāmah*[2] have also been introduced in the figure.

It can be seen that the curve for the Arabic vocabulary of *Ṭarīq ut-taḥqīq* is slanting less steeply (i.e. it has a smaller negative angle to the abscissa) than the corresponding curve for the general vocabulary (figures 2 and 3 above). The curve for the Arabic vocabulary of ᶜUnṣurī is quite similar, while

---

[1] Based on my own rough count of Osmanov's material, cf. above p. 124, n. 2.

[2] I.e. the curve given by Moïnfar, op.cit., 88, with lines for rank intervals added.

FIGURE 5. Rank/frequency of Arabic loanwords (bilogarithmic)

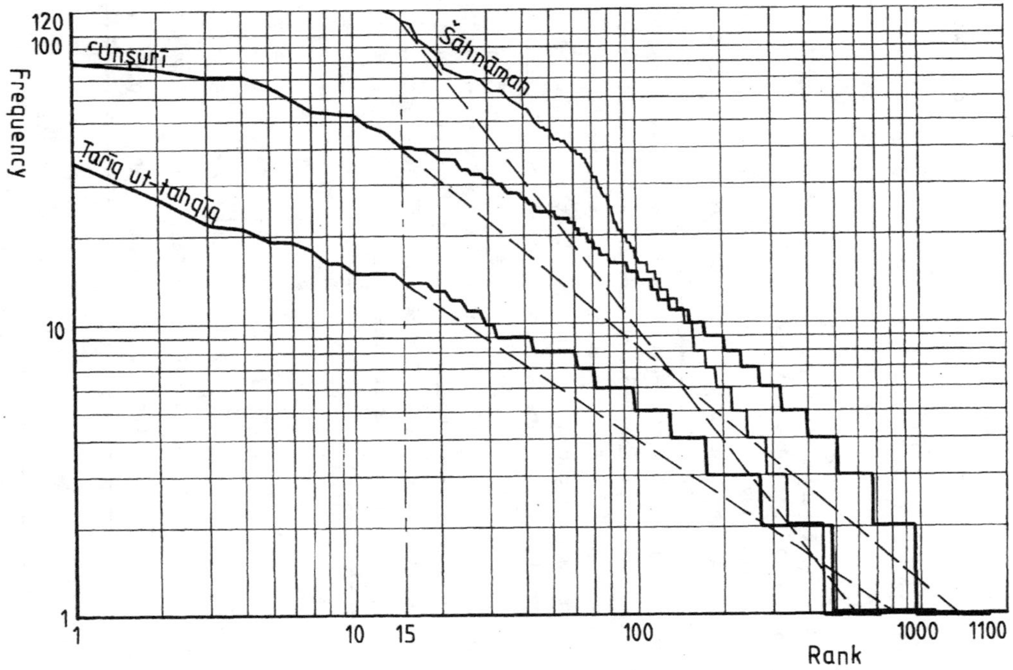

the curve for *Šāhnāmah* has a much steeper descent. What does this mean? The less steep descent is what one should primarily expect,[1] as the less frequent words should dominate the Arabic loan-word vocabulary. But does the steeper descent of the curve for the Arabic vocabulary of *Šāhnāmah* mean that those words are of a different general character (more "common" words) than the Arabic loan-words in the *Ṭarīq ut-taḥqīq* and the *Dīvān-i ᶜUnṣurī*, or is this another effect of the great difference in sample length?

For the further discussion it will be necessary to characterize the slant (angle) of the curves in some way, in spite of the fact that they are far from being straight lines. There is, in fact, a quite regular deviation to the right of an imagined straight line (a "hump"). This makes the notion of "text temperature", introduced by Mandelbrot and used by Skalmowski as a characterization of the vocabularies of Saᶜdī, Ḥāfiẓ and ᶜAlavī (cf. above, pp. 116 f.), somewhat uncertain. Still it will be used here as an approximate characterization of the "angle" of the curves for $r \geqslant 15$, using the angle against the abscissa of a straight line from the point of the curve for $r = 15$ to the middle of the interval for r when $f = 1$ (see Figure 5). An approximate calculation, based on the graphic representation, gives the following values for the curves representing rank/frequency of Arabic vocabularies:

Work	N	N_a	Neg. angle (v)	Tg v	Text temp. 1/Tg v
Šāhnāmah	c. 374,000	8,938	52°	1.28	0.78
Dīvān-i ᶜUnṣurī	46,472	7,514	40°	0.84	1.19
Ṭarīq ut-taḥqīq	10,878	2,642	35°	0.70	1,43
Skalmowski[2]	1,185-17,370	248-3,401	30°	0.58	1.73

[1]This is shown by many similar investigations; cf. e.g. the graph on general vocabulary and English loan-words in Pennsylvania Dutch, published by G.K. Zipf, *Human behavior and the principle of least effort*, repr. 1969, 119.

[2]Op.cit., 174; samples from Saᶜdī (S.II excluded), Ḥāfiẓ and ᶜAlavī; the method of calculation of the values is not described.

The constancy of the results of Skalmowski on samples varying from 1,185 to 17,370 word-occurrences and from the 13th to the 20th century is quite surprising.[1] However this may be, the deviation of the values for *Šāhnāmah*, passing even the critical limit of 45° (i.e. "text temperature" 1.00), cannot be considered to depend entirely on the length of the sample. Thus the Arabic words in *Šāhnāmah* are, statistically, less typical low frequency words than those in ʿUnṣurī and *Ṭarīq ut-taḥqīq*. Furthermore, it may be concluded that the Arabic vocabulary of *Ṭarīq ut-taḥqīq* is more dominated by low frequency words (esp. hapax legomena) than that of ʿUnṣurī. This may have its explanation in differences in genre or in the degree or arabization of the general vocabulary or in a combination of the two.

E. CONCLUSION

The discussion in this chapter has generally referred only to a quantitative description of the Arabic vocabulary in *Ṭarīq ut-taḥqīq*. Those results shall not be repeated here. The comparisons that have been made with the results of previous investigations must be considered quite tentative with regard to the different methods used in establishing the various samples and word-lists. It must be stressed again that the figures published here only become fully relevant when they can be compared to results based on text material prepared with the same methods.

As for the qualitative description of the Arabic vocabulary, the reader is referred to the next section where, among other things, the rôle of the Arabic vocabulary in the Sufi-religious terminology will be elucidated. Here only a few remarks shall be made.

The nine most frequent Arabic words in *Ṭarīq ut-taḥqīq* are (number of occurrences within parentheses): *ʿišq*, love (36),[2] *ʿālam*, world (27), *ḥaq(q)*, (the) Truth (22), *jumlah*, whole, all

[1] Cf. the legitimate doubts expressed by Lazard, op.cit., 58, n. 1.

[2] Corresponding to a probability of 0.0033.

(21), ˤ*ilm*, knowledge (19), *vujūd*, existence (19), *naqš*, picture (18), *nafs*, soul, self (16), and *nūr*, light (16). All these words, with the exception of *jumlah*, are connected in some way or other with the religious vocabulary.

In the *Dīvān-i ˤUnṣurī* the nine most frequent Arabic words seem to be: *daulat*, government, fortune (139),[1] *malik*, king, and *mulk*, kingdom (or in reversed order; 80 and 77 occurrences, respectively), *jūd*, generosity (72), *faḍl*, grace, talent (72), *xidmat*, service (66), *falak*, sky (60), *ṭab*ˤ, nature (55), and *madḥ*, praise (54). In *Šāhnāmah* they are: *ġam(m)*, sorrow (707),[2] *havā(ʾ)*, desire (435), *bar(r)*, land (239), ˤ*inān*, bridle (203), *silāḥ* (*salīḥ*), arms (167), *qalb*, centre of the army (165), ˤ*āj*, ivory (160), *had(ī)yah*, gift (157), and *rasm*, custom, order (155).

No word is common for the three groups or even for two of them, although *ġam(m)* and *havā*, first in the list from *Šāhnāmah*, follow with frequency 15 in *Ṭarīq ut-taḥqīq*. This, in connection with the fields of meaning of the words in the respective group, clearly reflects how far the Arabic vocabulary is determined by the topic of the text, i.e. by the special vocabulary or terminology used in it.

[1] Corresponding to a probability of 0.0030.

[2] Corresponding to a probability of 0.0019.

VI. THE SUFI-RELIGIOUS VOCABULARY

A. DEFINITION OF SUFI-RELIGIOUS TERMS

Ṭarīq ut-taḥqīq is partly an ethico-religious, partly a Sufi didactic poem. Its Sufi terminology is to a great extent identical with its general religious terminology. It seems impossible to separate the two. In this investigation they will be studied together under the designation Sufi-religious terminology or vocabulary.

An exact delimitation of a terminology of this character is probably impossible. Previous investigators in this field (see below) have generally avoided taking a direct stand on this difficult problem. The terminological nature of certain words has been taken for granted, which means that the process of selection of the terms has been directed by intuitive criteria. This may lead to acceptable results for most purposes, but the aims of the present study being to a certain extent quantitative and statistical, it has been judged necessary to establish explicit criteria for the selection of terms. In order to keep the focus on the terminology actually in use in the discussed text (as opposed to possible occurrences in the text of a generally current Sufi-religious terminology), it was desirable to find criteria which are relatively independent of external factors. The set of criteria established for this purpose is described below. The given definitions are far from being incontestable and should be considered as tentative, but once established they have been applied as strictly as possible. This has doubtless led to a number of cases where the inclusion or exclusion of a word seems peculiar, but for quantitative reasons it has been necessary to make a choice in each case and to base that choice on the explicit criteria only.

The main criterion is the "religious charge" of a word. This is taken to mean the use of a word in a religious context, so that it has either a positive or a negative sense religiously – in opposition to words/uses relating to worldly affairs or neutral religious circumstances, considered to have the religious charge zero. A word is considered a Sufi-religious term if it is found to be used with a religious charge once or more than once in the text. In combinations of words through *iḍāfah* or other close grammatical ties, only one of the words in a religiously charged expression is generally considered a term. The other word/words is/are considered to be only "coloured" by the charge of the term in question.

It will be noticed (see further Chapter VI.D.) that the terms tend to occur in pairs, either antithetically ("antonyms", generally positive with negative) or correlatively ("paronyms", positive with positive or negative with negative) or, but seldom, synonymously.[1] This quality is used as a supplementary criterion for the selection of terms, so that the occurrence of a word in apparent antonymity, paronymity or synonymity with a word otherwise defined as a term will qualify this word, too, as a term.

Only nouns and adjectives are included, with the exclusion of proper names, titles, compound words containing a proper name or title, quotations in Arabic and compound words held together with Arabic grammatical devices. Arabic duals, broken plurals and elatives and Persian comparative and superlative forms are counted as separate words and are given separate entries in the list of terms (with reference to the ground form entry).

These rules lead to a number of consequences that may seem less fortunate. A number of words that obviously belong to the religious sphere are excluded from the "terminology" under investigation. The most important of those words are the following:

ʿamal, action
ʿālam, world
ʿīsī (*ʿīsā*), Jesus
ajal, hour of death
alast, the Primal Convenant
arsalnā, "We sent" (i.e. the wisdom of the Prophet)
asfal us-sāfilīn, the lowest hell
auṣāf, attributes
ādam, human being, Adam
āfarīniš, creation
bāṭin, inside, internal
bīm, fear
but-kadah, idol-temple
čār-yār, the four (first) caliphs
daʿvat, invitation, propaganda

[1] Cf. G. Bendz, *Ordpar*, 2nd ed., Stockholm 1967, 7 ff. In my investigation "paronym" is used for a word occurring parallel with or as a complement to another word with related meaning and the same charge. Thus it may also be used for words that are antonyms from some other point-of-view, i.e. disregarding the religious charge.

dil-sūxtah, bereaved
faḍā'il, virtues
fasād, corruption
fiṭrat, nature, creation
gūr, grave
hayūlā, matter
ḥabīb, Muhammad
ḥašr, resurrection
ḥāl, state
ḥujjat, proof
iblīs, Iblis (Satan)
iṯbāt, affirmation
jahd, exertion
jānn, genii (pl. of *jinn*)
jilvah, manifestation
jismānī, corporeal
kaᶜbah, Kaaba
kalām, word (of God, the Koran)
kalīm, Moses
kasb, acquisition
kaun, existence
kaunain, the two existences
kā'ināt, created beings
kull, all, universal, universe
kun, "be!" (i.e. creation)
lauḥ, (the guarded) tablet
maḥšar, the last judgment
majbūr, constrained
majrūḥ, wounded
makān, place, space
makārim ul-axlāq, the noblest virtues
manzil, halting-place
maqām, station
masīḥ, Messiah
masjid, mosque
miḥnat, probation
mumkināt, contingencies
munazzah, exempt, pure
murīd, disciple
muxtār, free (in one's action)
nafy, negation
nušūr, resurrection
qaḍā, (God's) decree, fate
qahr, (conquering) force
qiyāmat, resurrection
rāhib, monk
rūzgār, fortune, age
rūzī, daily bread, lot
subḥānī, "glory to me"
sūrah, Sura
šarr, evil
tasnīm, Tasnim (fountain in Paradise
ṭavāf, circumambulation
ṭilism, spell
umīd, hope
ū, He (i.e. God)
valīyu'llāh, friend of God, saint
vaqf, endowment
vaqt, time
vājib ul-vujūd, the necessary being
xair, good
xalīl, Abraham
xalq, creation, creatures
xarābāt, tavern
xāliq ul-xalq, the Creator
xāṣ ul-xāṣ, the super-elect
xātam, seal (of the prophets)
xirqah, patched (Sufi) frock
zamān, time
ẓāhir, outside, external

On the other hand, a number of ad-hoc compositions like *falak-*

pāyah, malak-sāyah, xujastah-pai, xujastah-qadam, and long compounds like *bī-miṯl-u-šibh* have been included.

Another difficulty is found in the fact that only separate words are counted and treated. Compound concepts, like *ʿaql-i kull* (universal reason), *ʿuqūl-i ūlā* (first reasons), *nafs-i kull* (universal soul) and *nafs-i ammārah* (commanding soul), are mentioned only under the main word (*ʿaql, ʿuqūl, nafs*, etc.) in the list of terms.

Metaphoric use of words and compound expressions also presents some difficulty. Generally, metaphors, images and similes are treated in the same way as other words and groups of words with regard to their religious charge. Thus, e.g., *bādah-yi šauq* (148) gives only *šauq* as a term, *bādah az jām-i maʿrifat* (381) only *maʿrifat*, *bādah ... az xum-i taḥqīq* (430) only *taḥqīq*, *luqmah az sufrah-yi ṭarīqat* (445) only *ṭarīqat*, *mai zi-xum-xānah-yi ḥaqīqat* (445) only *ḥaqīqat*, *luqmah az sufrah-yi balā* (673) only *balā*, *mai zi-xum-xanāh-yi riḍā* (673)only *riḍā*, and *mai-i viṣāl-i qidam* (430) both *viṣāl* and *qidam* (based also on other occurrences).

This means that metaphors and images not used independently cannot be included in the terminology, while independent metaphors may be conceived of as religiously charged. But in such cases the word occurs in a complete and integrated sense in which the metaphoric use is scarcely obvious, as e.g. *dad, dadī, dil-sitān, dil-šikastah, javān-mard*. Some expressions of Arabic origin, like *lā-ubālī* and *lā-yazālī*, are considered as Persianized words and are included in the terminology, while others, like *alast* and *kun*, are regarded as Arabic verbal forms (quotations) and thus excluded.

The terms selected according to the above-mentioned criteria are listed and numbered in alphabetical order in the following chapter. Within parentheses after the transcribed term is found its number of occurrences in the text of *Ṭarīq ut-taḥqīq*. For full reference to the verses in which the term occurs, the reader is referred to the concordance in Section II. The list of terms also gives approximate translations of the terms, based on the main sense of the words when occurring as terms in the text under investigation. Then follows an indication of the charge of the word ("positive" or "negative" or, in a few cases, both "positive" and "negative") and a listing of synonyms (=), antonyms (≠) and paronyms (—) and terminologically relevant compound expressions (~ for the term in question) occurring in the text (verse numbers within parentheses). Finally, there are references to a number of standard word-lists and monographs on Persian and Arabic philosophical and Sufi-religious terminology.

In the absence of comparative material in the form of complete terminological inventories of the type given here, these standard works have been chosen for reference in order to give a general idea of the representation of each term in various kinds of texts at various times. The works, which are quoted by name of author and with one or more numbers generally referring to pages (numbers in italics refer to indices and various concordances), are the following:[1]

Afnan, Soheil M.: *A philosophical lexicon in Persian and Arabic*, Beirut 1969. Also includes Greek and some Pahlavi equivalents and gives quotations from a great number of Persian and (mostly) Arabic authors from various centuries.

Anṣārī, ʿAbdu'llāh Haravī (d. 481/1089): *Manāzil us-sāʾirīn*. Here quoted with number referring to the "stage" in question, according to the edition with Persian (Dari) translation and commentary published by Ravān Farhādī, Kabul 1355. The names of the 100 "stages" to be passed by the Sufi "traveller" are in Arabic, but their Persian translation is at times given within parentheses, partly according to the translations given by Anṣārī himself (in his Persian work *Ṣad maidān*) and partly to those by Farhādī.

Bertel's, E. Ė. (ed.), *Slovar' sufijskix terminov, Mirʾāt-i ʿuššāq*, posthumously published in *Izbrannye trudy* [III], Moscow 1965. An alphabetical rearrangement of an anonymous and undated Persian text, especially concerned with "poetical terms", i.e. images and metaphors.

Ġanī, Qāsim: *Baḥṯ dar āṯār va afkār va aḥvāl-i Ḥāfiẓ*. II:1, *Tārīx-i taṣavvuf dar islām va taṭavvurāt va taḥavvulāt-i muxtalifah-yi ān az ṣadr-i islām tā ʿaṣr-i Ḥāfiẓ*, 2nd ed., Tehran 1340, esp. pp. 634-659: *"Farhang-i muṣṭalāḥāt-i ṣūfiyah"*. A modern Persian study which gives definitions taken from works

[1]For further bibliographical details, see the Bibliography.

from various times (including some of those used here, e.g. Hujvīrī).

Goichon, A.-M.: *Lexique de la langue philosophique d'Ibn Sīnā (Avicenne)*, Paris 1938. Concentrates on the philosophical vocabulary of the Arabic works of Avicenna (d. 428/1037), including Latin translations. The mystical terms are declared to be outside the scope of the work (introd., p. XII). The terms are given with a consecutive numbering (used here for reference).

Hujvīrī, ᶜAlī b. ᶜUṯmān al-Jullābī (d. c. 475/1072): *Kašf ul-maḥjūb*. Quoted from R. A. Nicholson's abridged translation "The oldest Persian treatise on Ṣūfiism", London 1911, new ed. 1967.

Jabre, F.: *Essai sur le lexique de Ghazali*. Contribution à l'étude de la terminologie de Ghazali dans ses principaux ouvrages à l'exception du *Tahāfut*, Beirut 1970. Deals mainly with the philosophical vocabulary of the Arabic works of Ghazali (d. 505/1111), but it does not avoid mystical terms as consistently as the work by Goichon.

Massignon, Louis: *Essai sur les origines du lexique technique de la mystique musulmane*, Paris 1928, 2nd ed. 1954. Taking its departure in the mystical vocabulary found in the works of al-Ḥallāj (d. 309/921), this fundamental study presents the mystical terminology of a number of early Arabic works, especially from the three first centuries A.H.

Nasafī, ᶜAzīz ud-dīn (d. c. 700/1300): *Kitāb al-Insān al-kamīl*. Quoted according to the indices of the edition by M. Molé, *Le Livre de l'Homme parfait*, Tehran-Paris 1962. This Persian prose text is quite close in time and popular level to *Ṭarīq ut-taḥqīq*

Nicholson, R. A.: *Studies in Islamic mysticism*, London 1921. Contains three separate studies, the first on the Persian Abū Saᶜīd Ibn Abi'l-Xair (d. 441/1049), the second on the "Perfect Man", based especially on the Arabic work by ᶜAbd al-Karīm al-Jīlī (d. c. 813/1410), and the third on the Arabic odes of Ibn al-Fāriḍ (d. 633/1235).

Nwyia, Paul: *Exégèse coranique et langage mystique*. Nouvelle essai sur le lexique technique des mystiques musulmans, Beirut 1970. A supplement and continuation of Massignon's *Essai*, based on early Arabic works by, among others Muqātil Ibn Sulaimān (d. 150/767), Tirmiḏī Ḥakīm (d. 285/898), Jaᶜfar Ṣādiq (d. 142/765), Šaqīq al-Balxī (d. 194/810) and Abū Saᶜīd Xarrāz (d. 286/899).

Profitlich, Manfred: *Die Terminologie Ibn ᶜArabīs im "Kitāb wasāʾil as-sāʾil" des Ibn Saudakīn.* Text, Übersetzung und Analyse, Freiburg 1973. An analysis of parts of the terminilogy of Ibn al-ᶜArabī (d. 638/1240) through an Arabic work by his pupil Ibn Saudakīn (d. 646/1248).

Rūmī, Jalāl ud-dīn Balxī (d. 672/1273): *Maṯnavī.* Quoted according to R. A. Nicholson's edition, translation and commentary, London 1925-40, generally using Nicholson's index, vol. VIII, pp. 455-466 (Roman figures I-VI refer to the six books of the *Maṯnavī* and are followed by Arabic figures referring to verse numbers). This means that only quite selective reference has been made to the terms found in this great and extremely influential Persian poem. A more complete presentation or inventory of the terminology of the works of Jalāl ud-dīn is of the utmost importance.[1]

Sajjādī, Jaᶜfar: *Farhang-i luġāt va iṣṭilāḥāt va taᶜbīrāt-i ᶜirfānī*, Tehran 1350. A modern Persian compilation which quotes many works from different times (including some of those used here, e.g. Hujvīrī and Tahānavī).

Tahānavī, Muḥammad ᶜAlī b. ᶜAlī: *Kitāb Kaššāf iṣṭilāḥāt al-funūn*, I-II. "A dictionary of the technical terms used in the sciences of the Musulmans." The standard work compiled in India in the middle of the 18th century and published last century in an edition by A. Sprenger, W. Nassau Lees et al. in Bibliotheca Indica (Calcutta 1862). It contains mainly Arabic words and Arabic explanations, but also a number of Persian "terms", taken from many sources. (Generally quoted from the indices only.)

[1]The work *Farhang-i luġāt va taᶜbīrāt-i Maṯnavī-yi Jalāl ud-dīn M. b. M. b. Ḫusain-i Balxī* by Ṣādiq Gauharīn, Tehran (*Intišārāt-i Dānišgāh*) 1337- , obviously remains incomplete, its fifth volume (1347) having reached the letter *sīn*.

B. LIST OF SUFI-RELIGIOUS TERMS

ع

1. ˁ*adam* (5), non-existence; positive (113) and negative (408); = *nīstī* (113), ≠ *vujūd* (240, 320), ≠ *qidam* (408); Afnan 171 f, Goichon no. 415, Hujvīrī 28, Massignon *30*, Nasafī *574*, Nicholson 50, Nwyia 398, Profitlich *202*, Rūmī VIII *455*, Sajjādī 330, Tahānavī 1046.
2. ˁ*adl* (14), justice; positive; (= *dād*, cf. 872), ≠ *sitam* (750), ≠ *ẓulm* (864, 877, 883), – *karam* (89), – *maˁdalat* (97); Afnan 171, Ġanī 650, Hujvīrī 387, Massignon *30*, *329*, Nwyia *199*, *427*, Sajjādī 230, Tahānavī 1015 ff.
3. ˁ*afin* (1), fetid; negative; (= *gand*, cf. 897); *havāy-i* ~ (155).
4. ˁ*aiš* (1), living in pleasure; negative; Bertel's 164 (positive), Sajjādī 347.
5. ˁ*aql* (14), intellect, reason (pl. 26. ˁ*uqūl*); positive; (= *xirad*, cf. 134), ≠ *nafs* (638, 639), – *šarˁ* (549), – *jān* (559, 945), – *jān* – *jism* (27); ~-*i kull* (644); Afnan 178 ff, Ġanī 650, Goichon no. 439, Hujvīrī 309, Jabre 183, Massignon *30*, *328*, Nasafī *575*, Nicholson *278*, Nwyia *200*, *427*, Profitlich *202*, Rūmī VIII *456*, Tahānavī 1026, 1035.
6. ˁ*arš* (1), the throne, empyrean; positive ; – *maˁrifat* (77); ~-*i majīd* (77); Ġanī 650, Hujvīrī 33, Nasafī *574*, Nicholson *278*, Nwyia 69, *199*, Rūmī II 1102, Sajjādī 330, Tahānavī 981.
7. ˁ*azīz* (4), dear, honoured; positive; ≠ *hīč-čīz* (331), – *nafīs* (720); Hujvīrī 368, Tahānavī 977 f.
8. ˁ*ābid* (1), worshipper; positive; – *ṣūfī* – *zāhid* (569); Jabre 167, Nasafī 28 f, Sajjādī 324, Tahānavī 949.
9. ˁ*ādil* (1), just; positive; (≠ *ẓālim*, cf. 875); cf. 2. ˁ*adl*.
10. ˁ*ālim* (1), learned; positive; ≠ *jāhil* (174); Ġanī 650, Hujvīrī 151, 317, 382, Jabre 208, Nwyia *427*, Profitlich *202*, Rūmī I 717, VI 2426 (ˁ*ālim-i rabbānī*).
11. ˁ*ām* (3), common, vulgar; negative; ≠ *xāṣah* (587), ≠ *xāṣ* (862), – *xām* (744); Afnan 203, Goichon no. 461, Huj-

vīrī 382, Nafīsī 282 f.

12. ᶜ*āqil* (2), intelligent, reasonable; positive; ≠ *ġāfil* (457); Afnan 183 f, Goichon no. 441, Hujvīrī 268, 317, Jabre 195, Nasafī 115, Nwyia 271, Rūmī VIII *456*, Sajjādī 326, Tahānavī 1035.

13. ᶜ*ārif* (2), knowing, gnostic; positive; Afnan 176, Bertel's 162, Ġanī 650, Goichon no. 430, Hujvīrī *432*, Jabre 172, Massignon *30*, *328*, Nasafī, *573*, Nicholson 136, Nwyia *200*, *427*, Profitlich *202*, Rūmī VIII *456*, Sajjādi 324 ff, Tahānavī 1003.

14. ᶜ*āšiq* (15), lover (pl. 27. ᶜ*uššaq*); positive; – *sāqī* (388); Goichon no. 433, Nasafī *573*, Nwyia 250, 317, Sajjādī 326.

15. ᶜ*āšiqī* (5), loving (subst.); positive; – ᶜ*išq-bāzī* (498); cf. 14. ᶜ*āšiq*.

16. ᶜ*ibādat* (1), worship; positive; Bertel's 162, Hujvīrī 79, 122, 237, Jabre 166, Nasafī 28, 59, Nwyia 125, Rūmī VIII *458*, Sajjādī 328, Tahānavī 947.

17. ᶜ*illīyīn* (2), sublime; positive; *bārgāh-i* ~ (312), *miṣr-i* ~ (329).

18. ᶜ*ilm* (19), knowledge, science; positive; = *dāniš* (786), ≠ *jahl* (269), – *ḥikmat* – *fiṭnat* – *kiyāsat* (260), – *ḥikmat* (786), – *ḥukm* (48), – *ḥilm* (106, 260), – *faḍl* (896); ~-*i dīn* (269, 270, 272, 280); Afnan 188 ff, Anṣārī no. 52, Ġanī 650 f, Goichon no. 453, Hujvīrī *435*, Jabre 197 ff, Massignon *30*, 284, 305, Nasafī 575, Nicholson *279*, Nwyia *200*, *430*, Profitlich *202*, Rūmī VIII *458*, Sajjādī 337 ff, Tahānavī 1055.

19. ᶜ*ināyat* (3), providence, favour (of God); positive; – *hidāyat* (45, 68); Afnan 205, Goichon no. 468, Hujvīrī 203, 268, Nwyia *200*, 279 f, Sajjādī 343, Tahānavī 1084.

20. ᶜ*iṣmat* (5), continence; positive; ≠ ᶜ*iṣyān* (286), – *sukūn* – *faraḥ* (75), – *ḥikmat* (250, 918); Hujvīrī 56, Jabre 178, Nwyia *200*, 279 f, Sajjādī 335, Tahānavī 1047.

21. ᶜ*iṣyān* (2), disobedience; negative; ≠ ᶜ*iṣmat* (286).

22. ᶜ*išq* (36), love; positive; – *ṣidq* (425, 505, 576); *sirr-i* ~ (494, 497, 509; cf. 496), *miṣr-i* ~ (121); Afnan 176, Bertel's 163, Goichon no. 432, Hujvīrī 310 (negative), Massignon *30*, 196, Nasafī *575*, Nicholson 102, Nwyia

200, 317, 318, Rūmī VIII *459*, Sajjādī 332 ff, Tahānavī 1012.

23. ˤ*išq-bāzī* (3), love-making, gallantry; positive; – ˤ*āšiqī* (498); cf. 22. ˤ*išq*.

24. ˤ*izzat* (11), glory; positive; – *qadr* (235, 557), – *šaraf* (265), – *himmat* (432), – *tamkīn* (947); Nwyia *200*.

25. ˤ*uqbā* (2), the next world; positive; ≠ *dunyā* (715), – *taqvā* (131); Hujvīrī 316, Nasafī 91, Nwyia *200*.

26. ˤ*uqūl* (1), intellects, reasons (pl. of 5. ˤ*aql*); positive; ~-*i* ˤ*ūlā* (24; cf. ed. p. 166); Rūmī I 1575 (heading, ˤ*uqūl-i ilāhī*).

27. ˤ*uššāq* (1), lovers (pl. of 14. ˤ*āšiq*); positive.

أ

28. *abad* (4), eternity without end, everlasting; positive; – *sarmad* (356); *ḥayāt-i* ~ (492); Afnan 1, Bertel's 126 f, Ġanī 635, Hujvīrī 386, Massignon *20*, Nasafī 179, Nicholson 100, Nwyia *188*, 245, Sajjādī 9, Tahānavī 61.

29. *ablah* (3), fool; negative; ≠ *zīrak* (683), – *jāhil* (362); Jabre 44 (positive), Rūmī I 2925 (positive).

30. *abrār* (1), the pious (pl. of *barr*); positive; Hujvīrī 214, Nasafī 103, 303, Rūmī III 1985 (heading), Tahānavī 119.

31. *aflāk* (2), celestial spheres, heavens (pl. of 138. *falak*); positive; ≠ *xāk* (76); Nasafī *562*, Sajjādī 54.

32. *afsānah* (4), tale; negative; – *turrahāt* (442); Bertel's 130 f (positive).

33. *aḥad* (1), the One; positive; *ḥuḍūr-i* ~ (814); Bertel's 127, Ġanī 636, Nasafī *560*, Nicholson 93, Sajjādī 16 f, Tahānavī 62, 1462; cf. *aḥadīyah*: Nicholson *278*, Profitlich *200*, Rumī I 1440, 2914-16, 3490, Sajjādī 17, Tahānavī 1463.

34. *allāh* (1) God; positive; Bertel's 131, Sajjādī 54 f.

35. *amal* (1) expectation; negative; – *ḥirṣ* (541); Nwyia *189*, 292.

36. *ammārah* (1), commanding (to evil, cf. Kor. 12.53); negative; *nafs-i* ~ (281); Nasafī 412, Nicholson 121, Rūmī VIII *462* (*al-nafsu'l-ammārah*).

37. *amr* (5), (Divine) command; positive; — *faiḍ* (630); *naqš-i* ~ (632); Afnan 11, Goichon no. 25, Jabre 4 ff, Massignon *20*, *328*, Nasafī *562*, Nicholson 110, *278*, Nwyia *189*, 427, Profitlich *200*, Rūmī VIII *455*, Sajjādī 60, Tahānavī 68.

38. *anbiyā* (2), prophets (pl. of *nabī*); positive; — *rusul* (82,470); Afnan 288, Hujvīrī 129, Massignon 34, Nasafī *562*, Nwyia *204*, *432*, Sajjādī 64, Tahānavī 1368 ff (*an-nabī*).

39. *anjum* (2), stars (pl. of *najm*); negative; — *čarx* (28), — *arkān* (28, 143); Nasafī *562*.

40. *arkān* (3), pillars, elements, limbs (pl. of *rukn*); negative; — *čarx* (28), — *anjum* (28, 143), — *ḥiss* (159); Afnan 113, Massignon *26*, Nwyia 148, *195*, 218, Tahānavī 591 (*rukn*).

41. *asrār* (6), secrets, mysteries (pl. of 438. *sirr*); positive; — *ramz* (922); ~-*i qurb-i mubdiʿ* (367), ~-*hāy-i rūḥānī* (920); Hujvīrī 255, Sajjādī 39 (*asrār-i ṭarīqat*).

42. *aṣl* (2), root, origin, principle; positive; ≠ *faṣl* (274); Goichon no. 18, Hujvīrī 74, 188, 279, 287, 386, Jabre 3 f, Massignon *20*, Nwyia *189*, *427*, Profitlich *200*, Sajjādī 47 f, Tahānavī 85.

43. *aṯīr* (2), the sphere of fire (ether); negative; *sarāy-i* ~ (345); Afnan 2, Goichon no. 6, Rūmī VIII *456*.

44. *azal* (4), eternity without beginning, primordial; positive; *naqš-band-i* ~ (246); Afnan 5, Bertel's 128 f, Ġanī 636, Hujvīrī 386, Massignon *20*, Nasafī 179, Nicholson 100, Nwyia *188*, 245, Sajjādī 34, Tahānavī 84.

آ

45. *āb* (14), water, drink; negative (745) or neutral in positive context (117, 216, 505, 555, 607); — *nān* (745), — *gil* (≠ *dil*, 93, 525, 619), — *xāk* (136, 352); ~-*i ḥayāt* (117, 607), ~-*i zindigānī* (216), ~-*i ṣidq* (505), ~-*i ṭāʿat* (555); Bertel's 126 (positive), Nasafī *559*, Rumī VIII *455*, Sajjādī 1 f (positive), Tahānavī 1550.

46. *āb-rūy* (8), honour; positive; Sajjādī 2, Tahānavī 1550.

47. *ālāyiš* (1), pollution; negative; ~-*i ṭabīʿī* (296); cf. 48. *ālūdagī*.

48. *ālūdagī* (1), pollution; negative; Bertel's 131.

49. *ārzū* (5), desire; negative (796, 797) or neutral in positive context (278); — *āz* (714); ~-*i qabūl* (278); Bertel's 128 (positive).

50. *āsmān* (9), heaven; positive (847); ≠ *zamīn* (81, 257), ≠ *jihān* (608, 847), — *axtarān* (892); ~-*i maʿrifat* (251), *miṣr-i* ~ (847); Afnan 7, Nasafī *559*, Sajjādī 7.

51. *āz* (5), covetousness; negative; ≠ *niyāz* (708), — *ṭamaʿ* (709), — *ārzū* (714); Afnan 5, Bertel's 128, Hujvīrī 159, Sajjādī 6.

ب

52. *bad* (26), bad, evil; negative; ≠ *nīk* (32, 254, 308, 649, 660, 664, 735, 936), ≠ *nīkī* (410), — *bī-xirad* (309, 879), — *bī-šarʿ* (441), — *dad* (734, 739), — *bad-kār* (738).

53. *badī* (4), evil (subst.); negative; ≠ *nīkī* (314), ≠ *nīk* (750); Afnan 26.

54. *bad-kār* (1), evil-doer; neg.; ≠ *dīn-dār* (738), — *bad* (738).

55. *bad-tarīn* (1), worst (superl. of 52 *bad*); negative; ~ *ṣifāt* (232).

56. *baḏl* (2), munificence; positive; Hujvīrī 194, Sajjādī 98.

57. *bahā* (2), splendour; positive; — *bahjat* (331), — *jamāl* (644); Nwyia *190*.

58. *balā* (13), affliction; positive; — *riḍā* (673, 675), — *miḥnat* (693), — *ġam(m)* (694); Bertel's 136, Ġanī 640, Hujvīrī 178, 388, 389, Massignon *21*, Nicholson 204, Nwyia *190*, Sajjādī 153 f.

59. *balā-kaš* (1), afflicted; positive; cf. 58. *balā*.

60. *bandagī* (2), bondage; positive; — *figandagī* (564); Bertel's 136, Hujvīrī 170, 245 (— *ʿubūdīyat*), Nicholson 53[2] (= *ʿubūdīyah*), Sajjādī 105, Tahānavī 1553.

61. *baqā* (5), subsistence, permanence; positive; ≠ *ẓulmat* (118); ~ *andar fanā* (112, 405), ~-*i abad* (356), ~-*i jān* (748); Afnan 32, Anṣārī no. 93 (= *māndagārī*), Hujvīrī 143, 241-6, *433*, Massignon *21*, 301, Nicholson *278*, Nwyia *190*, *427*, Profitlich *200*, Rūmī VIII *456*, Sajjādī 102, Tahānavī 159.

62. *bar-bāṭil* (1), false; negative; — *bī-ḥāṣil* (336); *bāṭil*: Afnan 31, Bertel's 134, Ġanī 639, Goichon no. 54, Hujvīrī 402, Jabre 38 f, Nwyia 41, *190*, Sajjādī 89.
63. *bašar* (1), mankind; negative; *ʿālam-i* ~ (369); cf. 64. *bašarīyat*.
64. *bašarīyat* (1), humanity, human nature; negative; Hujvīrī 158 (corr. p. VI), *433*, Massignon *21*, Nwyia 182, *190*, 310, Rūmī III 1793, Tahānavī 120.
65. *baxīl* (2), avaricious, miser; negative; — *xasīs* (605, 803); Nwyia 306 (*buxl*), Sajjādī 96 f (*buxl*), Tahānavī 142.
66. *bāqī* (2), subsistent, permanent, positive; ≠ *fānī* (65); *mulk-i* ~ (292); Hujvīrī *433*, Nwyia *190*, 255; cf. 61. *baqā*.
67. *bidʿat* (2), innovation, heresy; negative; — *kašī* (98), — *kufr* (109); Jabre 22 f, Nwyia *189*, 290, 335, Tahānavī 133.
68. *bihišt* (2), paradise; positive; ≠ *jaḥīm* (655); Afnan 34, Nasafī *564*, Sajjādī 106 (*bihišt-i rūḥānī*).
69. *bī-ʿaib* (1), faultless; positive; — *pāk* (170); Nwyia *201* (*ʿaib*).
70. *bī-ʿilm* (1), without knowledge; negative; — *kāfir* (276); cf. 18. *ʿilm*.
71. *bī-āzarm* (1), shameless; negative; — *bī-ḥayā* (684).
72. *bī-čūn* (2), inexplicable; positive; *ḏāt-i* ~ (3), *īzad-i* ~ (239).
73. *bī-dādī* (1), injustice; negative; — *ẓulm* (685); cf. 107. *dād*.
74. *bī-dānišī* (1), ignorance; negative; cf. 108. *däniš*.
75. *bī-hamtā* (1), peerless; positive; — *bī-miṯl-u-šibh* (1).
76. *bī-hudah* (1), vain; negative; *ṭumṭurāq-i* ~ (772); Bertel's 137.
77. *bī-hūdah-xand* (1), vainly laughing; negative; cf. 76. *bī-hudah*.
78. *bī-ḥayā* (1), immodest; negative; — *bī-āzarm* (684); cf. 204. *ḥayā*.
79. *bī-kibr* (1), without pride; positive; — *bī-riyā* (553); cf. 262. *kibr*.
80. *bī-miṯl-u-šibh* (1), without equal or like; positive; — *bī-hamtā* (1).
81. *bī-naẓarī* (1), lack of vision; negative; — *xarī* (300); *naẓar*:

Afnan 292, Goichon no. 709, Jabre 260 f, Massignon *34*, 92, Nwyia *205*, 321, Rūmī II 3386, 3587, Sajjādī 466, Tahānavī 1385.

82. *bīnā* (2), seeing; positive; *dīdah-yi dil* ~ (621, 622); cf. 83. *bīnā'ī*.

83. *bīnā'ī* (1), vision, sight; positive; *kamāl-i* ~ (338); Afnan 35.

84. *bīniš* (1), vision, perception; positive; *kamāl-i* ~ (25); Afnan 35, Nicholson 54.

85. *bī-riyā* (2), without hypocrisy; positive; – *bī-kibr* (553); cf. 408. *riyā*.

86. *bī-šarʿ* (1), lawless; negative; – *bad* (441); cf. 464. *šarʿ*.

87. *bī-tabāhī* (1), without corruption; positive; – *bī-tanāhī* (590); cf. 483. *tabāhī*.

88. *bī-tanāhī* (1), without limitation; positive; – *bī-tabāhī* (590); *tanāhī*: Afnan 303, Goichon no. 720, Nwyia *205*.

89. *bī-xirad* (3), void of reason, stupid; negative; ≠ *xirad-mand* (801), – *bad* (309), – *ẓālim* (879); cf. 541. *xirad*.

90. *bī-xiradī* (1), stupidity; negative; – *(ṣifāt-i) dadī* (267); cf. 541. *xirad*.

91. *bī-xvad* (1), out of one's self, in ecstasy; positive; – *vālih – mast* (394); Sajjādī 108 (*bī-xvadī*).

92. *bukā* (1), weeping; positive; (= *giryah*, cf. 680 etc.), – *xuḍūʿ* (585); Nwyia 295, Sajjādī 103.

93. *but* (1), idol; negative; ≠ *ḥaq(q)* (563); Bertel's 135 (positive), Nasafī *563*, Sajjādī 90 f, Tahānavī 1553.

94. *but-parast* (3), idol-worshipper; negative; ≠ *masjidī* (60), – *xvad-dīd* (561), – *xvīštan-bīn* (562); Nasafī 138 f; cf. 93. *but*.

95. *buzurgvār* (1), great; positive; ≠ *xvār* (552).

چ

96. *čarx* (14), wheel of heaven, heavenly sphere, fortune; negative (185, 194, 865) or positive (548); ≠ *zamīn* (548), – *anjum – arkān* (28), – *baxt* (183), – *axtar* (648); *saqf-i* ~ (188), *nuh* ~ (648); Afnan 61, Rūmī I 648 (*čarx-i nārī*).

97. *čašm* (15), eye; positive; ~*-i dil* (25, 375, 619, 877), ~*-i*

xirad (192), ~-*i jān* (350), ~-*i sirr* (513), ~-*i sar* (619); Bertel's 144, Hujvīrī 262 (with p. VII), Nasafī 287, Sajjādī 162, Tahānavī 1556.

98. *čābuk* (2), nimble; positive; ≠ *kāhil* (589), — *čust* (589, 609).

99. *čust* (8), brisk; positive; ≠ *sust* (589), — *čābuk* (589, 609); *ʿāšiq-i* ~ (514), *ṣūfī-yi* ~ (569).

د

100. *daʿvī* (5), pretension; negative; ≠ *maʿnī* (117, 515, 535, 895), — *lāf* (515, 535); Hujvīrī 274, Tahānavī 504.

101. *dad* (7), beast; negative; ≠ *ādamī* (739), — *dīv* (268, 297, 299, 310, 901), — *nā-kas* (734), — *bad* (734, 739).

102. *dadī* (1), bestial; negative; — *bī-xiradī* (267); *ṣifāt-i* ~ (267); cf. 101. *dad*.

103. *daǧal* (1), fraud; negative; — *zarq* (570).

104. *daqāʾiq* (1), subtleties (pl. of *daqīqah*); positive; — *ḥaqāʾiq* (207); Jabre 90, Massignon *25*, Sajjādī 211.

105. *darūn* (7), interior, inner man; positive (787); ≠ *burūn* (460, 461, 625, 739); Bertel's 148, Sajjādī 210.

106. *davāmī* (1), perpetuity; positive; — *qadīmī* (19); *davām* (cf. ed. p. 166): Afnan 102, Goichon no. 258, Nwyia *194*, Tahānavī 501.

107. *dād* (1), justice; positive; (= *ʿadl*, cf. 870), — *dihiš* (872); Afnan 95.

108. *dāniš* (2), knowledge; positive; = *ʿilm* (786, cf. 895-6), *bī-dānišī* (895), — *ḥikmat* (786); Afnan 97.

109. *dihiš* (1) liberality; positive; — *dād* (872); Afnan 103.

110. *dil* (70), heart, soul; positive; (= *qalb*, cf. 371), ≠ *zabān* (42, 393, 505, 697), ≠ *āb u gil* (93, 525, 619), ≠ *gil* (612), ≠ *kālbud* (614), — *rūḥ* (54), — *sirr* (80, 620), — *jān* (124, 394); ~-*i šikastah* (42, positive), ~-*i majrūḥ* (54), ~-*i xarāb* (123, negative), *čašm-i* ~ (25, 375, 619, 877), *ʿain-i* ~ (372), *dīdah-yi* ~ (621, 622), *ḥaqīqat-i* ~ (132), *kaʿbah-yi* ~ (612), *dūd-i* ~ (188, 907), *xūn-i* ~ (405, 938), *ahl-i* ~ (889, 926); Afnan 100, Bertel's 149, Hujvīrī 33, 144, 269, 277, 309, 405, Nasafī 237 f, Nicholson 50, Rūmī IV 3340

(*ṣāḥib-dil*), Sajjādī 211 ff.

111. *dil-dārī* (1), consolation; positive; — *ġam-xvārī* (126); Bertel's 149, Sajjādī 214 f (*dil-dār*), Tahānavī 1557 (*dil-dār*).

112. *dil-sitān* (1), ravisher of hearts; positive; *vaṣl-i* ~ (361); (cf. *dil-bar*: Bertel's 149, Sajjādī 214).

113. *dil-šikastah* (3), heart-broken; negative; — *mujrim* (129).

114. *dīdār* (1), vision; positive; (cf. Anṣarī no. 81: *mukāšafah* = *dīdār*, Sajjādī 217 f: *dīd*).

115. *dīn* (12), religion; positive; ≠ *dunyā* (100, 909), ≠ *kufr* (615), — *yaqīn* (280); ʿ*ilm-i* ~ (269, 270, 272, 280), *bušrī-yi* ~ (325), ~-*i ḥaqq* (90, 95); Afnan 104, Bertel's 150, Massignon 187, Nasafī *569*, Nwyia *194*, *428*, Tahanavī 503.

116. *dīn-dār* (1), pious; positive; ≠ *bad-kār* (738); cf. 115. *dīn*.

117. *dīv* (13), demon; negative; ≠ *ḥaq(q)* (268), ≠ *qudsī* (297), — *dad* (268, 297, 299, 310, 901), — *sutūr* (484); ~-*i xvad* (489); Nasafī *569*.

118. *dīvānah* (2), lunatic; negative; — *harzah-gūy* (442); Bertel's 150 (*dīvānagī*, positive), Sajjādī 218 f (positive); Tahānavī 1557 (*dīvānagī*).

119. *dīvī* (2), demoniacal;negative; ≠ *malak(ī)* (289, 290); cf. 117. *dīv*.

120. *dunyā* (6), the material world, this world; negative; ≠ *dīn* (100, 909), ≠ ʿ*uqbā* (715), — *hayūlā* (645); *tark-i* ~ (417, 535); Hujvīrī 316 (*dunyāʾī*), Massignon *25*, Nasafī *569*, Nwyia *194*, Profitlich *201*, Sajjādī 215 f, Tahānavī 505.

121. *dunyā-jūy* (1), seeking this world, mammonish; negative; cf. 120. *dunyā*.

122. *durūġ* (1), lie; negative; Nasafī 463.

123. *durūġ-gūy* (1), lying; negative; — *zišt-xūy* (544); cf. 122. *durūġ*.

124. *dūn* (3), base, mean; negative; — *gardūn* (856, 891); *qaum-ī* ~ (437); Massignon 270.

125. *dūn-himmat* (1), low-minded; negative; *mun*ʿ*imān-i* ~ (196); cf. 124. *dūn*.

126. *dūst* (8), friend, beloved, lover; positive; ≠ *dušman* (742,

743, 766), – *ham-dam* (191); *rūy-i* ~ (523), *kūy-i* ~ (523); Bertel's 149 (*dūstī*), Hujvīrī 265, 382, Sajjādī 217 (*dūstī*), Tahānavī 1557 (*dūstī*).

ض

127. *ḍalālat* (1), aberration; negative; *yāsij-i* ~ (657); Bertel's 161, Nwyia *198* (*ḍalāl*), 391 (*ḍāllah*), Tahānavī 894.

ذ

128. *ḏalīl* (2), abject; negative; – *xvār* (803); Bertel's 151, Nwyia *194*.

129. *ḏalīlī* (1), abjection; negative; – *ṯaqīlī* (793); cf. 128. *ḏalīl*.

130. *ḏamīm* (1), blamable; negative; + *salīm* (371); *fiˁl-i* ~ (371); Afnan 105 (*ḏamm*), Tahānavī 515 (*ḏamm*).

131. *ḏamīmah* (4), blamable (fem. of 130. *ḏamīm*); negative; + *ḥamīdah* (287); *ṣifāt-i* ~ (287), *xiṣāl-i* ~ (288), *xiṣlat-i* ~ (779), *fiˁl-i* ~ (779).

132. *ḏauq* (6), taste, intuitive experience; positive; – *šauq* (30, 31, 32, 390, 521); ~*-i šukr* (695); Afnan 106, Anṣārī no. 70, Bertel's 151, Ġanī 645 f, Hujvīrī 58, 392, Jabre 100 ff, Nasafī *569*, Nwyia *194*, 287, Profitlich *201*, Rumi VIII *457*, Sajjādī 223 f, Tahānavī 513.

133. *ḏākir* (1), remembering, praising God; positive; – *musabbiḥ* (355); Nasafī 106 f, 112 f, Nwyia *194*, *428*, Sajjādī 220; cf. 135. *ḏikr*.

134. *ḏāt* (8), essence; positive; – *vaṣf* (4), – *ṣifāt* (8); ~*-aš* (3, 8, 13), ~*-i ū* (4, 634, 653); Afnan 106, Ġanī 645, Goichon no. 265, Hujvīrī 5, 308, 386, Jabre 99 f, Massignon *25*, Nasafī *569*, Nicholson 278, Nwyia *194*, *428*, Profitlich 127-129, Sajjādī 220, Tahānavī 511, 519.

135. *ḏikr* (6), mention, praise of God; positive; – *maˁrifat* (42); ~*-i ū* (35, 41, 42, 229), ~*-i hū* (36), ~*-i ḥaq* (139); Afnan 105, Anṣārī no. 47, Bertel's 150, Ġanī 357 ff, Goichon no. 259, Hujvīrī *433*, Jabre 96 f, Massignon *25*, *328*, Nasafī *569*, Nicholson *278*, Nwyia *194*, *428*,

Profitlich *201*, Rūmī VIII *457*, Sajjādī 221 ff, Tahānavī 512.

ف

136. *faḍl* (3), grace, excellence, talent; positive; – *jūd* (106), – *ʿilm* (896); *arbāb-i* ~ (889); Hujvīrī 201, Massignon 248, Nasafī 335 f, Nwyia *202*, 298.

137. *faiḍ* (5), emanation; positive; – *amr* (630); ~*-i ū* (629), ~*-i ḥaq* (630), ~*-i rabbānī* (809); Afnan 224, Bertel's 166, Goichon no. 546, Massignon *32*, Nasafī 72 f, 235 f, 315 f, Nicholson *279*, Rūmī VIII *457*, Sajjādī 369 f, Tahānavī 1127.

138. *falak* (11), celestial sphere, heaven (pl. 30. *aflāk*); positive or neutral in negative context (859); ≠ *zamīn* (289), – *malak* (289, 290, 298); *daur-i* ~ (859), *jaur-i* ~ (859); Afnan 223, Goichon no. 528, Nasafī *576 f*, Nicholson *278*, Rūmī I 149, Tahānavī 1134.

139. *falakī* (1), celestial; positive; ≠ *xākī* (160), – *malakī* (160); Goichon no. 529, Hujvīrī 280 (negative); cf. 138. *falak*.

140. *falak-pāyah* (1), of celestial footing; positive; – *malak-sāyah* (127); cf. 138. *falak*.

141. *fanā* (2), annihilation; positive; *baqā andar* ~ (112, 405), *jihān-i* ~ (405); Afnan 223, Anṣārī no. 92, Ġanī 651 f, Goichon no. 531, Hujvīrī *433 f*, Jabre 226, Massignon *31*, *328*, Nasafī 238, 422, Nicholson *278*, Nwyia *202*, *428*, Profitlich *203*, Rūmī VIII *457*, Sajjādī 366 ff, Tahānavī 1157.

142. *faraḥ* (1), joy; positive; – *ʿiṣmat – sukūn* (75); Afnan 214, Bertel's 166, Nwyia 126, 127, *201*, Sajjādī 365, Tahānavī 1105.

143. *farrux* (7), fortunate; positive; – *mubārak* (211); *ān* ~ *āstān* (361, 414, 524).

144. *faṣl* (1), differentia; negative; ≠ *aṣl* (274), – *jins – nauʿ* (274); Afnan 218, Goichon no. 504, Massignon *31*, Nasafī 482, Sajjādī 362, Tahānavī 1138.

145. *fāʿil* (4), agent, the Divine agent; positive; – *xāliq ul-xalq* (239), – *munšī* (21), – *mafʿūl* (22); ~*-i muṭlaq*

(21), ~-*i haft qaṣr-i axḍar* (623); Afnan 220 f, Goichon no. 515, Hujvīrī 237, Nasafī 348 (*fāˤil-i muṭlaq*), Sajjādī 355 (*fāˤil-i muxtār*).

146. *fānī* (1), annihilated; negative; ≠ *bāqī* (65); Hujvīrī 26, 32, 33 (positive), 311, Nwyia *202*; cf. 141. *fanā*.

147. *fāṭir* (1), creator; positive; ~-*i ṣūrat u hayūlā* (24); Nwyia 159; *fiṭrat*: Afnan 219, Goichon no. 509, Jabre 222 f, Nasafī 576, Nwyia *202*, *428*, Sajjādī 362, Tahānavī 1117.

148. *figandagī* (1), surrender; positive; – *bandagī* (564).

149. *firištah* (1), angel; positive; Afnan 215.

150. *firištah-ṣifat* (1), angelic; positive; cf. 149. *firištah*.

151. *fitnah-angīzī* (1), seditiousness; negative; – *xūn-rīzī* (896); *fitnat*: Hujvīrī 404, Nwyia *201*, Sajjādī 356 (positive), Tahānavī 1156.

152. *fiṭnat* (1), sagacity; positive; – *hikmat* – *kiyāsat* – *ˤilm* (260); Afnan 219, Jabre 224, Nwyia 276 f, Tahānavī 1156.

153. *fuḥš* (2), obscenity; negative; – *xubṯ* (900); *suxan-i* ~ (177).

154. *futūḥ* (1), spiritual favour; positive; – *(ġiḏāy-i) rūḥ* (234); Hujvīrī 355, Jabre 220, Nicholson 8, Profitlich *203*, (*fatḥ*), Rūmī VIII *457*, Sajjādī 357 f, Tahānavī 1104 (*fatḥ*).

گ

155. *galū* (2), throat; negative; – *šikam* (794), – *kām* (795); *bandah-yi* ~ (794).

156. *gand* (1), fetid; negative; (= *ˤafin*, cf. 155); *būy-i* ~ (897).

157. *gardūn* (8), vault of heaven, fate; negative (856); ≠ *hāmūn* (906), – *xāk* (46), – *dūn* (856, 891), – *axtarān* (891); *saqf-i* ~ (47, 906), *daur-i* ~ (856, 891).

158. *gil* (6), clay; negative; ≠ *dil* (93, 525, 612, 619), – *āb* (93, 525, 619); *ˤālam-i* ~ (342, 500), *kaˤbah-yi* ~ (612).

159. *girān-sang* (2), dignified; positive; – *sabuk-rūḥ* (126, 424).

160. *giryah* (4), weeping; positive; (= *bukā*, heading 677/678,

cf. 585), ≠ *xandah* (680 , 681, 682, 685).

161. *guft* (3), talk; negative (337); = *guftār* (337), ≠ *rāh* (337), – *zabān* (494); cf. 162. *guftār*.

162. *guftār* (2), speech, talk; negative (337); = *guft* (337); Afnan 267.

163. *guft-u-gūy* (6), conversation, discussion; negative (704); ≠ *just-u-jūy* (395), – *šar-u-šūr* (783); *~-i muḥal* (204), *~-i bar-bāṭil* (336), *~-i harzah* (602); Sajjādī 397 (positive?).

164. *gunāh* (1), sin; negative; ≠ *(ʿālam-i) ilāh* (913).

165. *gurg* (1), wolf; negative; ≠ *yūsuf* (300); Sajjādī 399.

غ

166. *ġaflat* (1), negligence; negative; Hujvīrī *434*, Massignon *31*, Nicholson 92, Nwyia *201*, Rūmī VIII *457*, Sajjādī 349, Tahānavī 1098.

167. *ġaib* (2), the hidden, the unseen; positive; *sirr-i ʿālam-i ~* (373), *vārid-i ~* (404); Bertel's 165 (*ġaib ul-ġuyūb*), Jabre 218, Nasafī 241 f, 249, Nicholson 112, Nwyia *201*, Sajjādī 352, Tahānavī 1090.

168. *ġaibī* (1), hidden, unseen; positive; *sirr-i ~* (426); cf. 167. *ġaib*.

169. *ġairat* (2), jealousy, zeal; positive; – *ḥairat* (144); *~-i ḥaqq* (519); Anṣārī no. 62 (= *rašk*), Hujvīrī 156, Rūmī I 1712-13, 1763, Sajjādī 353.

170. *ġam-xvārī* (1), sympathy; positive; – *dil-dārī* (126); Bertel's 165.

171. *ġarūr* (3), deceptive, this deceptive world; negative; – *ġurūr* (448), – *gūr* (467), – *(dīv u) sutūr* (484); *sarāy -i ~* (467), *dār-i ~* (484).

172. *ġāfil* (7), negligent; negative; ≠ *ʿāqil* (457), – *xuftah* (202), – *jāhil* (362), – *kāhil* (457); *zi-xvad ~* (202, 265); Rūmī VI 2331, Sajjādī 346; cf. 166. *ġaflat*.

173. *ġurūr* (1), presumption; negative; – *ġarūr* (448); *mast-i ~* (448).

174. *harzah* (5), vain; negative; — *muḥāl* (204); *guft-u-gūy-i* ~ (602), *xandah-yi* ~ (679, 686).

175. *harzah-gūy* (1), talking idly; negative; — *dīvānah* (442); cf. 174. *harzah*.

176. *hast* (2), existence; positive; — *nīst* (561); *naqš-i* ~ (626); Afnan 322, Nasafī 289 (*hast-i muṭlaq*, *hast-i muqayyad*), Rūmī VIII *458*; cf. 177. *hastī*.

177. *hastī* (10), existence, being; negative (407) or neutral in positive (18) or negative (453) context; = *būd* (630); ~-*aš* (18), ~-*i tu* (406, 712), ~-*at* (818), ~-*i muzavvar* (453), *naẓm-i* ~ (654); Afnan 322, Bertel's 177, Hujvīrī 374 (positive), Nasafī *585*, Rūmī VIII *458*, Sajjādī 497 (= *vujūd*).

178. *havas* (7), lust; negative; — *havā* (522, 541), — *šahvat* — *havā* (747); *sarāy-i* ~ (171, 512); Bertel's 177, Massignon *35*.

179. *havā* (15), air, caprice; desire (properly two words, partly confused); negative (275, 338, 433, etc.) or neutral (155, 348, 836, 837), partly in positive context (415, 821, cf. ed. p. 160); ≠ *rajā* (463), — *xāk* (348, 837), — *havas* (522, 541), — *šahvat* — *havas* (747); ~-*aš* (415), ~-*i hū* (821), ~-*i ʿafin* (155), *band-i* ~ (338), *čirk-i* ~ (463), *xubṯ-i* ~ (506); Afnan 323 f, Bertel's 177, Hujvīrī 196, 207, 208 (negative and positive), Massignon *35*, Nasafi *585*, Nwyia *206*, *429*, Profitlich *204*, Sajjādī 498, Tahānavī 1034.

180. *hazl* (8), ridicule, joking; negative; ≠ *jidd* (912, 913, 914), — *zanax* — *riš-xand* (911); Afnan 321 f, Tahānavī 1533.

181. *hāviyah* (1), abyss, nethermost hell; negative; ≠ *zāviyah* (567); *qaʿr-i* ~ (567).

182. *hidāyat* (3), Divine giudance; positive; — *ʿināyat* (45, 68), — *vilāyat* (656); Hujvīrī 95, 203, 204, Jabre 268, Nasafī 585 (*hādī*), Nicholson *279* (*al-Hādī*), Nwyia *205*, 307 f, 324, Rūmī VIII *457* (*hādī*), Sajjādī 497, Tahānavī 1540.

183. *himmat* (8), (high) aspiration; positive; ≠ *nām* (177), — *muruvvat* — *ḥilm* (260), — *ʿizzat* (432); ~-*i buland*

(179), ~-*i* ˁ*ālī* (260), ˁ*uluvv-i* ~ (432); Anṣārī no. 60, Bertel's 177 (*hamm*), Hujvīrī 155, 235, 368, Massignon *35*, 63, Nasafī 306 f, 318 f, Nicholson *279*, Nwyia *206*, *429*, Rūmī II, 3069, Sajjādī 497 f, Tahānavī 1537.

184. *hīč-čīz* (1), nothing; negative; ≠ ˁ*azīz* (330), — *nā-čīz* (330).

185. *hunar* (7), virtue; positive; Afnan 323.

186. *huš* (1), understanding; positive; — *xirad* (761); Afnan 324 (*huš*).

187. *hušyārī* (1), prudence; positive; ≠ *mast* (537); *lāf-i* ~ (537); Sajjādī 497; cf. 186. *huš*.

188. *huv(v)īyat* (1, double -*v*- metri causa), He-ness; positive; — *rubūbīyat* (71); *sirr-i* ~ (71); Afnan 324 f, Bertel's 177 f (*huvīyat-i ġaibīyah*), Goichon no. 735, Hujvīrī 238, Massignon *35*, Nicholson *279*, Nwyia 172, *206*, Rūmī VIII *458*, Sajjādī 499, Tahānavī 1539.

189. *hū* (6), He; positive; = *ū* (35); *ḏikr-i* ~ (36), *jihān-i* ~ (592), *havāy-i* ~ (821); Ġanī 658 (*al-hū*), Goichon no. 733 (*huwa*), Massignon *35*, 210 (*huwa*), Nicholson 96, 152 (*huwa*), Nwyia 172 (*huwa*), Rūmī VIII *458*, Sajjādī 498; cf. 188. *huv(v)īyat*.

ح

190. *ḥaḍrat* (8), presence, majesty; positive (362); — *qurbat* (925); ~-*i rubūbīyat* (71), ~-*i nabavī* (94), ~-*i sulṭān* (143), ~-*i quds* (461), ~-*i xudāy* (600), ~-*i ḥaqq* (925); Hujvīrī 256, Jabre 66 f, Massignon *23*, Nicholson 91 (*ḥaḍarāt*), 202, Nwyia *192*, Profitlich *200*, Sajjādī 172 f; cf. 213. *ḥuḍūr*.

191. *ḥairat* (1), bewilderment, amazement; positive; — *ġairat* (144); Afnan 84, Hujvīrī 251, 275, Massignon *22* (*taḥayyur*), Nicholson 208, Nwyia 7, *192*, 274, Rūmī VIII *458*, Sajjādī 181 f.

192. *ḥakīm* (2), wise; positive; — *kalīm* (279); Afnan 79, Goichon no. 178 (*ḥukamāʾ*), Jabre 76 f (*ḥukamāʾ*), Nasafī *567* (*ḥukamā*), Nwyia 142 (*ḥukamāʾ*), Profitlich *201* (*al-ḥukamāʾ*), Tahānavī 371; cf. 207. *ḥikmat*.

193. *ḥalāl* (3), lawful; positive; (≠ *ḥarām*, cf. 799), – *ṣāliḥ* (788), – *mubāḥ* (923); *akl-i* ~ (788), *kasb-i* ~ (790); Nasafī 301, 336, Nwyia *192*, *429*, Tahānavī 347.

194. *ḥamīdah* (2), laudable; positive; ≠ *ḏamīmah* (287); *sifāt-i* ~ (287), *xiṣāl-i* ~ (811); *ḥamd*: Massignon *24*, Nwyia 166, 167, *192*, Rumi VIII *457*, Sajjādī 180, Tahānavī 288.

195. *ḥaqā'iq* (5), spiritual truths (pl. of 197. *ḥaqīqat*); positive; ≠ *xalā'iq* (606), – *daqā'iq* (207); *sirr-i* ~ (208), *gauhar-i* ~ (404), *rištah-yi* ~ (429, 606); Hujvīrī 117, Massignon *23*, Nasafī *567*, Nicholson 126, Nwyia *192*, Profitlich *201*, Rūmī VIII *458*, Sajjādī 174.

196. *ḥaq-dūst* (1), loving Truth (i.e. God); positive; cf. 199. *ḥaq(q)*.

197. *ḥaqīqat* (8), spiritual truth, mystical reality (pl. 195. *ḥaqā'iq*); positive; – *ṭarīqat* (206, 233, 445); ~*-i dil* (132), ~*-i ixlāṣ* (374), *xum-xānah-yi* ~ (445); Afnan 77, Ġanī 645 (*ḥaqīqat ul-ḥaqā'iq*), Goichon no. 171, Hujvīrī *434*, Jabre 70 ff, Massignon *23*, 39, Nasafī *567*, Nicholson *279*, Nwyia *192*, *429*, Profitlich *201*, Rūmī VIII *458*, Sajjādī 176 f, Tahānavī 330 ff.

198. *ḥaqīr* (1), contemptible; negative; – *xvār* (552).

199. *ḥaq(q)* (22), truth, the Truth (i.e. God); positive; ≠ *dīv* (268), ≠ *but* (563); *dīn-i* ~ (90, 95), *ḏikr-i* ~ (139), *rah-i* ~ (276, 449), *dargah-i* ~ (449), *ġairat-i* ~ (519), *faiḍ-i* ~ (630), *nūr-i* ~ (650), *ḥaḍrat-i* ~ (925), *qurbat-i* ~ (925); Afnan 77, Ġanī 644, Goichon no. 81, Hujvīrī 62 (with add. p. VI), 245, 384, 402, 404, Jabre 69 f, Massignon *23*, *328*, Nicholson *279*, Nwyia *192*, *429*, Profitlich 124 et passim, Rūmī VIII *458*, Sajjādī 175, Tahānavī 329.

200. *ḥarām* (1), unlawful; negative; (≠ *ḥalāl*, cf. 788); *kasb-i* ~ (789); Nwyia *429*.

201. *ḥarf* (8), letter, word; negative (529) or neutral in positive context (151); – *ṣaut* (384, 385, 529); ~*-i riyā* (111), ~*-i nuxust* (151), *siyāhī-yi* ~ (643); Afnan 68, Massignon *23* (*ḥurūf*), Nwyia *429*, Sajjādī 169 f (*ḥurūf*), Tahānavī 318.

202. *ḥasad* (6), envy; negative; – *šahvat* (231), – *ḥirṣ* (302,

451, 485, 714, 811); Afnan 75, Sajjādī 171, Tahānavī 287.

203. *ḥasūd* (1), envious; negative; *birādarān-i* ~ (322); cf. 202. *ḥasad*.

204. *ḥayā* (1), modesty; positive; – *ṣidq* (89); Afnan 84, Anṣārī no. 34 (= *šarm-dārī*), Nwyia *192*, 289, 306, Rūmī I 2694, II 1368, Sajjādī 180, Tahānavī 397.

205. *ḥayāt* (6), life; positive; (= *zindagī/zindagānī*, cf. 488-9, 216); ≠ *māt* (508), – *najāt* (118), – *kamāl* (634); ~-*i abad* (492), *āb-i* ~-*i maʿnī* (117), *āb-i* ~-*i īmān* (607); Anṣārī no. 84 (= *zindagānī-yi dil*), Massignon *24*, 307, Nasafī 386 f, Nwyia 155, *192*, Sajjādī 181, Tahānavī 398.

206. *ḥayy* (2), living (name of God); positive; – *qayyūm* (6); ~-*i lā-yamūt* (792); Afnan 84, Massignon *24*, Nasafī 400, Nicholson 51, 101.

207. *ḥikmat* (5), wisdom; positive; – *ʿiṣmat* (250, 918), – *fiṭnat* – *kiyāsat* – *ʿilm* (260), – *ʿilm* – *dāniš* (786); *xāmah-yi* ~ (918); Afnan 78 f, Anṣārī no. 53, Goichon no. 177, Jabre 74 ff, Massignon *23*, Nasafī *563* (*ahl-i ḥikmat*), Nwyia *192*, *429*, Rūmī VIII *458*, Sajjādī 177 ff, Tahānavī 370.

208. *ḥilm* (2), gentleness; positive; – *himmat* – *muruvvat* (260), – *ʿilm* (106, 260); Afnan 80, Sajjādī 179 f, Tahānavī 381.

209. *ḥiqd* (1), hatred; negative; – *ḥirṣ* (104).

210. *ḥirṣ* (11), avidity; negative; – *ḥiqd* (104), – *ḥasad* (302, 451, 485, 714, 811), – *amal* (541); *dām-i* ~ (130), *xarābāt-i* ~ (448), *bār-i* ~ (451), *zang-i* ~ (620); Nwyia 280, 292, Sajjādī 169, Tahānavī 308.

211. *ḥiss* (4), sense; negative; – *arkān* (159); *idrāk-i* ~ (351), *panj* ~ – *šiš jihat* – *čār guhar* (648), *qafaṣ-i panj* ~ (819); Afnan 72, Goichon no. 150, Jabre 64 f, Nasafī *566*, Nwyia *192* (*ḥavāss*), Rūmī II 3328, IV 427 (*ḥiss-i muštarak*), Tahānavī 304 ff.

212. *ḥīlah* (3), machination, trick; negative; – *makr* (273), – *talbīs* (273, 720); Afnan 85, Goichon no. 99 (*ḥiyal*), Hujvīrī 371.

213. *ḥuḍūr* (2), presence; positive; ~-*aš* (277), ~-*i aḥad* (814);

Afnan 76, Bertel's 146, Ġanī 455 f, Hujvīrī *434*, Massignon *23*, Nasafī *567*, Nicholson 92, 244, Nwyia 3, 152, *192*, Profitlich *200*, Rūmī I 381, Sajjādī 173 f.

214. *ḥukm* (6), (Divine) judgment, decree; positive; — *ᶜilm* (48); ~-*i ū* (31, 48), ~-*i tu* (57), ~-*at* (62); Afnan 78, Goichon no. 176, Hujvīrī 253, 257, 407, Jabre 73 f, Massignon *23*, Nasafī *567*, Nwyia *192*, *429*, Profitlich *201*, Sajjādī 18 f (*aḥkām*), Tahānavī 372.

215. *ḥusn* (2), beauty, excellence; positive; ~-*i ᶜamal* ≠ *zarq u daġal* (570); Afnan 75, Bertel's 146, Ġanī 644, Hujvīrī 386, Nasafī 103, 303 (*ḥasanāt*), Nicholson *279*, Nwyia *430*, Rūmī I 1973, Sajjādī 172, Tahānavī 384.

ا

216. *ibdāᶜ* (1), original creation; positive; Afnan 25, Goichon no. 18, Tahānavī 134.

217. *ilāh* (1), the Godhead, God; positive; ≠ *gunāh* (913); *ᶜālam-i* ~ (913); Afnan 10, Bertel's 131, Massignon *20*, Nicholson 150, Nwyia *189*, Profitlich 104-105.

218. *ilāhī* (2), Divine; positive; *sāyah-yi* ~ (150), *ᶜālam-i* ~ (590); Afnan 10, Goichon no. 22, Hujvīrī 412, Nicholson 112 (*ilāhīyūn*).

219. *inṣāf* (1), equity; positive; Afnan 291.

220. *iqbāl* (1), good fortune; positive; — *(jihān-i) kamāl* (133); Tahānavī 1205.

221. *istidlāl* (1), deduction, inference; positive; — *istikmāl* (253); *būy-i* ~ (253); Afnen (101), Hujvīrī 268 (negative), 330 (*istidlālī*), Jabre 93, Massignon *25*, Nwyia *194*, Tahānavī 498.

222. *istiḥālat* (2), alteration; negative; ~-*i daurān* (164, 359); Afnan 83, Goichon no. 201, Jabre 80, Tahānavī 366.

223. *istikmāl* (1), completion, perfection; positive; — *istidlāl* (253); *gūy-i* ~ (253).

224. *istiqlāl* (1), absolute authority; positive; (cf. ed. p. 184; possibly to be read *istiqbāl*, cf. Tahānavī 1205).

225. *išrāq* (1), sunrise, illumination; positive; Afnan 139 f, Goichon no. 318, Jabre 127 f, Massignon *27*, Nasafī 121 (*namāz-i išrāq*).

226. *ixlāṣ* (4), sincerity; positive; — *ṣidq* (576), — *xāṣ* (145, 374, 435); *rah-i* ~ (145), *ḥaqīqat-i* ~ (374), Anṣārī no. 24, Ġanī 636, Hujvīrī 103, 117, 246, Massignon *24, 329*, Nicholson *279*, Nwyia *193, 430*, Rūmī VIII *458*, Sajjādī 22 ff, Tahānavī 431.

ای

227. *īmān* (1), faith; positive; *āb-i ḥayāt-i* ~ (607); Bertel's 133, Hujvīrī 215, 225, 286-290, Jabre 10 ff, Massignon *20, 329*, Nasafī *563*, Nwyia *189, 430*, Rūmī VIII *458*, Sajjādī 81 ff, Tahānavī 94.

228. *īzad* (10), God; positive; ~-*i bī-čūn* (239), ~-*i fard* (266, 798, 810), ~-*i mutaᶜāl* (634), *luṭf-i* ~ (93, 431); Afnan 19.

229. *īzadī* (1), Divine; positive; *luṭf-i* ~ (344); cf. 228. *īzad*.

ج

230. *jahl* (3), ignorance; negative; ≠ *ᶜilm(-i dīn)* (269); *biyābān-i* ~ (269); Afnan 60, Massignon *22*, Nwyia *191, 428*, Tahānavī 253.

231. *jaḥīm* (1), hell; negative; ≠ *bihišt* (655); Massignon *22*, Nwyia *191*, 368.

232. *jalāl* (2), majesty; positive; *ṣifāt-i* ~ (10), *biṣāt-i* ~ (375); Afnan 52, Bertel's 143, Ġanī 642, Hujvīrī 177, 288, 376, Nicholson 279, Rūmī VIII *459*, Sajjādī 53 f, Tahānavī 143.

233. *jamᶜ* (4), sum total, union, congregation, collected; positive; ≠ *parākandah* (491), — *zindah* (491); *miyān-i* ~ (545, 609); Afnan 52, Anṣārī no. 99, Bertel's 143 (*jamᶜīyat*), Ġanī 642, Goichon no. 108 (*jamīᶜ*), Hujvīrī 435, Massignon *22, 329*, Nasafī *566*, Nicholson *279*, Nwyia 265, Profitlich *200* (*jamᶜīyah*), Rūmī VIII *459*, Sajjādī 155 f, Tahānavī 231.

234. *jamāl* (4), beauty; positive; — *viṣāl* (58), — *bahā* (644); ~-*i tu* (58), ~-*i ū* (387); Afnan 52, Bertel's 143, Ġanī 642, Hujvīrī 177, 288, 376, Nasafī 566, Nicholson 279, Rūmī VIII *459*, Sajjādī 154 f, Tahānavī 244.

235. *jasad* (1), body; negative; *qūt u quvvat-i* ~ (231); Afnan 50, Profitlich *200*, Sajjādī 152 f, Tahānavī 195.

236. *jauhar* (4), essence, substance; positive; ≠ *jism* (626); *~-i maᶜnī* (319); Afnan 57 ff, Ġanī 643, Goichon no. 115, Hujvīrī 386, Jabre 57, Massignon *23*, Nasafī *566*, Profitlich *200*, Rūmī II 945-53, Sajjādī 159, Tahānavī 203.

237. *jaur* (3), oppression, injustice; negative; *~-i čarx* (194), *~-i daur-i gardūn* (856), *~-i falak* (859); Afnan 57, Bertel's 144, Sajjādī 159.

238. *javan-mard* (1), manly; positive; – *mard* (711); Rūmī II 376, 892-93 (*javān-mardī* = *futuvvah*), Sajjādī 158.

239. *jāh* (4), position, dignity; negative (566, 567) or neutral in positive context (568, 600); – *manṣab* (566, 600), – *rāh* (568); Hujvīrī 314.

240. *jāhil* (2), ignorant; negative; ≠ *ᶜālim* (174), – *ablah* (362), – *ġāfil* (362); Hujvīrī 122 (*jāhilīyat*); cf. 230 *jahl*.

241. *jān* (47), soul, spirit, life; negative (414, 415, 421, 601, 712, 713) or positive (36, 37, 347, 350, 741, 791, 792, 818, 819); ≠ *zabān* (36, 37), – *jism* (53, 421, 601), – *tan* (426, 817), – *ᶜaql* – *jism* (27), – *jihan* (106, 415, 421, 713), – *xirad* (218), – *dil* (394), – *sar* (516) – *ᶜaql* (559, 945); *bustān-i* ~ (347), *čašm-i* ~ (350), *jihān-i* ~ (414, 712), *band-i* ~ (415), *baqāy-i* ~ (748); Bertel's 142 (positive), Hujvīrī 197, (– *rūḥ*), 199 (≠ *nafs*), 269 (≠ *dil*), 309 (– *dil* – *sirr*), Nasafī *565* (*jān-i ᶜālam*), Rūmī III 3192 (*jān* = *jān-i jihān*), I 1995 (*jān-i ātaš* = *nafs*), VI 152 (*jān-i avval* = *rūḥ-i ḥayavānī*), VI 152 (*jān-i jān* = *rūḥ-i insānī*), VIII *459* (*jān-i vaḥy*), Sajjādī 151, Tahānavī 1555 (*jānān*, *jān-afzā*).

242. *jidd* (5), seriousness; positive; ≠ *hazl* (912, 913, 914); *naqš-i* ~ (917); Afnan 46 (*jiddī*), Tahānavī 193.

243. *jihān* (97), (the) world; negative (415, 416, 420, 421, etc.) or neutral in positive or negative context; = *ᶜālam* (386, but cf. 84), (= *zamīn u ... āsmān*, 81), ≠ *āsmān* (608, 847), – *jān* (106, 415, 421, 713), – *(āb u) nān* (745); *~-i qidam* (9, 84, 408, 720), *~-i bīm u umīd* (52), *~-i baqā* (118), *~-i kamāl* (135, 508), *~-i jahān*

(347), ~-*i jism* (385), ~-*i jismānī* (700), ~-*i ḥairānī* (391), ~-*i fanā* (405), ~-*i ṣūrat* (397), ~-*i jān* (414, 712), ~-*i hū* (592), *īn* ~ (181, 334, 347, 348, 757, 767, 774), *ān* ~ (182, 311, 348, 350, 376, 562, 757, 774), *du* ~ (264, 380, 710), *vujūd-i* ~ (416, 420), *jihāt-i* ~ (465), *ṭālib-i* ~ (745), *laḏḏat-i* ~ (755); Afnan 60, Bertel's 144, Sajjādī 161.

244. *jihānī* (3), worldly, worldling; negative; cf. 243. *jihān*.

245. *jins* (1), genus; negative; – *nauᶜ* – *faṣl* (274); Afnan 54, Goichon no. 109, Nwyia 184, *191*, Rūmī VIII *459* (*jinsīyat*), Tahānavī 223.

246. *jism* (10), body; negative; ≠ *rūḥ* (92), ≠ *jauhar* (626), – *jān* (53, 421, 601), – *ᶜaql* – *jān* (27), – *fiᶜl u ism* (385); ~-*i ẓulmānī* (809), *jihan-i* ~ (385), *band-i* ~ (402); Afnan 51, Ġanī 642, Goichon no. 99, Hujvīrī 262, 386, Jabre 53, Nasafī *565*, Nicholson 110 (*al-jism al-kullī* = *ᶜarš*), Profitlich *200*, Rūmī VIII *459* (*jism-i laṭīf*), Sajjādī 153, Tahānavī 256.

247. *jurm* (1), crime; negative.

248. *jūd* (5), liberality; positive; – *luṭf* (69, 261); Afnan 56, Hujvīrī 317 (≠ *saxā*), Massignon *22*, Nwyia *191*, 276, 298, Rūmī VIII *459*, Sajjādī 158, Tahānavī 296.

ك

249. *kamāl* (14), perfection; positive; ≠ *nuqṣān* (595, 596), – *iqbāl* (133), – *ḥayāt* 634; ~-*i bīniš* (25), ~-*i bīnāʾī* (338), ~-*i maᶜrifat* (368, 594), *jihān-i* ~ (133, 508), *kasb-i* ~ (163, 636); Afnan 259, Ġanī 653, Hujvīrī 288, Nasafī *578*, Nicholson *279*, Sajjādī 395 f, Tahānavī 1264.

250. *kamālīyat* (1), perfection; positive; cf. 249. *kamāl*.

251. *karam* (3), nobility, generosity; positive; – *raḥmat* (55), – *ᶜadl* (89), – *luṭf* (248); Massignon *33*, Nwyia *203*, Tahānavī 1266.

252. *karīm* (1), noble, generous; positive; ≠ *laʾīm* (892); Nicholson 66 (= God), Nwyia *203*.

253. *kaṯīf* (1), thick, gross, impure; negative; Hujvīrī 262, Nasafī 117.

254. *kaž* (1), crooked; negative; *naqš-i* ~ (722); cf. 255. *kažī*.

255. *kažī* (3), crookedness; negative; ≠ *rāstī* (725, 726), — *bid-ᶜat* (98).

256. *kaž-rau* (1), going awry; negative; cf. 255. *kažī*.

257. *kāfir* (6), infidel; negative; ≠ *musalmān* (878); — *bī-ᶜilm* (276); Bertel's 168, Nwyia *203*, Rūmī I 2558, II 124, Sajjādī 387; cf. 269. *kufr*.

258. *kāhil* (2), tardy; negative; ≠ *čābuk* (589), — *ġāfil* (457), — *sust* (589); Sajjādī 388 (*kāhilī*).

259. *kālbud* (1), body; negative; ≠ *dil* (614); Afnan 253.

260. *kām* (2), palate; negative; — *galū* (795); ~-*i jān* (303).

261. *kāmil* (3), perfect; positive; ≠ *nāqiṣ* (927), — *šigarf* (529), — *naġz* (941); Afnan 259 f, Goichon no. 630, Hujvīrī 85, 407, Nasafī *578*, Nicholson 77 (*al-insān al-kāmil*), 116 (= God), Rūmī VIII *459*, Sajjādī 387 f, Tahānavī 1265; cf. 249. *kamāl*.

262. *kibr* (9), pride; negative; Sajjādī 388, Tahānavī 1247.

263. *kibriyā* (1), grandeur; pos.; *dargāh-i* ~ (553); Nwyia *203*.

264. *kirdagār* (1), (the) creator; positive; ~-*i jihān* (471).

265. *kiyāsat* (1), ingenuity; positive; — *ḥikmat* — *fiṭnat* — *ᶜilm* (260); Afnan 264, Jabre 248.

266. *kīn* (4), hatred; negative; ≠ *mihr* (481, 615, 855); Bertel's 169, Sajjādī 398.

267. *kīnah* (1), hatred; negative; ≠ *mihr* (759); cf. 266. *kīn*.

268. *kudūrat* (1), turbidity; negative; — *ṣūrat* (397); *ālūdah-yi* ~ (397); Sajjādī 389.

269. *kufr* (3), infidelity; negative; ≠ *musalmānī* (107), ≠ *dīn* (615), — *bidᶜat* (109); Bertel's 168, Massignon *33*, Nasafī *578*, Nwyia *203*, 431, Rūmī VIII *460*, Sajjādī 393, Tahānavī 1251.

ل

270. *laᵓīm* (2), ignoble, vile; negative; ≠ *karīm* (892).

271. *laᶜnat* (1), curse; negative; ≠ *ṭāᶜat* (555); *nīl-i* ~ (555); Tahānavī 1309.

272. *laṭīf* (1), subtle, gracious; positive; — *tāzah-rūy* (545), — *šarīf* (545); Jabre 252, Hujvīrī 262, Nasafī *579*, Nicholson 51, 135 (= God), Profitlich *203*.

273. *laṭīf-tar* (2), more subtle, more gracious (comp. of 272. *laṭīf*); positive; — *šarīf-tar* (245, 348).

274. *lāf* (8), boasting; negative; — *daˤvī* (515, 535); ~-*i* *ˤāšiqī* (517), ~-*i* *hušyārī* (537).

275. *lā-ubālī* (1), fearless; positive; — *lā-yazālī* (514, cf. ed. pp. 181 f).

276. *lā-yazālī* (1), perpetuity; positive; — *lā-ubālī* (514, cf. ed. pp. 181 f).

277. *luṭf* (12), grace; positive; — *jūd* (69, 261), — *iltifāt* (128), — *karam* (248); ~-*i* *tu* (53, 128), ~-*i* *ū* (140, 656), ~-*i* *īzadī* (344), ~-*i* *īzad* (431); Bertel's 170, Ġanī 643, Jabre 251, Hujvīrī 377-79 (≠ *qahr*), Nasafī 401, Nwyia *204*, Rūmī VIII *460*, Sajjādī 403, Tahānavī 1299.

م

278. *maˤālī* (1), high merits (pl. of *maˤlāt*); positive; *axtar-i* ~ (104).

279. *maˤānī* (1), spiritual realities (pl. of 282. *maˤnī*); positive; Afnan 205, Nicholson 227, 250, 251, Nwyia *200*, Profitlich 31, 46, Tahānavī 1085.

280. *maˤbūd* (2), object of worship; positive; ~-*i* *ins u jānn* (27), *luṭf u jūd-i* ~ (261); Massignon *29*, Nwyia 126, *199*.

281. *maˤdalat* (2), administering justice, justice; positive; — *ˤadl* (97).

282. *maˤnī* (15), spiritual reality, idea (pl. 279. *maˤānī*); positive; ≠ *daˤvī* (117, 515, 535, 895), ≠ *ṣūrat* (626); *durr-i* ~ (85, 919), *āb-i ḥayāt-i* ~ (117), *jauhar-i* ~ (319), *ṣidq-i* ~ (515); Afnan 204 f, Goichon no. 469, Jabre 212, Hujvīrī 35, Massignon *30*, Nwyia *200*, *431*, Tahānavī 1084.

283. *maˤrifat* (12), (Divine) knowledge, gnosis, cognition; positive; ≠ *šiš-jihat* (251, 381), — *ṣifat* (7, 11, 226, 247, 368, 594), — *ḏikr* (42), — *ˤarš* (77); *āsmān-i* ~ (251), *kamāl-i* ~ (368, 594), *jām-i* ~ (381); Afnan 175, Anṣārī no. 91 (= *šināxt*), Ġanī 409 ff, Goichon no. 428, Jabre 174 ff, Hujvīrī *436*, Massignon *30*, *329*, Na-

safī *581*, Nicholson *280*, Nwyia *200*, *431 f*, Profitlich *202*, Rumi VIII *461*, Sajjādī 439 ff, Tahānavī 994.

284. *maʿyūb* (1), faulty; negative; – *zišt* (64); Nwyia *201* (*ʿaib*).

285. *mabdaʾ* (1), origin, principle; positive; – *marjaʿ* (633); ~ *-i kāʾināt* (633); Afnan 25, Goichon no. 39, Nasafī *579*, Nwyia 248, Sajjādī 408 (*mabādī*), Tahānavī 106.

286. *maḥabbat* (3), love, affection; positive; *gauhar-i* ~ (393), *šarbat-i* ~ (510); Afnan 64, Anṣārī no. 61 (= *dūstī*), Bertel's 171, Hujvīrī *436*, Massignon *23*, *329*, Nasafī *580*, Nicholson 52, Nwyia *191*, *431*, Profitlich *200*, Rūmī II 1384, Sajjādī 415 ff, Tahānavī 270.

287. *maḥbūb* (1), beloved; positive; – *maṭlūb* (526); *viṣāl-i* ~ (526); Bertel's 171, Massignon *23*, Nasafī 113 ff, Nwyia 285, 346, Sajjādī 418, Tahānavī 274.

288. *majāz* (3), metaphor, figurative, worldly; negative; *sarāy-i* ~ (165, 769); Afnan 57, Hujvīrī 106, Massignon *23*, Nicholson 260, Tahānavī 208.

289. *majīd* (2), glorious (= God), sacred; positive; *ʿarš-i* ~ (77), *kalām-i* ~ (810); Nwyia 167 (*majd*).

290. *makr* (2), ruse, deceit; negative; – *ḥīlat* – *talbīs* (273); Bertel's 172 (positive), Massignon 14, *34*, Nwyia *204*, *431*, Rūmī VIII *461* (*makr-i ḥaqq*), Sajjādī 451 f (positive).

291. *makramat* (1), nobility, generosity; positive; cf. 252. *karīm*.

292. *maksab* (1), gain, profit; negative; Hujvīrī 254 (*makāsib*), Nwyia 223 (*makāsib*).

293. *malak* (4), angel (pl. 297. *malāʾik*); positive; + *dīvī* (290), – *ʿīsī* (83), – *falak* (290, 298); Afnan 283 (*malāʾikah*), Goichon no. 674, Massignon *34*, Nasafī *582*, Nwyia *204* (*malāʾikah*), Tahānavī 1337.

294. *malakī* (2), angelic; positive; + *dīvī* (289), – *falakī* (160, 289); cf. 293. *malak*.

295. *malak-sāyah* (1), of angelic protection; positive; – *falak-pāyah* (127); cf. 293. *malak*.

296. *malakūt* (1), (the celestial) realm; positive; *ʿālam-i* ~ (815); Ġanī 656, Jabre 257, Nasafī 582, Nicholson 91, 251, 255, Nwyia *204*, 257, Rūmī I 523, 3330, Sajjādī 453, Tahānavī 339.

297. *malā'ik* (1), angels (pl. of 293. *malak*); positive; *qiblah-yi* ~ (249).

298. *manṣab* (4), rank; negative (566) or neutral in positive context (600); — *jāh* (566, 600); ~*-i īn jihān* (181).

299. *manṭiq* (1), logic; negative; — *uqlīdīs* (273); Goichon no. 707, Tahānavī 1420.

300. *mard* (17), man (pl. *mardān*, "mystics"); positive; — *javān-mard* (711); ~*-i parvardah* (534), *rāh-i* ~*-ān* (560); Hujvīrī 327 (*mardān*), Nasafī 241 (*mardān-i ġaib*), Rūmī VIII *461*, Sajjādī 425 (*mard-i muṭlaq*).

301. *mardumī* (1), manliness, humanity; positive; *gauhar-i* ~ (248); Afnan 280, Rūmī IV 726 (= *maʿrifah*).

302. *mardūd* (1), rejected; negative; Hujvīrī 130.

303. *marjaʿ* (1), place of return; positive; — *mabda'* (33); ~*-i rūḥ-i pāk* (633); Nwyia 146, *194*.

304. *masjidī* (1), mosque-goer; positive; ≠ *but-parast* (60).

305. *mast* (7), drunk; negative (537, 562) or neutral in positive context (65, 394, 430); ≠ *hušyārī* (537), — *vālih* — *bī-xvad* (394), — *bī-xabar (z-ān jihān)* (562); ~*-i tu* (65), ~*-i may-i viṣāl-i qidam* (430), ~*-i ġurūr* (448), ~*-i šarāb-i xvad* (901); Bertel's 171 (*mast-i xarāb*, positive), Sajjādī 431 (positive), Tahānavī 1562.

306. *maṭlūb* (2), sought, the object desired; positive; ≠ *nā-xūb* (418), — *maḥbūb* (526); Afnan 164 f, Bertel's 172, Goichon no. 401, Rūmī I 1605, Sajjādī 437, Tahānavī 901.

307. *mihr* (6), love, the sun; positive; ≠ *kīn* (481, 615, 855), ≠ *kīnah* (759); Bertel's 173, Sajjādī 458, Tahānavī 1563.

308. *mihrbān* (1), affectionate, benevolent; positive; Bertel's 173 (*mihrbānī*), Sajjādī 458, Tahānavī 1563.

309. *mu'abbad* (1), everlasting; positive; — *mujarrad* (543); cf. 28. *abad*.

310. *muʿṭī* (1), bestowing; positive; — *mukrim* — *xujastah-pai* (651); Nwyia 248 (*ʿaṭā*).

311. *mubāḥ* (1), permissible; positive; — *ḥalāl* (923); Hujvīrī 94, Tahānavī 113 (*ibāḥah*).

312. *mubārak* (1), blessed; positive; — *farrux* (211).

313. *mubārak-pai* (1), of blessed stepping; positive; — *xujastah-*

qadam (125); cf. 312. *mubārak*.

314. *mubdiᶜ* (5), (the) creator; positive; ~-*i ašyā* (316), ~-*i kun fa-kān* (653), *qurb-i* ~-*i fard* (367); Afnan 26, Goichon no. 44.

315. *muḥāl* (3), absurd, absurdity; negative; — *harzah* (204), — *xiyāl* (583); Afnan 83 f, Goichon no. 202.

316. *muḥtaram* (1), respected; positive; Nwyia *192* (*iḥtirām*).

317. *mujarrad* (3), detached; positive; — *muᵓabbad* (543); Afnan 48, Goichon no. 89, Hujvīrī 61, Jabre 52 f, Massignon *22*, Sajjādī 413, Tahānavī 195; cf. 486. *tajrīd*.

318. *mujāhadah* (2), (spiritual) struggle; positive; — *mušāhadah* (63, 252); *sūrah-yi* ~ (252); Ġanī 654, Hujvīrī *437*, Jabre 56, Nasafī 104, 288, Nwyia *191*, *432*, Nicholson *280*, Rūmī VIII *461*, Sajjādī 412, Tahānavī 198.

319. *mujrim* (1), sinful, guilty; negative; ≠ *mukrim* (129), — *dil-šikastah* (129).

320. *mukarram* (2), ennobled; positive; — *musallam* (128); Nwyia *203*.

321. *mukāšaf* (1), object of revelation; positive; *mukāšafat*: Anṣārī no. 81 (= *dīdār*), Ġanī 656, Hujvīrī 4 (with corr. p. V), 22, 373-74, Massignon *33*, Profitlich *203*, Sajjādī 450 f.

322. *mukrim* (2), honouring; positive; ≠ *mujrim* (129), — *muᶜṭī* — *xujastah-pai* (651).

323. *munavvar* (1), illuminated; positive; ≠ *muzavvar* (453); cf. 367. *nūr*.

324. *muqaddas* (1), holy; positive; *ṣifāt-i* ~ (51); Jabre 228, Massignon *32*; cf. 390. *quds*.

325. *muqbil* (2), fortunate; positive; — *ṣāḥib-dil* (228); *ham-nišīn-i* ~ (343); Rūmī I 726, II 152-155; cf. 220. *iqbāl*.

326. *murdah-dil* (1), lifeless; negative; ≠ *zindah* (491), — *parākandah* (491); Sajjādī 425 (*murdah*, positive).

327. *muruvvat* (1), virtue; positive; — *himmat* — *ḥilm* (260); Hujvīrī 196, 328, 334, Nwyia *204*, Sajjādī 428.

328. *musabbiḥ* (1), lauding; positive; — *ḏākir* (355); *tasbīḥ*: Massignon *26*, Nasafī 341, Nwyia *196*, Rūmī VIII *465*, Sajjādī 126, Tahānavī 637.

329. *musalmān* (4), muslim, believer; positive; ≠ *kāfir* (878);

ẓālim-i ~ (876); Nwyia *196* (*muslim*), Rūmī I 239 (*muslim*).

330. *musalmānī* (1), islam, the believers; positive; ≠ *kufr* (107); cf. 329. *musalmān*.

331. *mušarraf* (1), honoured; positive; cf. 465. *šaraf*.

332. *mušāhadah* (2), (mystic) vision, contemplation; positive; — *mujāhadah* (63, 252); *laḏḏat-i* ~ (63, 252); Afnan 146, Anṣārī no. 82 (= *bī-pardah dīdan*), Ġanī 655, Goichon no. 337, Hujvīrī *437*, Jabre 134, Massignon *28*, Nasafi *581*, Nicholson *280*, Nwyia *197*, *432*, Profitlich *202*, Rūmī VIII *461*, Sajjādī 433 f, Tahānavī 740.

333. *mušrik* (1), polytheist; negative; Nasafi *581*; *širk*: Afnan 140, Hujvīrī *439*, Jabre 128, Massignon *27*, Nwyia *197*, *434*, Nicholson *281*, Rūmī VIII *464*, Sajjādī 286, Tahānavī 770.

334. *mutaᶜāl* (1), exalted; positive; *īzad-i* ~ (634).

335. *muṭlaq* (6), absolute; positive (86) or neutral in negative context (276); *fāᶜil-i* ~ (21), *kāfir-i* ~ (276), *qādir-i* ~ (634), *siḥr-i* ~ (923, 945); Afnan 165, Goichon no. 403, Jabre 155, Nasafī *581*, Nicholson 97, Tahānavī 921.

336. *muvāfiq* (1), adequate; positive; *ham-dam-i* ~ (611); Rūmī I 285; *muvāfaqat*: Hujvīrī 216, Nasafī 295, Nwyia *207*, 281, 283, Tahānavī 1501 f.

337. *muzavvar* (1), falsified; negative; ≠ *munavvar* (453); *hastī-yi* ~ (453); Tahānavī 616 (*muzavvarah*).

ن

338. *nafīs* (2), precious; positive; ≠ *xasīs* (285), — *ᶜazīz* (720); Tahānavī 1404.

339. *nafs* (16), (carnal) soul, self; negative; (= *xvad*, cf. 357, heading 341/342), ≠ *ᶜaql* (638, 639); *~-i xākī* (160), *~-i ammārah* (281), *~-i xvad* (284, 585), *~-i kull* (636), *marg-i* ~ (487), *kām-i* ~ (522), *qahr-i* ~ (586); Afnan 294 f, Bertel's 175, Ġanī 297 ff, 412, Goichon no. 712, Hujvīrī *437*, Jabre 263 ff, Massignon *34 f*, 92, 97, Nasafī *584*, Nicholson *280 f*, Nwyia *205*, *432*, Profitlich *204*, Rūmī VIII *462*, Sajjādī 468 ff, Tahānavī 1396 ff.

340. *naḥs* (1), sinister (comp. 341. *naḥs-tar*); negative; *kaivān-ī* ~ (899).

341. *naḥs-tar* (1), more sinister (comp. of 340. *naḥs*); negative.

342. *najāt* (1), salvation; positive; — *ḥayāt* (118); Hujvīrī 73, Nasafī 339.

343. *namāz* (1), (ritual) prayer; positive; — *niyāz* (548); Ber-tel's 175, Hujvīrī 300-04 (= *ṣalāt*), Nasafī *584*, Rūmī VIII *462-63* (= *ṣalāt*), Sajjādī 473.

344. *namāzī* (1), ritually clean; positive; — *pāk* (506); cf. 343. *namāz*.

345. *nauʿ* (1), species, kind; negative; — *jins* — *faṣl* (274); Afnan 301, Goichon no. 723, Tahānavī 1415.

346. *naxvat* (1), conceit; negative.

347. *nā-ahl* (1), unworthy; negative.

348. *nā-čīz* (1), worthless; negative; — *hīč-čīz* (330); Afnan 286 (*nā-čīz šudan*).

349. *nā-dān* (5), ignorant; negative; — *sādah-dil* (286); *dūst-ī* ~ (742); cf. 240. *jāhil*.

350. *nā-kas* (7), mean; negative; — *xas* (731, 732, 733).

351. *nān* (6), food, bread; negative (745); — *āb* (510, 745), — *jihān* (745); *band-i āb u* ~ (745).

352. *nā-pākī* (1), impurity; negative; — *xubṯ* (460); *šiʿār-i* ~ (460); cf. 372. *pāk*.

353. *nāqiṣ* (1), deficient; negative; ‡ *kāmil* (927); *xāṭir-i* ~ (927); Sajjādī 463, Tahānavī 1409; cf. 366. *nuqṣān*.

354. *nā-šināsī* (1), lack of recognition; negative; ‡ *xvaš-sipāsī* (314); cf. 477. *šinās*.

355. *nā-xūb* (1), bad; negative; ‡ *maṭlūb* (418).

356. *nikūhīdah* (1), blamable; negative; ‡ *pasandīdah* (878).

357. *nikū-kārī* (1), beneficence; positive; cf. 363. *nīkū*.

358. *niyāz* (2), supplication (to God); positive; ‡ *āz* (708), — *namāz* (584); Afnan 304, Bertel's 175, Hujvīrī 159, Nicholson 55, Rūmī I 285, 1909.

359. *nīk* (15), good; positive; ‡ *bad* (32, 254, 308, 649, 660, 664, 735, 936), ‡ *badī* (750).

360. *nīk-baxt* (2), fortunate; positive.

361. *nīkī* (3), goodness; positive; ‡ *badī* (314), ‡ *bad* (410); Afnan 304.

362. *nīk-rūzī* (1), good fortune; positive; ‡ *šūr-baxtī* (799).

363. *nīkū* (4), good; positive; ≠ *zišt* (663); *rūy-i* ~*-aš* (74).

364. *nīst* (2), nought, non-existent; positive; — *hast* (561); Afnan 304, Rumī VIII *462*, cf. 365. *nīstī*.

365. *nīstī* (1), non-existence; positive; = *ˁadam* (113); *rah-i* ~ (113); Afnan 304, Nasafī 49, 423, Rūmī VIII *462*, Sajjādī 475 f.

366. *nuqṣān* (2), deficiency; negative; ≠ *kamāl* (595, 596), — *sarsarī* (595); *naqṣ*: Afnan 297, Tahānavī 1409.

367. *nūr* (16), light; positive; ≠ *siyāhī* (643); ~*-i ū* (Muḥammad, 84), ~*-i rūy-i muṣṭafavī* (94), ~*-i naqd-i qurʾān* (102), ~*-i maˁrifat* (247), ~*-i yaqīn* (453), ~*-i ḥaqq* (650), ~*-i faiḍ-i rabbānī* (809), *qābil-i* ~ (629); Afnan 300 f, Bertel's 175 (*nūr ul-anvār*), Ġanī 656 (*nūr un-nūr*), Hujvīrī 194, 266, Jabre 266 f, Massignon *35*, *330*, Nasafī *585*, Nwyia *205*, *433*, Profitlich *204*, Rumī VIII *462*, Sajjādī 474 f, Tahānavī 1394.

پ

368. *paiġambar* (3), prophet; positive; (= *rasūl*, cf. 90); *xiḍr-i* ~ (114); Bertel's 139 (*payām*), Nasafī *564*, Tahānavī 1554 (*payām*).

369. *palīd-tar* (1), more defiled; negative; *az sag* ~ (551).

370. *parākandah* (1), scattered; negative; ≠ *jamˁ* (491), — *murdah-dil* (491); Hujvīrī 175 (*parāgandagān*), 368 (*parāgandagī*).

371. *pasandīdah* (1), laudable; positive; ≠ *nikūhīdah* (878); *kāfir-i* ~ (878).

372. *pastī* (1), baseness; negative.

373. *pāk* (7), pure; positive; ≠ *xāk* (462, 808), — *bī-ˁaib* (170), — *namāzī* (506); *rūḥ-i* ~ (633), *ān vilāyat-i* ~ (808); *pāk-bāzī*: Bertel's 138, Sajjādī 110, Tahānavī 1554.

374. *pākī* (1), purity; positive; ≠ *xubṯ* (460); cf. 373. *pāk*.

375. *pur-maˁānī* (1), full of meaning; positive; *baḥr-i* ~ (216); cf. 282. *maˁnī*.

376. *puxtah* (1), (spiritually) mature; positive; ≠ *xām* (744): ~*-i ˁišq* (744).

377. *pūšiš* (1), covering, dress; negative; — *xvard* — *xvāb* (747).

ق

378. *qabūl* (4), acceptance (by God); positive; *ārzūy-i* ~ (278); Goichon no. 554, Tahānavī 1204.

379. *qadīmī* (1), (anterior) eternity (= 387. *qidam*); positive; – *davāmī* (19); *qadīm*: Afnan 227, Ġanī 652, Goichon no. 300, Hujvīrī 92, 262, 386, Massignon *32*, Nasafī *577*, Nicholson 128, Nwyia *202*, Sajjādī 374.

380. *qadr* (6), worth, dignity; positive; – *ʿizzat* (235, 557); Afnan 226, Goichon no. 560, Nasafī *577*, Tahānavī 1179 f.

381. *qalb* (1), heart; positive; (= *dil*, cf. 369, 372); ~*-i salīm* (371; cf. Kor. 26.89, 37.82(84)); Afnan 238, Ġanī 409-10, Hujvīrī 387, 390, Jabre 233 ff, Massignon *32*, *330*, Nasafī 444, Nicholson *281*, Nwyia *202*, *433*, Rūmī VIII *463*, Sajjādī 380 ff, Tahānavī 1170.

382. *qanāʿat* (1), contentment; positive; Nasafī 272 f, Nwyia *203*, 292, Sajjādī 384, Tahānavī 1203.

383. *qayyūm* (2), self-subsistent; positive; – *ḥayy* (6); Goichon no. 604.

384. *qādir* (2), almighty; positive; – *qāhir* (6); ~*-i muṭlaq* (634); Goichon no. 298, Nasafī 338 (*qādir-i muṭlaq*), Nicholson 127, 135, Nwyia *202*; cf. 389. *qudrat*.

385. *qāhir* (2), (all-)subduing; positive; – *qādir* (6); Nicholson 135; *qahr*: Afnan 252, Ġanī 652, Hujvīrī 369, 377-79, Rūmī VIII *462*, Sajjādī 385.

386. *qiblah* (2), Kibla, the quarter of Divine contemplation; positive; ~*-i rūḥ* (54), ~*-i malāʾik* (249); Bertel's 167, Hujvīrī *438*, Nasafī 106, Nicholson 213, Nwyia *202*, Sajjādī 373 f, Tahānavī 1203.

387. *qidam* (8), (anterior) eternity, the uncreated world; positive; ≠ *ʿadam* (408); *jihān-i* ~ (9, 84, 408, 720), *āstān-i* ~ (9), *ʿālam-i* ~ (411, 413), *viṣāl-i* ~ (430); Hujvīrī 263, Massignon *32*, Nicholson 100, Nwyia 400, Sajjādī 374, Tahānavī 1211.

388. *quddūs* (1), most holy; positive; – *vitr* (17); Jabre 229, Nwyia *202*; cf. 390. *quds*.

389. *qudrat* (1), power; positive; ~*-aš* (247); Afnan 226 f, Huj-

vīrī 300, Massignon *32*, Nasafī 577, Nwyia *202*, 273, Tahānavī 1181.

390. *quds* (2), sanctity, holiness; positive: – *uns* (358); *sākinān-i* ~ (358), *ḥaḍrat-i* ~ (461); Massignon *32*, Nicholson 109 (*rūḥ ul-quds*), Nwyia *202*, Rūmī I 1440, Tahanāvī 1188 (*qudsīyāt*).

391. *qudsī* (3), holy one, angel, saint; positive; ≠ *(dad u) dīv* (297), ≠ *xākī* (946); Goichon no. 568, Nicholson 109, Nwyia 328; cf. 390. *quds*.

392. *qurʾān* (4), the Koran; positive; *naṣṣ-i* ~ (10); *jāmiʿ-i* ~ (101), *naqd-i* ~ (102), *ḥabl-i* ~ (326); Nasafī *577*, Nicholson 126, Nwyia *202*, 369, 370.

393. *qurb* (1), proximity (to God); positive; ~*-i mubdiʿ* (367); Bertel's 167, Ġanī 652, Hujvīrī *438*, Jabre 229, Massignon *32*, 43, Nasafī 113, 136, Nwyia *202*, *433*, Profitlich *203*, Rūmī VIII *463*, Sajjādī 375 ff, Tahānavī 1146.

394. *qurbat* (2), proximity (to God) (= 393. *qurb*); positive; – *ḥaḍrat* (925); ~*-i ḥaq* (925); Hujvīrī *438*, Jabre 230, Massignon *32*, Nasafī 237, Nwyia 144, *202*.

ر

395. *rabbānī* (2), Divine; positive; ≠ *ẓulmānī* (809), – *rūḥānī* (920); *faiḍ-i* ~ (809); Bertel's 151 (*rabb ul-arbāb*), Hujvīrī 21, 33, Jabre 106 f, Massignon *26* (*rabbānīyūn*), Nicholson 104, 127, 160 (*rabb*), Nwyia *433* (*rabbānīyūn*), Rūmī VIII *463*, Sajjādī 227, Tahānavī 527.

396. *raḥmat* (3), (Divine) mercy; positive; – *karam* (55); ~*-i tu* (55), ~*-i du ʿālam* (78), ~*-i vadūd* (635); Massignon 221, Nasafī 403, Nicholson *281*, Nwyia *195*, *433*, Rūmī VIII *463*, Sajjādī 229 (*raḥmat-i imtinānīyah*), Tahānavī 588.

397. *rajā* (2), hope; positive; ≠ *havā* (463), – *xauf* (585); *maqām -i* ~ (463); Afnan 111, Anṣārī no. 19 (= *umīdvārī*), Ġanī 348-50, 646, Hujvīrī 133, 371, Nicholson 256, Nwyia 133-34, *195*, 280, Rūmī III 3093 (heading), Sajjādī 228, Tahānavī 593.

398. *ramz* (3), secret sign, hidden meaning; positive; – *asrār*

(922); ~-*i asrārhāy-i rūḥānī* (920), *šarḥ-i* ~ (922); Bertel's 152, Massignon *26*, Sajjādī 234.

399. *rasūl* (1), the prophet (pl. 411. *rusul*); positive; (= *paiġambar*, cf. 91); Nasafī *569*, Nwyia *195*.

400. *raunaq* (1), splendour; positive; — *saᶜādat* (948).

401. *rāḍī* (1), acquiescent; positive; Nasafī 426, 478 (*rāḍī va taslīm*), Sajjādī 226; cf. 407. *riḍā*.

402. *rāh* (51), road, way; positive (337) or neutral; ≠ *guft* (337), — *rāh-rau* — *manzil* (342), — *jāh* (568); ~ *justan* (45), ~-*i ṭarīqat* (206), ~-*i mardān* (560); Afnan 108, Bertel's 151, Nasafī 91 f (*rāh ba-maqṣad*).

403. *rāh-rau* (11), way-farer; positive (572, 677); — *rah* — *manzil* (342); Bertel's 151; cf. 402. *rāh*.

404. *rāstī* (7), rectitude; positive; ≠ *kažī* (725, 726); Afnan 108.

405. *rāst-rau* (1), walking straight, righteous; positive; cf. 404. *rāstī*.

406. *rāz* (2), secret; positive; ~-*i ḥaḍrat-i nabavī* (94), ~-*i pinhān* (679); Bertel's 151, Sajjādī 226.

407. *riḍā* (3), acquiescence; positive; — *balā* (673, 675); *xumxānah-yi* ~ (673), *šarbat-i* ~ (675); Anṣārī no. 32 (= *xvašnūdī va pasandagārī*), Ġanī 312 ff, Hujvīrī *438*, Massignon *26*, *330*, Nasafī *569*, Nwyia *195*, *433*, Rūmī III 1872, 1880, VI 2764, Sajjādī 231 ff, Tahānavī 597.

408. *riyā* (2), hypocrisy; negative: — *zarq* (111); *ḥarf-i* ~ (111); Hujvīrī 304, Nwyia 125, *194*, Rūmī IV 2930, Sajjādī 240, Tahānavī 606, 607.

409. *riš-xand* (1), mockery; negative; — *hazl* — *zanax* (911).

410. *rubūbīyat* (1), lordship, Divinity; positive; — *huv(v)īyat* (71); *ḥaḍrat-i* ~ (71); Bertel's 151, Hujvīrī 141, 157, 210, Jabre 105 f, Massignon *25 f*, Nicholson *281*, Nwyia *194*, *433*, Rūmī III 4445-52, Sajjādī 227; cf. 395. *rabbānī*.

411. *rusul* (4), prophets (pl. of 399. *rasūl*); positive; — *anbiyā* (82, 470); *šamᶜ-i* ~ (70), *pīšvāy-i jamᶜ-i* ~ (70), *čirāġ-i* ~ (470); Nasafī 56 f.

412. *rūḥ* (10), spirit; positive; ≠ *jism* (92), — *dil* (54), — *futūḥ* (234); ~-*i pāk* (633), ~-*i nāmī* (646), ~-*i abrār* (922), *qiblah-yi* ~ (54); Afnan 114, Ġanī 646, Goichon

no. 280, Hujvīrī 196, 197, 261-66, Jabre 109 ff, Massignon *26*, *330*, Nasafī *570*, Nicholson *281*, Nwyia *195*, *433*, Profitlich *201*, Rūmī VIII *463*, Tahānavī 540 ff.

413. *rūḥānī* (2), spiritual; positive; — *rabbānī* (920); *lauḥ-i ~-ān* (427), *asrārhāy-i ~* (920); Afnan 114 f, Goichon no. 281, Hujvīrī 20, Jabre 113 f, Nasafī *570*, Nwyia 236 (*rūḥānīyūn*), Profitlich *201* (*ar-rūḥānīyāt*), Tahānavī 549.

س

414. *saᶜādat* (4), happiness; positive; ‡ *šaqāvat* (726), — *raunaq* (948); Afnan 126, Jabre 119 f, Nwyia *196*, Sajjādī 264 f, Tahānavī 640.

415. *saᶜīr* (1), fire, hell; negative; *qaᶜr-i ~* (773).

416. *sabuk-rūḥ* (3), light-spirited; positive; — *girān-sang* (126, 424), — *ᶜazīz* (793).

417. *sadād* (1), rectitude; positive; — *ṣalāḥ* (890).

418. *sag* (9), dog; negative; — *xūk* (294, 400, 812).

419. *sag-sīrat* (1), doggish; negative; cf. 418. *sag*.

420. *salīm* (1), pure; positive; ‡ *ḏamīm* (371); *qalb-i ~* (371); Nwyia 334; cf. 381. *qalb*.

421. *saqar* (5), hell-fire; negative; *ẓulmat-i ~* (438), *pul-i ~* (774).

422. *sar-afrāzī* (*sar-farāzī*) (3), exaltation; positive; — *sarvarī* (547); cf. 423. *sar-farāz*.

423. *sar-farāz* (1), exalted; positive; — *bī-niyāz* (598).

424. *sarī* (1), leadership; positive; ‡ *sarsarī* (595).

425. *sarmad* (1), unceasing (cf. Kor. 28.71-72); positive; — *abad* (356); *daulat-i ~* (356); Afnan 125, Massignon *68*, Nwyia *196* (*sarmadīyah*), Tahānavī 647 (*sarmadī*).

426. *sarsarī* (2), folly; negative; ‡ *sarī* (595), — *nuqṣān* (595).

427. *sarvar* (2), master, leader; positive; — *sikandar* (217), — *xusrau* (428); Tahānavī 1558.

428. *sarvarī* (1), eminence; positive; — *sar-farāzī* (547); cf. 427. *sarvar*.

429. *savād* (1), blackness; negative; (= *siyāhī*, cf. 643), ‡ *nūr* (641); *savād ul-vajh*, *savād-i aᶜẓam*: Bertel's 157, Ġanī 648, Sajjādī 273, Tahānavī 647.

430. *sayyid* (2), lord (= Muḥammad); positive; ~-*i kā'ināt* (70), ~-*i kull-i nasl-i ādam* (78); Jabre 122, Nwyia *197*.

431. *sālik* (2), way-farer; positive; — *sākin* (72); ~-*i garm-rau* (389); Ġanī 647, Nasafī *570*, Nwyia 14, 144, Profitlich *201*, Rūmī VIII *464*, Sajjādī 254 ff.

432. *sāqī* (2), cup-bearer; positive; — *ʿāšiq* (388); Bertel's 155, Rūmī I 1371, Sajjādī 252 ff, Tahānavī 725.

433. *sidrah* (1) (the) lote-tree (of Paradise; cf. Kor. 53.14); positive; *durvah-yi* ~ (613); Nwyia *196* (*sidrat ul-muntahā*), Rūmī I 1066-67, V 1100, Tahānavī 728-29.

434. *siḥr* (3), magic; positive; ~-*i mubīn* (209), ~-*i muṭlaq* (923, 945); Afnan 124, Nicholson 139 (*as-siḥr al-ʿālī*), Rūmī III 1195 (of God), III 3599 (*siḥr-i ḥalāl*), Sajjādī 260, Tahānavī 648.

435. *sipās* (2), gratitude; positive; — *šinās* (315).

436. *sipihr* (1), celestial sphere; positive; *tārak-i* ~ (546); Afnan 123 f.

437. *sirr* (14), secret, mystery, contemplative consciousness, inmost self (pl. 41 *asrār*); positive; — *dil* (80, 620); ~-*i huv(v)īyat* (71), ~-*i ḥaqā'iq* (208), ~-*i ʿālam-i ġaib* (373), ~-*i ġaibī* (426), ~-*i ʿišq* (494, 497, 509), *abjad-i* ~ (365), *čašm-i* ~ (513); Anṣārī no. 75, Bertel's 156, Ġanī 647, Hujvīrī 238, 309, 333, 373, 380, 385, 405, Jabre 117 ff, Massignon *26*, 298, Nasafī 173, 359, Nicholson *281*, Nwyia *196*, *434*, Rūmī VIII *464*, Sajjādī 261, Tahānavī 653 f.

438. *sitam* (2), oppression; negative; (= *ẓulm*, cf. 864, etc.), ≠ *ʿadl* (750).

439. *siyāhī* (1), blackness; negative; (= *savād*, cf. 641), ≠ *nūr* (643); Bertel's 157 (positive), Rūmī III 3522-23, Sajjādī 274 (positive).

440. *sujūd* (1), prostration, adoration; positive; *mustaḥaqq-i* ~ (26); Bertel's 156 (*sajjādah*), Nasafī *570* (*sajjādah*, *sijdah*), Nwyia *196*, Sajjādī 259 (*sujūd-i qalb*), Tahānavī 639.

441. *sukūn* (1), quiescence; positive; — *ʿiṣmat* — *faraḥ* (75); Afnan 126, Hujvīrī 180, Nwyia 44, *196*, Sajjādī 268 f, Tahanāvī 700.

442. *sulṭān* (2), sovereign; positive; — *šāh* (631); *ḥaḍrat-i* ~

(143); Bertel's 156 (*sulṭānī*), Massignon *27*, Nasafī 223, 401, Nwyia *196*, Sajjādī 269 (*sulṭān-i jihān*), Tahānavī 1558.

443. *surūr* (1), joy; positive; *dār-i* ~ (292); Anṣārī no. 74 (= *šādmānī*), Nwyia 130, *196*, Sajjādī 263.

444. *sust* (1), languid; negative; + *čust* (589), – *kāhil* (589).

445. *sustī* (1), languor; negative; cf. 444. *sust*.

446. *sutūr* (1), cattle; negative; – *dīv* (484), – *ġarūr* (484).

447. *sūz* (4), ardour; positive; – *dard* (520), – *šauq* (521), – *ṭāʿat* (581).

ص

448. *ṣabr* (3), patience; positive; – *šukr* (692, 698); Anṣārī no. 31 (= *šakībāʾī*), Bertel's 160, Ġanī 283, Hujvīrī 86, Massignon *28*, 247, 251, Nasafī 330, 331, Nwyia *198*, 434, Rūmī VIII *463*, Sajjādī 297 f, Tahānavī 823.

449. *ṣalāḥ* (5), goodness; positive; – *sadād* (890); ~*-i ʿuqbā* (131), ~*-i dunyā* (645), ~*-i daulat* (871); Massignon *28*, Nwyia *198*, Sajjādī 306, Tahānavī 821.

450. *ṣamad* (2), impenetrable, sovereign (cf. Kor. 112.2); positive; – *vāḥid* (17); Goichon no. 365, Massignon *28* (*ṣamadīyah*), Nwyia *198*, 382 (*ṣamadīyah*), Sajjādī 307.

451. *ṣaut* (3), sound, voice; negative; – *ḥarf* (384, 385, 529); Afnan 152, Jabre 143 (*ṣaut al-hātif*, positive), Tahānavī 811.

452. *ṣābir* (1), patient; positive; – *šākir* (697); *dil* ~ (697); Rūmī I 1277; cf. 448. *ṣabr*.

453. *ṣādiq* (1), thruthful, sincere; positive; *ʿāšiqan-i* ~ (611); Afnan 149, Goichon no. 362, Hujvīrī 325, Jabre 138, Massignon *28*, Nasafī 454 (*ṣiddīqān*), Nicholson 62 (*ṣiddīq*), Nwyia *198*, Rūmī VIII *464* (*ṣiddīq*), Tahānavī 851 (*ṣiddīq*); cf. 457. *ṣidq*.

454. *ṣāfī* (1), clear; positive; – *vāfī* (92); *rūḥ* ~ (92); Jabre 141 f, Rūmī III 1426; *ṣafā*: Anṣārī no. 73 (= *pākīzagī*), Bertel's 160, Hujvīrī *439*, Massignon *28*, Nwyia *198*, 267, Sajjādī 305.

455. *ṣāḥib-dil* (1), pure-hearted; positive; – *muqbil* (228); Rūmī I 722, 2433, II 3473, Sajjādī 295 f.

456. *ṣāliḥ* (1), good; positive; — *ḥalāl* (788); *ᶜamal-i* ~ (788); Jabre 143, Rūmī III 1786-87, Sajjādī 296, Tahānavī 821; cf. 449. *ṣalāḥ*.

457. *ṣidq* (9), truthfulness, sincerity; positive; — *ḥayā* (89), — *yaqīn* (329), — *ᶜišq* (425, 505), — *ixlāṣ* (576); *maqᶜad -i* ~ (142, 425); Anṣārī no. 35 (= *rāstī*), Goichon no. 360, Hujvīrī 101, Jabre 137 f, Massignon *28*, Nicholson 62, Nwyia *198*, *434*, Rūmī V 2784, Sajjadi 302, Tahānavī 847.

458. *ṣifat* (15), attribute, quality (pl. *ṣifāt*, only in a neutral sense here); positive (397, etc.) or neutral in negative context (603); ≠ *ṣūrat* (397, 459, 932), — *maᶜrifat* (7, 11, 226, 247, 368, 594); ~-*aš* (7, 11, 17, 34), ~-*i ᶜišq* (495), ~-*i zulf u xaṭṭ u xāl* (603), *bih(tar)īn* ~ (247, 368); Afnan 314, Bertel's 160, Ġanī 649, Goichon no. 773, Hujvīrī *439*, Massignon *36*, Nasafī *572*, Nicholson 90, Nwyia *206*, *434*, Profitlich *204*, Sajjādī 305, (*ṣifāt*), Tahānavī 1496.

459. *ṣūfī* (1), Sufi; positive; — *zāhid* — *ᶜābid* (569); ~-*i čust* (569); Hujvīrī 34-44, 165, Jabre 28, Massignon *28* (*ṣūfīyah*), 153 ff, Nasafī *572*, Sajjādī 309 ff, Tahānavī 831.

460. *ṣūrat* (9), form; negative (397, etc.) or neutral (23); ≠ *maᶜnā* (626), ≠ *ṣifat* (397, 459, 932), ≠ *sīrat* (739), — *hayūlā* (24), — *kudūrat* (397); ~-*i badīᶜ* (23), ~-*i kibr* (550), ~-*i ādamī* (739), *jihān-i* ~ (397); Afnan 153, Bertel's 160, Goichon no. 372, Hujvīrī 199, 332, Jabre 145 ff, Massignon *28*, 78, Nasafī *572*, Nwyia *198*, *434*, Profitlich *202*, Rūmī VIII *464*, Sajjādī 308, Tahānavī 829 ff.

ش

461. *šahvat* (2), lust; negative; — *ḥasad* (231), — *havā* — *havas* (747); *maḥbūs-i* ~ (231), *tābiᶜ-i* ~ (747); Afnan 146, Goichon no. 338, Hujvīrī 208, *436* (lust), Nwyia *198*, *434*, Sajjādī 292 f, Tahānavī 788.

462. *šaiṭān* (2), (the) devil; negative; ≠ *šarᶜ* (439); ~-*i xvad* (439); Nasafī *572*, Nwyia *197*, Sajjādī 293, Tahānavī

787.

463. *šaqāvat* (1), misery; negative; ≠ *saᶜādat* (726); Bertel's 159, Hujvīrī 389, Nicholson 204 (*šaqā*), Nwyia *197*, Rūmī III 2131-32.

464. *šarᶜ* (5), (the) law; positive; = *šarīᶜat* (443), ≠ *šaiṭān* (439), ≠ *šiᶜr* (443), – *ᶜaql* (549); *ṣīt-i ~-aš* (81), *band-i ~* (437); Jabre 127, Nicholson 158, Tahānavī 759; cf. 467. *šarīᶜat*.

465. *šaraf* (8), honour, nobility; positive; – *ᶜizzat* (265); *~-i nūr-i maᶜrifat* (247); Tahānavī 764.

466. *šarāb* (3), drink, wine; negative; – *ṭaᶜām* (511); *mast-i ~ -i xvad* (901); Bertel's 158 (positive), Massignon *27* (*šarāb ul-uns*), Nasafī 109 (*šarāb-i ṭahūr*), Nwyia *197*, Sajjādī 281 (positive), Tahānavī 732 f, 1559 (*šarāb-i xām*).

467. *šarīᶜat* (3), (the) law; positive; = *šarᶜ* (443), ≠ *ṭabīᶜat* (444); *manhaj-i ~* (444); Afnan 139, Ġanī 208, Hujvīrī *439*, Jabre 127, Massignon *27*, Nasafī *571*, Nicholson 3, *274* (law), Nwyia *197*, *434*, Rūmī VIII *464*, Sajjādī 287 f, Tahānavī 761.

468. *šarīf* (2), honoured, noble; positive; – *laṭīf* (545), – *ẓarīf* (893); cf. 465. *šaraf*.

469. *šarīf-tar* (2), more honoured, more noble (comp. of 468. *šarīf*); positive; – *laṭīf-tar* (245, 348).

470. *šarm* (3), modesty, shame; positive; (– *āzarm*, 684); *surmah-yi ~* (103); Rūmī I 2694, Sajjādī 286.

471. *šauq* (6), yearning, desire; positive; – *ḏauq* (30, 31, 32, 390, 521), – *sūz* (521); *bādah-yi ~* (148); Afnan 145, Anṣārī no. 63, Bertel's 159, Goichon no. 345, Hujvīrī 91 f, 128, Massignon 196, 214, Nicholson 55, Nwyia *198*, *434*, Sajjādī 291 f, Tahānavī 770.

472. *šāhid* (8), witness, object of contemplation, beautiful being; positive; – *yūsuf* (318), – *šīrīn* (941); *~-i ḥaḍrat-i rubūbīyat* (71), *~-i ᶜišq* (513), *~-i malīḥ* (846); Bertel's 157, Ġanī 648, Hujvīrī 40 (*šavāhid*), 373 (*šāhid-i ḥaqq*, *šāhid-i xvad*), Jabre 133 f, Massignon *28*, *330*, Nwyia *197* (*šavāhid*, *šuhūd*), *434*, Profitlich *202*, Rūmī V 243, Sajjādī 277 f, Tahānavī 738.

473. *šākir* (1), thankful; positive; – *ṣābir* (697); *zabān ~*

(697); cf. 480. *šukr*.

474. *šigarf* (3), wondrous; positive; – *kāmil* (529), – *naġz* (643).

475. *šigarf-tar* (1), more wondrous (comp. of 474. *šigarf*); positive.

476. *šikam* (2), belly; negative; – *xvard* (786), – *galū* (794).

477. *šinās* (1), recognition; positive; – *sipās* (315); Afnan 144 (*šināsāʾī*).

478. *šiš-jihat* (3), the six directions; negative; + *maʿrifat* (251, 381), – *čār-ṭabʿ* (251); *dām-i* ~ (396); Afnan 309 (*jihat*), Goichon no. 757 (*jihah*), Massignon *36* (*jihāt*), Nwyia 170, *206* (*jihah*), Rūmī II 613, Tahānavī 1520 (*jihat*).

479. *šīvah* (2), coquetry; negative; – *guftah* (536); ~-*hāy-i rang-āmīz* (536); Bertel's 159, Sajjādī 294, Tahānavī 1559.

480. *šukr* (3), gratitude; positive; – *ṣabr* (692, 698); *ḏauq-i* ~ (695); Anṣārī no. 33 (= *sipās*), Bertel's 159, Massignon *27*, Nasafī *571*, Nwyia *197*, *434*, Rūmī VIII *464*, Sajjādī 290, Tahānavī 747.

481. *šūm* (1), inauspicious; negative; *īn zamānah-yi* ~ (866).

482. *šūr-baxtī* (2), misfortune; negative; + *nīk-rūzī* (799), – *zišt-kārī* (578); Sajjādī 291 (*šūrīdah*).

ت

483. *tabāhī* (1), corruption; negative; Afnan 39; cf. 87. *bī-tabāhī*.

484. *taḥqīq* (3), verification; positive; – *taufīq* (161, 210, 431); *kaʿbah-yi* ~ (161), *ṭarīq-i* ~ (210), *xum-i* ~ (431); Afnan 78, Anṣārī no. 94, Goichon no. 172, Jabre 68, Massignon *23*, Nwyia *192*, *435*, Rūmī VIII *464*, Sajjādī 122, Tahānavī 336.

485. *taḥsīn* (1), approbation; positive; – *tamkīn* (947); cf. 215. *ḥusn*.

486. *tajrīd* (3), detachment; positive; – *tauḥīd* (341); *dam-i* ~ (341, 717); Anṣārī no. 97, Ġanī 640, Goichon no. 87, Hujvīrī 36, *440*, Jabre 52 (*jarrada*), Massignon *22*, *331*, Nwyia *191*, 236, Rūmī I 2770-71, VI 1131-34, Sajjādī 117 f, Tahānavī 193.

487. *takabbur* (1), arrogance; negative; ≠ *tavāḍuʿ* (552); Bertel's 141, Nwyia *203*, Sajjādī 134.

488. *talbīs* (3), concealment, deception; negative; — *makr* (273), *ḥīlat* (273, 720), — *iblīs* (540); Anṣārī no. 95 (= *tabdīl-i jāmiʿah*), Ġanī 641, Hujvīrī 175, 391-92 (positive), Massignon *33*, 41 f, Nicholson 120, Sajjādī 134.

489. *tamāmī* (1), completeness, perfection; positive; (— *ṣalāḥ*, 645-6); Afnan 40 (*tamāmīyat*).

490. *tamkīn* (1), confirmation, authority; positive; — *ʿizzat* (947), — *taḥsīn* (947); Ġanī 641, Hujvīrī *440*, Massignon *34*, Nicholson 244, Nwyia *204*, 236, Rūmī I 1435-38, Tahānavī 1352.

491. *tan* (8), body; negative; — *jān* (426, 817); Afnan 40.

492. *taqvā* (1), fear of God, piety; positive; — *ʿuqbā* (131); *ṭarīq-i* ~ (131); Hujvīrī 334, Massignon *36*, 149, 158, Nasafī *565*, Nwyia 59, *207*, 289, Rūmī IV 6, Sajjādī 133 f, Tahanavi 1527.

493. *taufīq* (4), Divine aid; positive; — *taḥqīq* (161, 210, 431); *šiʿār-i* ~ (210), *majlis-i* ~ (431); Hujvīrī 6, 203, 288, Nwyia 207, 435, Sajjādī 145, Tahānavī 1501.

494. *tauḥīd* (1), unification; positive; — *tajrīd* (495); *ʿālam-i* ~ (495); Afnan 312, Anṣārī no. 100 (= *yaktā-parasti*), Goichon no. 428, Hujvīrī *440*, Jabre 272 f, Massignon *36*, *331*, Nasafī *565*, Nicholson 50, 52, 121, Nwyia *206*, *435*, Profitlich *204*, Rūmī VIII *465*, Sajjādī 141 ff, Tahānavī 1468.

495. *tavāḍuʿ* (1), humility; positive; ≠ *takabbur* (552); Anṣārī no. 38 (= *furū istādan*), Nwyia *206*, *435*, Sajjādī 138, Tahānavī 1488.

496. *tāzah-rūy* (1), fresh-faced, cheerful; positive; — *laṭīf* (545).

497. *tīrah* (4), dark, sorrowful; negative; — *xīrah* (687); *čāh-i* ~ (324).

498. *turrahāt* (2), futilities; negative; — *afsānah* (442); Bertel's 140, Hujvīrī 194, Jabre 45.

ط

499. *ṭaʿām* (1), food; negative; — *šarāb* (511); Tahānavī 927.

500. *ṭabīʿat* (1), nature; negative; ≠ *šarīʿat* (444); *qālib-i* ~ (444); Afnan 162, Goichon no. 394, Hujvīrī 197 (*ṭabāyiʿ*), Jabre 155, Massignon *29*, 74, 77, Nasafī *573*, Nwyia 272, Profitlich *202*, Sajjādī 316, Tahānavī 908.

501. *ṭabīʿī* (1), natural, physical; negative; *ālāyiš-i* ~ (296); Afnan 162, Goichon no. 397, Tahānavī 911; cf. 500. *ṭabīʿat*.

502. *ṭalab* (9), search; positive; ~*-aš* (29), ~*-i ū* (417), ~*-i daulat-i muʾabbad* (543), *rah-i* ~ (588); Bertel's 161, Hujvīrī 97, 201, 268, 413, Nwyia *199*, Sajjādī 317 f, Tahānavī 900.

503. *ṭamaʿ* (3), greed, covetousness; negative (222, 709) or neutral in positive context (68); — *āz* (709); Nicholson 5, Nwyia *199*.

504. *ṭarab* (2), emotion, rapture, joy; positive; Bertel's 161, Hujvīrī 97, 413, Sajjādī 316, Tahānavī 899.

505. *ṭarīqat* (4), the (Sufi) way; positive; — *ḥaqīqat* (206, 233, 445); *rah-i* ~ (206), *sufrah-yi* ~ (445); Ġanī 650, Hujvīrī 51, 54, 321, Jabre 155, Massignon *29*, Nasafī *573*, Nicholson *281*, Nwyia 220, Rūmī VIII *465*, Sajjādī 317, Tahānavī 919; cf. *ṭarīq*, path, method (occurs five times but not as a term, see esp. 707): Afnan 164, Hujvīrī 90, Jabre 155, Nasafī 92 f, Nwyia *198*, 378, 395, Profitlich *202*, Sajjādī 316 f, Tahānavī 919.

506. *ṭāʿat* (3), obedience; positive; ~ *laʿnat* (555), — *sūz* (581); ~*-i rūz* (581), *āb-i* ~ (555); Hujvīrī 203, 225, 287, Massignon *29*, Nasafī *572*, Nwyia *199*, *435*, Sajjādī 314, Tahānavī 914.

507. *ṭāhir* (1), pure; positive; *nām-hāy-i buzurg-i* ~*-i ū* (33); Bertel's 161, Hujvīrī 291, 293 (*ṭahārat*), Jabre 156, (*ṭahārah*), Nwyia 138-39 (*ṭahūr*), *199*, Sajjādī 315, Tahānavī 906.

ث

508. *ṯabāt* (1), stability; positive; ~*-i qadam* (430); Afnan 43 (*ṯābit*), Bertel's 141, Nasafī 97, Nwyia *190*, Tahānavī

172.

509. *ṯaqīlī* (1), heaviness, dullness; negative; – *ḏalīlī* (793).

أ

510. *uns* (1), intimacy (with God); positive; – *quds* (358); *būstān-i* ~ (358); Anṣārī no. 46 (= *āsāyiš bah nazdīkī-yi dūst*), Ġanī 638 f, Hujvīrī 301, 309, 376-77, Massignon *20*, Nwyia 171, *189*, Sajjādī 66 f, Tahānavī 74.

و

511. *vadūd* (2), the loving (i.e. God); positive; ‡ *vujūd* (456, 635); *dar-i* ~ (456), *raḥmat-i* ~ (635); Sajjādī 485 (*vadd*), Tahānavī 1470 (*vadd*).

512. *vafā* (4), fidelity, faith; positive; – *ˁahd* (737); Bertel's 176, Nwyia *207*, *435*, Sajjādī 490, Tahānavī 1524.

513. *vahm* (8), mind, estimative faculty; negative (366); – *nuṭq* (7, 8), – *xāṭir* (20), – *fikrat* – *xirad* (32); Afnan 319 f, Goichon no. 787, Jabre 279, Massignon *36*, Nasafī *586*, Nicholson *282*, Nwyia *207*, Profitlich 72, 73, 95, Rūmī VIII *465*, Sajjādī 494, Tahānavī 1513.

514. *vaḥdat* (2), one-ness, unity; positive; *ˁālam-i* ~ (339), *dam-i* ~ (339); Afnan 311, Goichon no. 760, Hujvīrī 84, Massignon 103, Nasafī *586*, Nicholson 220, 221, Nwyia 166, *206* (*vaḥdānīyah*), Profitlich *204*, Rūmī I 1112, VI 72-81 (*vaḥdat ul-vujūd*), Sajjādī 483 f, Tahānavī 1464.

515. *vaṣl* (2), union; positive; ~*-i dil-sitān* (361), ~*-i ū* (419); Afnan 314 (*ittiṣāl*), Goichon no. 775 (*ittiṣāl*), Hujvīrī 309, Massignon *36*, Nicholson 210, 238, Nwyia 58, *206* (*ittiṣāl*), Sajjādī 487 f, Tahānavī 1503.

516. *vāfī* (1), faithful; positive; – *ṣāfī* (92); Tahānavī 1524; cf. 512. *vafā*.

517. *vāḥid* (1), (the) one; positive; – *ṣamad* (17); Afnan 310 f, Bertel's 175 (*vāḥidīyat*), Goichon no. 765, Hujvīrī 246 (*vāḥidīyat*), Nicholson 98, 104, 105, Nwyia *206*, Rūmī I 3490 (*vāḥidīyah*), Sajjādī 477, Tahānavī 1467 (*vāḥidīyat*).

518. *vājib* (1), necessary; positive (14, cf. *vājib ul-vujūd*, 20); Afnan 306, Goichon no. 774, Nasafī *585*, Nwyia 137 (*vujūb*), Tahānavī 1441 (*vujūb*).

519. *vālih* (1), enraptured; positive; — *mast* — *bī-xvad* (394); Bertel's 177 (*valah*), Ġanī 658 (*valah*), Massignon *36* (*valah*), Nwyia *435* (*valah*), Sajjādī 480.

520. *vārid* (1), messenger, (Divine) influence; positive; ~-*i ġaib* (404); Bertel's 175 (*vāridāt*), Ġanī 657, Hujvīrī 385, 404, 407, Nasafī 9, 235, Nicholson 61, Profitlich *204*, Rūmī VIII *465*, Sajjādī 478 f, Tahānavī 1470.

521. *vilāyat* (6), saintship, "power to dispose" (cf. ed. p. 185), mutual protection, province; positive (656); — *ḥimāyat* (142), — *hidāyat* (656); *šaḥnah-yi* ~ (439), *ān* ~-*i pāk* (808); Afnan 319, Bertel's 177, Hujvīrī 210 (*valāyat*), 210, 211, 225, Jabre 278, Nasafī *586*, Nwyia *207*, *436*, Rūmī I 224, 237, Sajjādī 492 ff.

522. *vird* (1), litany; positive; ~-*i jān u xirad* (218); Hujvīrī 303 (*aurād*), Massignon 198, Nasafī 120, Nicholson 46, 61.

523. *viṣāl* (4), conjunction, union; positive; — *jamāl* (58); ~-*i tu* (58), ~-*i maḥbūb* (526), *may-i* ~-*i qidam* (430); Bertel's 176, Hujvīrī 322 (*rūzah-yi viṣāl*), 118, 119 (*vuṣūl*), Jabre 275, Nasafī 116, Nicholson 197, 238, Nwyia 389 (*vuṣūl*), Sajjādī 487 f, Tahānavī 1506.

524. *vitr* (1), one, single; positive; — *quddūs* (17); Afnan 305, Massignon *35*, Nasafī 121 (*namāz-i vitr*), Nicholson 239, Rūmī III 1, Sajjādī 480, Tahānavī 1471.

525. *vujūd* (19), existence; negative (456) or neutral; ≠ *ᶜadam* (240, 320), ≠ *vadūd* (456, 635); ~-*i ū* (14), ~-*i hamah* (240), ~-*i xvad* (413), ~-*i jihān* (416, 420), *naqš-band-i* ~ (26), *naqš-i* ~ (316); Afnan 307, Anṣārī no. 96 (= *dar-yāft*), Bertel's 176, Ġanī 657, Goichon no. 748, Hujvīrī 253, 373, 413-16 (positive), Massignon *35*, Nasafī *585*, Nicholson 50, 221, 234, Nwyia *206*, *436*, Profitlich *204*, Rūmī VIII *466*, Sajjādī 481 f, Tahānavī 1456.

خ

526. *xalā'iq* (1), creatures (pl. of *xalīqah*); negative; ≠ *ḥaqā'iq* (606); *suḥbat-i* ~ (606); Massignon *24*, Nwyia *193*.

527. *xandah* (11), laughing; negative; (= *ḍiḥk*, cf. heading 677/678), ≠ *giryah* (680, 681, 682, 685), — *šādī* (685); ~*-i harzah* (679, 686); Rūmī I 1790 (of God).

528. *xarāb* (3), desolation, destroyed, vicious; negative; ≠ *ābād* (123); *dil-i* ~ (113), *ribāṭ-i* ~ (158); *xarābāt* (three neutral occurrences here): Bertel's 147, Sajjādī 187 ff, Tahānavī 403.

529. *xarāb-ābād* (1), abode of destruction; negative; cf. 528. *xarāb*.

530. *xas* (4), the mean; negative; — *nā-kas* (731, 732, 733); *suḥbat-i* ~*-ān* (731); cf. 531. *xasīs*.

531. *xasīs* (3), mean, avaricious; negative; ≠ *nafīs* (285), — *baxīl* (605, 803); Tahānavī 466.

532. *xauf* (1), fear; positive; — *rajā* (585); Afnan 93, Anṣārī no. 12 (= *tars*), Ġanī 346-48, Hujvīrī 371, Massignon *25*, Nicholson 256, Nwyia *193*, *430*, Rūmī III 3093 (heading), Sajjādī 202 ff, Tahānavī 444.

533. *xāḍiˁ* (1), submissive; positive; — *xāsiˁ* (584); cf. 546. *xuḍūˁ*.

534. *xāk* (16), soil, earth; negative; ≠ *aflāk* (76), ≠ *pāk* (462, 808, — *gardūn* (46), — *āb* (136, 352), — *havā* (348, 837); *xiṭṭah-yi* ~ (462); Nasafī *567*.

535. *xākī* (2), earthly; negative; ≠ *falakī* (160), ≠ *qudsī* (946); *nafs-i* ~ (160); cf. 534. *xāk*.

536. *xām* (2), raw, (spiritually) immature; negative; ≠ *puxtah* (744), — *ˁām* (744); Sajjādī 185.

537. *xānaqāh* (1), (Sufi) monastery; positive; — *šāh-rāh* (72); ~*-i au adnā* (72); Hujvīrī 69, Massignon 113, 157, 262, Nasafī 54, 92, 122 f, Nicholson 7, 27, Sajjādī 186.

538. *xāṣ* (9), proper, elect; positive; ≠ *ˁām* (862), — *ixlāṣ* (145, 375); ~*-i ḥaḍrat-i sulṭān* (143), ~*-i dil* (368), ~*-i dargāh-i kibriyā* (553), *majlis-i* ~*-i šāh* (147), *ḥujrah-yi* ~*-i ˁišq* (501); Afnan 87, Goichon no. 216, Hujvīrī 382 (*xāṣṣ ul-xāṣṣ*), Massignon *24*, Nasafī *567*, Tahānavī 424.

539. *xāṣah* (1), elite; positive; ≠ *ˁām* (587); Afnan 88, Goichon

no. 217, Nwyia *193*, 257 (*xavāṣṣ*); cf. 538. *xāṣ*.

540. *xāšiʿ* (1), humble; positive; — *xāḍiʿ* (584); Nwyia *193*, *430*, (*xušūʿ*), Sajjādī 191 f (*xušūʿ*).

541. *xirad* (14), intellect, reason; positive; (= *ʿaql*, cf. heading 133/134), — *vahm* — *fikrat* (32), — *jān* (218), — *hūš* (761); *čašm-i* ~ (192), *parvardah-yi* ~ (310); Afnan 86 f.

542. *xirad-mand* (1), intelligent; positive; ≠ *bī-xirad* (801); cf. 541. *xirad*.

543. *xiyāl* (1), imigination; negative; — *muḥāl* (583); Afnan 95, Goichon no. 117, Jabre 85 f, Nasafī *568*, Nicholson 280, Nwyia *193*, Rūmī VIII *460*, Sajjādī 204, Tahānavī 451.

544. *xubṯ* (3), evil, impurity; negative; ≠ *pākī* (460), — *nā-pākī* (460), — *fuḥš* (900); ~-*i havā* (506); Tahānavī 406.

545. *xudā(y)* (12), Lord, God; positive; ≠ *bandah* (66), ≠ *xalq* (876); *šāyastah-yi* ~ (291), *ḥaḍrat-i* ~ (600), *rah-i* ~ (610); Afnan 86 (*xudāʾī*), Nasafi *567* (*xudāy-i ʿālam*).

546. *xuḍūʿ* (1), submission; positive; — *bukā* (585); Nwyia 122, Sajjādī 192.

547. *xuftah* (1), asleep; negative; — *ġāfil* (202); cf. 558. *xvāb*.

548. *xujastah-pai* (1), of fortunate stepping; positive; — *mukrim* — *muʿṭī* (651).

549. *xujastah-qadam* (1), of fortunate stepping; positive; — *mu-bārak-pai* (125).

550. *xūk* (3), pig; negative; — *sag* (294, 400, 812).

551. *xūn-rīzī* (1), blood-shedding; negative; — *fitnah-angīzī* (896).

552. *xvad* (43), self; negative (130, 357, 411, 412, 413, 439) or neutral; (= *nafs*, cf. heading 341/342); *band-i* ~ (130), *nafs-i* ~ (284, 585), *tark-i* ~ (411), *šaiṭān-i* ~ (439), *dīv-i* ~ (489); Afnan 93 (*xvadī*).

553. *xvad-bīnī* (1), self-conceit; negative; *mast-i šarāb-i* ~ (901); Sajjādī 202.

554. *xvad-dīd* (1), self-conceited; negative; — *but-parast* (561); cf. 553. *xvad-bīnī*.

555. *xvad-parastī* (1), self-worship; negative; Afnan 93 (*xvad-dūstī*); cf. 552. *xvad*.

556. *xvard* (3), eating; negative; – *xvāb* (509, 511), – *xvāb* – *pūšiš* (747), – *šikam* (786).
557. *xvaš-sipāsī* (1), gratitude; positive; ≠ *nā-šināsī* (314); cf. 435. *sipās*.
558. *xvāb* (5), sleep, dream; negative; – *xvard* (509, 511), – *afsānah* (665); *ʿāšiq-i xvard u* ~ *u pūšiš* (747); Nasafī *568*, Tahānavī 1556.
559. *xvār* (2), abject; negative; ≠ *buzurgvār* (552), – *ḥaqīr* (552), – *ḏalīl* (803); cf. 560. *xvārī*.
560. *xvārī* (1), meanness; negative; Sajjādī 201 (positive).
561. *xvīštan-bīn* (1), self-conceited;– *but-parast* (562).

ی

562. *yak-rang* (2), of one colour, sincere; positive; ~ *bāṭin u ẓāhir* (355, 586).
563. *yaqīn* (8), (intuitive) certainty, certain knowledge; positive; – *(ʿilm-i) dīn* (280), – *ṣidq* (329); *nūr-i* ~ (453); Afnan 328, Anṣārī no. 45 (= *bī-gumānī*), Ġanī 658 f, Goichon no. 791, Hujvīrī *441*, Jabre 280 ff, Massignon *36*, 295 f, Nicholson 51, 117, 247, Nwyia *207*, *436*, Rūmī VIII *466*, Sajjādī 500 f, Tahānavī 1547.

ز

564. *zabān* (17), tongue, speech; negative; ≠ *jān* (36, 37), ≠ *dil* (42, 393, 505, 697), – *xāṭir* (236), – *guft* (494), – *miyān* (528); ~*-i bastah* (42), ~*-i ṭaʿn* (321); Bertel's 153 (positive), Nasafī *570*.
565. *zamīn* (6), (the) earth; negative; ≠ *āsmān* (81, 257), ≠ *falak* (289), ≠ *čarx* (548); *gūy-i* ~ (257).
566. *zanax* (1), (pit in the chin), gossip; negative; – *hazl* – *rīš-xand* (911); Bertel's 154 (positive), Sajjādī 246 (*zanaxdān*), Tahānavī 1558 (*zanaxdān*).
567. *zarq* (2), sanctimony; negative; – *riyā* (111), – *daġal* (570); Tahānavī 617.
568. *zarrāq* (1), hypocritical; negative; *gunbad-i* ~ (379); Sajjādī 243.
569. *zāhid* (1), ascetic; positive; – *ṣūfī* – *ʿābid* (569); Nasafī

28 f, 332, 333, Nwyia 222, 291, Sajjādī 242 f; cf. 578. *zuhd*.

570. *zāviyah* (1), angle, hermitage, cloister; positive; ≠ *hāviyah* (567); *kunj-i* ~ (567); Afnan 120, Nicholson 21 (*zāviyah-gāh*), Tahānavī 624.

571. *zindagānī* (2), life; positive; (= *ḥayāt*, cf. 117, 607); *āb-i* ~ (216); cf. 572. *zindagī*.

572. *zindagī* (2), life; positive (488) or neutral in negative context (489); (= *ḥayāt*, cf. 118), ≠ *marg* (488); *īn* ~ (489); Afnan 118, Bertel's 154, Sajjādī 248, Tahānavī 1558.

573. *zindah* (2), living; positive; ≠ *murdah-dil* (491), — *jamᶜ* (491); Bertel's 154 (*zindah-yi jāvīd*), Sajjādī 247 f.

574. *zišt* (3), ugly, abominable; negative; ≠ *nikū* (663), — *maᶜyūb* (64), — *nā-xvaš* (486).

575. *zišt-kārī* (1), abominableness; negative; — *šūr-baxtī* (578).

576. *zišt-xūy* (1), ill-natured, ill-tempered; negative; — *durūġ-gūy* (544).

577. *zīrak* (2), intelligent, clever; positive; ≠ *ablah* (683).

578. *zuhd* (1), ascetism, renunciation; positive; — *tark-i dunyā* (417); Anṣārī no. 16 (= *pārsāʾī*), Bertel's 154, Ġanī 273-75, Hujvīrī *441*, Massignon *26*, *331*, Nasafī *570*, Nwyia *436*, Rūmī I 603-04, Sajjādī 248 ff, Tahānavī 610, 1558.

ظ

579. *ẓarīf* (1), subtle; positive; — *šarīf* (893); Tahānavī 933, (*ẓarāfah*).

580. *ẓālim* (4), oppressive, tyrant; negative; (≠ *ᶜādil*, cf. 870), — *bī-xirad* (879); ~*-i musalmān* (876); Massignon 29, Nasafī 300, Nwyia 175, 176, *199*; cf. 581. *ẓulm*.

581. *ẓulm* (7), oppression, injustice; negative; (= *sitam*, cf. 750), ≠ *ᶜadl* (864, 883), — *bī-dādī* (685); Afnan 167, Bertel's 162, Ġanī 650, Hujvīrī 387, Nasafī 321, Nwyia *199*, *436*, Sajjādī 323, Tahānavī 938.

582. *ẓulmat* (2), darkness; negative; ≠ *(jihān-i) baqā* (118); ~ *-i saqar* (438); Afnan 167, Hujvīrī 266, Massignon *29* (*ẓulumāt*), Nasafī *573*, Nwyia 71, 145, *199*, Sajjādī

223 (*ẓulmat-ābād*), Tahānavī 939.

583. *ẓulmānī* (3), dark; negative; ≠ *rabbānī* (809), — *zindānī* (335); *īn tangnāy-i* ~ (116), *īn xākdān-i* ~ (335), *jism-i* ~ (809); cf. 582. *ẓulmat*.

C. THE SUFI-RELIGIOUS TERMINOLOGY IN RELATION TO THE ARABIC LOAN-WORD VOCABULARY (TABLE 3)

For a listing of the Sufi-religious terms according to frequency, the reader is referred to the general frequency list in Section III, in which the terms are marked with a *t* in the margin. As the same list indicates words of Arabic origin with an *a* in the margin, it is easy to get from there a general idea on how far these two special vocabularies coincide. The number of occurrences of the words marked as terms is, however, of little value in this context, as the number of occurrences as a term of the more frequent words generally is smaller than the full number of occurrences. Thus the most frequent term, 243. *jihān*, may be regarded as a term only in about 50% of its occurrences. On the other hand, the most frequent Arabic term, 22. *ʿišq*, may be considered a term in all its occurrences.

Disregarding numbers of occurrences as being of uncertain significance, the quantitative facts of the frequency word-list as regards the Sufi-religious and Arabic vocabularies may be summarized in a table. Thus Table 3 gives a synopsis of the distribution of Sufi-religious terms on Arabic and Persian vocabulary and on positive and negative categories, arranged according to decreasing frequency. The meaning of the eleven columns will be seen from the respective headings and in analogy with the explanations of Tables 1 and 2 above.

Directly from the table it may be seen that of the 583 terms, 389 (col. 4) belong to the Arabic vocabulary and 194 (col. 5) to the Persian vocabulary. That is 66.72% and 33.28% respectively. This is a higher percentage for the Arabic loan-words than the one found in the general vocabulary: 51.78%. Considering the generally acknowledged fact that the religious terminology is dominated by Arabic words and the statistical fact, illustrated above, that Arabic words are more dominating in the lower than in the higher frequencies, this result is just what could be expected.

These two facts, or factors, must be regarded as inter-related: the less frequent words tend to have a more narrow compass of meaning. Such a restricted compass of meaning is,

TABLE 3. *Distribution of Sufi-religious terms on Arabic and Persian vocabulary and positive and negative categories*

1	2	3	4	5	6	7	8	9	10	11
Rank r	Frequency f	Types x	Arabic types x_a	Persian types x_p	Positive types x^+	Negative types x^-	Arabic pos.types x_a^+	Arabic neg.types x_a^-	Persian pos.types x_p^+	Persian neg.types x_p^-
1	97	1		1		1				1
2	70	1		1	1				1	
3	51	1		1	1				1	
4	47	1		1	½	½			½	½
5	43	1		1		1				1
6	36	1	1		1		1			
7	26	1		1		1				1
8	22	1	1		1		1			
9	19	2	2		1	1	1	1		
11	17	2		2	1	1			1	1
13	16	3	2	1	1	2	1	1		1
16	15	6	4	2	5	1	3	1	2	
22	14	7	4	3	5½	1½	4		1½	1½
29	13	2	1	1	1	1	1			1
31	12	4	2	2	4		2		2	
35	11	5	3	2	3	2	2	1	1	1
40	10	4	2	2	2	2	1	1	1	1
44	9	8	6	2	4	4	3	3	1	1
52	8	17	11	6	11	6	8	3	3	3
69	7	10	2	8	5	5		2	5	3
79	6	18	13	5	11	7	10	3	1	4
97	5	20	15	5	12½	7½	12½	2½		5
117	4	31	22	9	21	10	17	5	4	5
148	3	55	40	15	26	29	21	19	5	10
203	2	106	73	33	74	32	54	19	20	13
309	1	275	185	90	165	110	125	60	40	50
Total	-	583	389	194	357½	225½	267½	121½	90	104

almost by definition, characteristic of words in a special terminology. Likewise, loan-words, even when they are as numerous as the Arabic in New Persian, tend to be comparatively restricted in meaning, i.e., as said above, comparatively less frequent. Thus most terminologies in Persian must be expected to have a higher rate of Arabic (or other) loan-words than the general vocabulary.

Looking now at terms with positive and terms with negative religious charge, we find that the former dominate almost as much as the Arabic terms over the Persian. Regarding the three words considered to have alternating positive and negative charge (i.e. 1. *ʿadam*, 96. *čarx* and 241. *jān*) as ½ for each category, the positive terms count 357½ (col. 6) and the negative 225½ (col. 7). That is 61.32% and 38.68% of the general stock of terms, respectively. Without doubt this ratio to a great extent depends on the adopted definition of a term. With a selection of terms according to more conventional criteria, the domination of "positive" terms would have been greater. As a matter of fact, the lists and indices of terms referred to in the inventory above quote very few "negative" terms - and comparatively few non-Arabic terms.

Is there an obvious correspondence between Arabic words and positive terms and between Persian words and negative terms? The columns 8-11 of Table 3 give a summing up of the Arabic positive terms (267½), Arabic negative terms (121½), Persian positive terms (90) and Persian negative terms (104). From this the following ratios may be calculated:

74.83% of the positive terms and 53.88% of the negative terms are Arabic,

68.77% of the Arabic terms are positive and 31.23% are negative,

46.39% of the Persian terms are positive and 53.61% are negative.

Accordingly, almost three quarters of the positive terms are of Arabic origin. This is a much higher share than that of Arabic words in the general vocabulary: 51.78%, but the percentage of Arabic words in the negative part of the terminology is also somewhat higher than that ratio: 53.88%.

It is, however, not quite correct to compare the percentage of Arabic words in a special vocabulary, having a low frequency profile, with the share of Arabic words in the general vocabulary (including also high frequency words). If, for the sake of comparison, we take instead the share of Arabic hapax legomena ($V_a' = 637$; cf. Table 2, col. 3) in the total number of hapax legomena ($V' = 1,146$; cf. Table 1, col. 3), this makes 55.58%, i.e. somewhat closer to the 53.88% of Arabic words in the negative terminology.[1] This means in practice that there is no over-representation of Arabic words in the negative terminology, while the positive terminology has a substantial over-representation of Arabic words (types) in comparison to the situation in the general vocabulary. It is even possible to give a quantitative measure of this "extra" Arabic influence on the positive part of the Sufi-religious terminology of this text. It may be calculated to approximately 20%.

As a counterpart to the Arabic dominance of the positive terminology we find a slight overweight of negative terms in the Persian part of the terminology. This uneven distribution of Arabic and Persian words on positive and negative categories is somewhat astonishing. Are positive value words in some respects less stable than negative, or is the difference rather that negative value words are vaguer or less structured than positive? This certainly has to do with the subject matter and popular level of the investigated text. In the present text the negative sphere of religion is described in a quite simple form. The negative value words are close to everyday language, while the positive sphere is described in a more elaborate and in its essence more Islamic way. A *fiqh* text, for example, would be quite different in these respects.

The more qualitative aspects of the relation of Arabic words to the Sufi-religious terminology will be treated in the next chapter, but that discussion will be anticipated here with a few words on the problem of synonymity. Should we regard an Arabic and a Persian word as two different terms if they denote exactly the same concept, i.e. if they are complete translations of each other or, in other words, synonyms? And is such an ab-

---

[1] If we take Arabic types in the general vocabulary occurring 1-4 times we get 55.10% and increasing it to types occurring 1-12 times, we get 53.80%.

solute synonymity between an Arabic and a Persian word or term possible in this text? The reply would involve a number of deliberations which belong in the next chapter, but it can be stated that there are instances in the text where an Arabic and a Persian term seem to be quite interchangeable (semantically) and where the choice of one or the other would seem to depend on factors like rhyme and metrical properties.

The parallel use of words such as Arabic 92. *bukā* in verse 585 and Persian 160. *giryah* in verses 680-85 (cf. *bukā* in heading 52), and Arabic 5. *ʿaql*, e.g. in verse 639, and 541. *xirad* in verse 649 (cf. *ʿaql* in heading 47) may suggest complete synonymity. On the other hand, *bukā* in verse 585 appears together with the Arabic word 546. *xuḍūʿ*. From a stylistic point of view it is difficult to imagine the Persian *giryah* in this context, even if that would have satisfied metre and rhyme. Likewise, verse 644 has the concept *ʿaql-i kull* in which *ʿaql* is not interchangeable with *xirad*. Finally, it may be argued that it is much easier to find examples where the correspondence is only partial, as for example the complicated relation between Arabic 339. *nafs* and 412. *rūḥ* and Persian 241. *jān*.

Obviously, the material would never allow of any counting of complete Arabic/Persian synonyms. Thus these words must be seen as separate terms from a quantitative point of view and not imply any adjustment in the results presented above.

D. THE CHARACTER AND STRUCTURE OF THE SUFI-RELIGIOUS TERMINOLOGY

It is not to be expected that the terms found in a relatively short and simple poem like *Ṭarīq ut-taḥqīq* could be arranged into a complete theological or philosophical system. They would rather be expected to mirror a somewhat eclectic "vertical universe" extending from the summit of God or the Godhead down to Satan and the lowest hell. This "vertical universe" can be imagined as a dynamic field stretching between a positive and a negative pole, and somewhere two thirds down, so to speak, it crosses the horizontal line of this our worldly existence.

Naturally, the scope of the terms appearing in the text depends on the character of the poem. Generally, this can be described as a straightforward ethico-religious preachment. It is not didactic in the sense that it is systematic. It does not attempt to expound a complete system of mystical philosophy - it merely presupposes one. Even less it is poetic in a lyrical or imaginative sense. It almost completely avoids that part of "Sufi terminology" which primarily consists of a fixed set of metaphors, mainly attributes of profane love and wine lore, expressing transcendental experience of the Godhead. The word *bādah*, "wine", for example, is used in its metaphorical sense only in combinations like *bādah-yi šauq*, "the wine of (transcendental) yearning" (cf. above p. 138), and attributes of the beloved such as *zulf*, "lock", *xaṭṭ*, "down (of beard)", and *xāl*, "mole", are referred to the "art of poetry-making" (*ṣanᶜat-i šiᶜr u šāᶜirī*), an occupation which is outright rejected (in verse 603).

With these considerations in mind, it will be attempted to describe the structure, or structures, to be found in the terminology such as it appears in this text. Something of the guiding-lines for this investigation was mentioned already above, in the chapter giving the definitions of a Sufi-religious term. It is obvious that those definitions, by excluding and including certain words, in many respects predetermine the results of the structural analysis of the terminology. The definitions themselves, however, depend on many previous considerations, including an analysis of the total vocabulary.

Many investigators have noticed the dichotomy or dualism inherent in Sufi terminology. Thus E.Ė. Bertel's makes some striking remarks in this respect in his penetrating study "*Zametki po poėtičeskoj terminologii persidskix sufiev*" (Remarks on the poetical terminology of the Persian Sufis).[1] His article is mainly concerned with the kind of Sufi "poetical terminology" which has little room in the text studied here, but in his introduction (e.g. p. 112) the author turns his attention to the general importance of pairs and oppositions for the understanding of the structure of Sufi terminology.[2] A wider application of this perspective is found in the book *The structure of the ethical terms in the Koran, a study in semantics* by the Japanese scholar Toshihiko Izutsu,[3] a thought-provoking attempt of analysing the fundamental ethical terminology of early Islam in negative and positive categories and in binary patterns. The title of one of the central chapters of this book (pp. 100-112), "The grand moral dichotomy", is characteristic of the approach of its author. It may be open to discussion if this dualism is a general characteristic of religious language or a heritage from the many gnostic and other dualistic creeds current in the ancient Orient, but its dominating influence on Sufi language is undeniable.

It is the pairs of opposites which have caught most of the attention. Bertel's quotes, e.g., *vājib – mumkin, xauf – rajā, basṭ – qabḍ, ṣaḥv – sukrān* [for *sukr*?] (ibid., p. 111). The examples are legion. But pairs of words with supplementary meanings ("paronyms") are as common. From the stock of terms under investigation here pairs like *ʿināyat – hidāyat* and *ḥasad – ḥirṣ* may be quoted. There is, however, no sharp divid-

---

[1]*Izbrannye trudy* [III], Moscow 1965, 109-125.

[2]As for the role of antitheses in Persian poetry in general, see also B. Reinert, *Ḫāqānī als Dichter*, Berlin 1972, 35-37, and M.-N. Osmanov, *Stil' persidsko-tadžikskoj poėzii IX-X vv.*, Moscow 1974, 199-216.

[3]= *Keio University Studies in the humanities and social relations*, vol. II, Tokyo 1959. This book was unfortunately not available to me until most of the present investigation had been written.

ing line between antonyms and paronyms. In many instances the classification depends on the perspective. Thus the pair *xauf – rajā* ("fear" – "hope"), just quoted, was considered a dichotomy (*razdvoenie*) by Bertel's, but in the present investigation it is regarded as a supplementary pair (paronym), both terms being positive (in verse 585).

Obviously, antonymity between two words does not presuppose that one is "positive" and the other "negative". The list of words "belonging to the religious sphere" but not considered as terms (cf. above pp. 136-137) contains many word pairs, like *kaun – fasād, masjid – but-kadah, bāṭin – ẓāhir*, that are clearly antonymous from some point of view but in which both words occur without religious charge in their context here. Semantic opposition (antithesis) between two words may be realised from a wealth of aspects. Here such opposition has been regarded as especially interesting when between religiously negative and positive words. As already mentioned, the polarization between a positive and a negative pole has been chosen as the basic definition of these terms. From this definition follows that only pairs of words with opposing religious charge are considered as antonymous in this context. Other pairs of terms are then classified as paronyms, except for the small number of pairs that may be considered as synonymous.

As for synonyms, it was mentioned above, in connection with the discussion of the relations between terms of Arabic and Persian origin (pp. 193f.), that absolute synonymity between such words is hardly conceivable in this context. On the other hand, there are a few instances where two terms occur together in the same verse (but generally in different half-verses) in apparent synonymity, i.e. they seem to be intentionally employed as synonyms. Such pairs may be Arabic/Persian: *ʿadam = nīstī* (113), "non-existence", *ʿilm = dāniš* (786, cf. 895-6), "knowledge", Arabic/Arabic: *šarʿ = šarīʿat* (443), "the (revealed) law", or Persian/Persian: *guft = guftār* (337), "talk". They are quoted with the sign = in the list of terms. In a few cases this sign is also used for synonyms where only one of the words is regarded a term (on the basis of other contexts or for other reasons): *hastī = būd* (630), "existence", *hū = ū* (35), "He" (the Arabic pronoun being regarded as a noun in

Persian and the Persian pronoun being excluded for not being a noun), and *jihān* = *ʿālam* (386, but not 84), "world".

In a number of cases it is possible to infer a relative synonymity between two terms from close or similar contexts. Some of the most obvious of these pairs are also quoted in the list of terms (with the sign = and within parentheses). They are all of the type Arabic/Persian:

ʿadl = *dād* (870, 872)	justice
ʿafin = *gand* (155,897)	fetid
ʿaql = *xirad* (heading 133/134, 134)	intellect
bukā = *giryah* (585, 680)	weeping
(ḍiḥk) = *xandah* (heading 677/678, 680)	laughing
ḥayāt = *zindag(ān)ī* (117, 118, 216, 488-9)	life
nafs = *xvad* (heading 341/342, 357)	self
qalb = *dil* (369, 371)	heart
rasūl = *paiġambar* (90, 91)	the prophet
savād = *siyāhī* (641, 643)	blackness
ẓulm = *sitam* (750, 864)	oppression

There is, doubtless, a certain parallelism between a great number of terms of Arabic and Persian origin, but this does not mean that there are two parallel systems of terms, one Arabic and one Persian. Probably, a majority of the Arabic terms lack a directly corresponding Persian translation. To a lesser degree this is true also the other way round: there are Persian terms lacking Arabic translation (e.g. central loan-words in Arabic like *dīn*). When there is a certain correspondence, as in the pairs just quoted, it is often more or less incomplete. Thus *nīstī* does not render both the positive and negative aspect of *ʿadam*, "non-existence", found in this text. That may be incidental, as *nīstī* occurs only once and *ʿadam* five times, but *jihān* and *ʿālam*, both meaning "world", are quite frequent (occurring 97 and 27 times respectively) and still the correspondence is incomplete: *jihān* has a negative sense in many instances while *ʿālam* remains neutral in all its occurrences. In this case the Persian word has a more specialized meaning than the Arabic, but generally it is the other way round. The Arabic terms are used in a more narrow sense than the corresponding Persian words. That is, for example, the case with *bukā* and *giryah*, both meaning "weeping". It is more obvious with the pair *xauf – rajā*, "fear – hope", and its Persian correspondence *bīm – umīd*. The two last-mentioned words are used only in a general sense in this text and are not regarded as terms here.

The number of relatively synonymous terms is thus quite limited. In many cases it is difficult to draw a line between synonymity and paronymity. Is, for example, the Persian *xvār* a direct translation, and thus a synonym, of Arabic *ḏalīl* (cf. verse 803) or of Arabic *ḥaqīr* (cf. verse 552), all three meaning "abject", and are *ḏalīl* and *ḥaqīr* to be considered as synonyms? The words *nā-kas* and *xas*, with similar meaning as the three words just mentioned, are used in a way suggesting synonymity in verses 731-33, but it is uncertain how they should be regarded, especially as the Arabic or Persian character of *xas* also is uncertain. For these and other reasons, synonymity will be regarded only as a special case of paronymity in the following study of the structure of the terminology. This leaves us with two kinds of word pairs in the Ṣufi-religious terminology: pairs of words with the same charge (paronyms) and pairs of words with opposite charges (antonyms).

Already a cursory look at the list of terms will show to what a great extent the terminology is built up of such pairs. The inventory, however, gives only the pairs actually met with in one and the same verse in the text. There are, of course, many further potential pairs within the selected stock of terms (e.g. *hastī* ≠ *nīstī*). It is obvious that the greater part of the terminology can be organized in a system of pairs (antonyms and paronyms). This binary character of the Sufi-religious vocabulary certainly depends on a fundamental opposition between positive and negative terms/concepts. Furthermore, the close interaction between words of Arabic and Persian origin adds another binary factor. Thus it seems possible to describe the structure of the Sufi-religious vocabulary as a system of such pairs in the dimensions of positive/negative, antonym/paronym and Arabic/Persian.

A complete description of that type would be a vast undertaking. Besides, the stock of terms extracted from the limited text material under investigation hardly furnishes a sufficient basis for such a work. Therefore, the following pages must be restricted to some general suggestions supported by examples from the actual list of terms.

The concept "religious charge" and its immediate consequences for the selection of terms was described above (pp. 135 ff.), and the quantitative results of the division of the terminology into a positive and a negative part were summarized in the previous chapter. There remains to turn attention to some general characteristics of this dichotomy. The charge of a term should not be seen as something absolute. In many cases it is realized only through the opposition to another term. Although the majority of the terms have a fixed positive or negative charge (e.g. the pair *bihišt* ≠ *jaḥīm*, "paradise ≠ hell"), others are potentially positive and neutral or negative and neutral, or even positive and negative. The three words in the list of terms marked as both positive and negative, i.e. 1. *ʿadam*, "non-existence", 96. *čarx*, "wheel of heaven, etc.", and 241. *jān*, "soul, spirit, life", are instructive examples of the relativity of the religious charge.

ʿadam, "non-existence" or "not-being", is basically a positive concept, meaning the non-existence of this (lower) world and thus being the opposite of *vujūd*, "existence", (verses 240, 320). In this sense it is put equal to *nīstī* in verse 113. From a relative point of view, however, the meaning of the word depends on what is considered as non-existent. In verse 408 *ʿadam*, or rather *āstān-i ʿadam*, is contrasted with (*jihān-i*) *qidam*, where *qidam*, properly designating "anterior eternity" or "eternity outside of the creation" represents the Absolute Being (i.e. of God). Here *ʿadam* is obviously negative, meaning the non-existence of Absolute Being, i.e. the phenomena of the material world. There are, by the way, many examples of an intentional play with these opposing meanings of *ʿadam* in the *Mathnavī* of Jalāl ud-dīn Rūmī (e.g. I 602-10).[1] On the whole, the striking use of paradoxes in this the magnum opus of Persian Sufism gives a good illustration of the relativity of the opposition positive/negative in Sufi terminology.

čarx, "wheel of heaven, heavenly sphere" and thence "fortune, etc.", owes its alternating value to other circumstances.

[1] Cf. also Nicholson's commentary, vol. VII, pp. 55-57.

As a word for "the sky" it may be opposed to *zamīn*, "earth", as it is in verse 548, and thus stand as a general symbol of the celestial realm. In this sense also *falak* (pl. *aflāk*), *sipihr* and *āsmān* appear in the text. On the other hand, *čarx* is one of the expressions used for "fate, fortune", the hostile relation to which is a recurrent theme in Persian poetry.[1] It appears here in this (negative) sense together with *anjum*, "stars", and *arkān*, "elements", in verse 28, with *baxt*, "lot, fortune", in 183 and with *axtar*, "star", in 648 (the two last-mentioned words, however, not being considered as terms). Although the complicated relation between fate as the Divine decree (*qaḍā*, used in a neutral sense in verse 777) and fate as a basically amoral impersonal force is incompletely defined in the binary perspective sketched here, the text clearly shows that "fate" may be described as evil also in a religious context like this. Thus *gardūn*, synonymous with *čarx*, is expressively stated to be "mean" (*dūn*) in verse 856 (cf. also the expression *gunbad-i zarrāq*, "the hypocritical vault" in verse 379).

The Persian word *jān* may be seen as a translation of both Arabic *nafs*, "(carnal) soul", and Arabic *rūḥ*, "spirit", although the correspondence is not complete (for example, *nafs*, in the meaning "self" is rather rendered by *xvad*; cf. above p. 197). In this perspective it becomes clear why *jān* can take both a positive and a negative value, *rūḥ* being a positive and *nafs* a negative term.[2] As a positive term, designating the spiritual part or aspect of the human being, *jān* is found in opposition to *zabān*, "tongue", (36, 37) and correlatively with *dil*, "heart", (394) and *ʿaql*, "intellect", (559, 945). Thus *čašm-i jān* (350) and *čašm-i dil* (375 etc.) both designate the "inner eye" of the human being which is able to perceive the spiritual or true reality in opposition to *čašm-i sar* (619), "the eye of

---

[1]See especially H. Ringgren, *Fatalism in Persian epics*, Uppsala 1952; M.-N. Osmanov, *Stil' persidsko-tadžikskoj poėzii IX-X vv.*, 209f., argues that the relation between the poet and Fate is antagonistic while the *mamdūḥ* is the superior in his relation to Fate.

[2]It is interesting to notice that the Middle Persian pair *ruvān* (≈ *rūḥ*) and *jān* (≈ *nafs*) has not survived in this context, *jān* (*gyān*) having taken over also the meaning of *ruvān*.

the head" which sees only the material phenomena. In this sense *jān* is the immortal part of man (cf. verse 818: *jān kih jāvidān mānad*, "the spirit which remains for ever") but, paradoxically enough, when used in a negative sense, as "carnal soul" or "animal spirit" ("Triebseele" in German), this word especially refers to "mortal life". The transience is stressed by the fact that it occurs in paronymity with *jihān* (415, 713), "(this) world", *jism* (421, 601) and *tan* (817), both meaning "body", and even *sar* (516), "head", to which it is opposed in the expression *čašm-i jān* (≠ *čašm-i sar*, just quoted). The pair *jān – jihān* could also be taken as a hendiadys for *jihān-i jān*, "the sensual world", which expression occurs in the verses (414, 712) immediately preceding those quoted for this pair. In that expression *jān* is the dominating negative component, so to say in potential opposition to itself in the meaning "immortal soul or spirit".

These examples have shown something of the complications with regard to the determination of the positive or negative charge of a word. Further examples could be given from among the terms characterised as "positive or neutral" or "negative or neutral (in positive context)" (e.g. 179. *havā*), but the main problem is perhaps to be found in the words that have been excluded from the terminology because of the chosen definition (see the list above pp. 136-137). It is, for instance, hardly satisfactory that a pair like *bāṭin – ẓāhir*, designating concepts of obvious importance in Sufism, is excluded. Of course, *bāṭin*, "inside", has more positive and *ẓāhir*, "outside", has more negative associations, the pair being in many ways parallel to 458. *ṣifat* ≠ 460. *ṣūrat* ("quality ≠ form"), but the two words are not met with independently in a clearly negative or positive sense in this text. The negative or positive charge of a word is, however, not clearly discernible in all instances. There are many transitional cases in which the possible religious charge of a word (or pair of words) depends on the interpretation of the context (verse). The choice may be difficult, and here a certain amount of subjectivity enters the investigation. Without doubt there is room here for a future refinement of definitions and methods.

If we imagine the pairs of antonyms in the total vocabulary of the text as diametrically opposing points on a compass, there will be points around the full circle. If we then define North as the religiously positive pole and South as the religiously negative pole, the points between NE and NW would roughly correspond to the words in the positive terminology and the points between SW and SE to the words in the negative terminology.

Pairs of antonyms, realized in the text or potential, may be seen as the frame-work of the terminology. There are about 90 such antonymous pairs quoted in the list of terms, involving almost one third of the terminology, but those are only the antonyms actually appearing in close common context (i.e. in the same verse, with two exceptions: *ˁādil* ≠ *ẓālim*, *ḥalāl* ≠ *ḥarām*). On the other hand, twelve pairs give oppositions not considered as terminological, only one of the elements being a term (e.g. *darūn* ≠ *burūn*, where *darūn* is considered a term, but not in its occurrences together with *burūn*).

Of course, all of these pairs are not equally central in the terminology. Some have an occasional character, but the majority refer to basic Sufi concepts. Here follows an alphabetical list of the more central antonyms found in one and the same verse in the text (the positive term stands first, figures refer to verse numbers, translations are found in the list of terms):

ˁadam ≠ *vujūd* (240, 320)
ˁadl ≠ *ẓulm* (*sitam*) (864 etc.; 750)
ˁaql ≠ *nafs* (638, 639)
ˁālim ≠ *jāhil* (174)
ˁāqil ≠ *ġāfil* (457)
ˁilm ≠ *jahl* (269)
ˁiṣmat ≠ *ˁiṣyān* (286)
ˁuqbā ≠ *dunyā* (715)
aflāk ≠ *xāk* (76)
āsmān ≠ *zamīn* (81, 257)
āsmān ≠ *jihān* (608, 847)
bad(ī) ≠ *nīk(ī)* (32, 314, etc.)
bāqī ≠ *fānī* (65)
bihišt ≠ *jaḥīm* (655)
čarx ≠ *zamīn* (548)
čust ≠ *sust* (589)
dil ≠ *zabān* (42 etc.)
dil ≠ *gil* (93 etc.)
dil ≠ *kālbud* (614)
dīn ≠ *dunyā* (100, 909)
dīn ≠ *kufr* (615)
falak ≠ *zamīn* (289)
falakī ≠ *xākī* (160)
giryah ≠ *xandah* (680 etc.)
guft ≠ *rāh* (337)
hazl ≠ *jidd* (912 etc.)
ḥamīdah ≠ *ḏamīmah* (287)
ḥaq(q) ≠ *but* (563)
ḥaq(q) ≠ *dīv* (268)
jamˁ ≠ *parākandah* (491)

jauhar ‡ *jism* (626)
jān ‡ *zabān* (36, 37)
kamāl ‡ *nuqṣān* (595, 596)
kāmil ‡ *nāqiṣ* (927)
maʿnī ‡ *daʿvī* (117 etc.)
maʿnī ‡ *ṣūrat* (626)
malak(ī) ‡ *dīvī* (289, 290)
mihr ‡ *kīn(ah)* (481 etc.; 759)
munavvar ‡ *muzavvar* (453)
musalmān ‡ *kāfir* (878)
musalmānī ‡ *kufr* (107)
nīkū ‡ *zišt* (663)
nūr ‡ *savād* (*siyāhī*) (641; 643)
pasandīdah ‡ *nikūhīdah* (878)
pākī ‡ *xubṯ* (460)
puxtah ‡ *xām* (744)
qidam ‡ *ʿadam* (408)
qudsī ‡ *dīv* (297)
qudsī ‡ *xākī* (946)
rabbānī ‡ *ẓulmānī* (809)
rāstī ‡ *kažī* (725, 726)
rūḥ ‡ *jism* (92)
saʿādat ‡ *šaqāvat* (726)
ṣifat ‡ *ṣūrat* (397 etc.)
tavāḍuʿ ‡ *takabbur* (552)
xāṣ(ah) ‡ *ʿām* (587, 862)
zāviyah ‡ *hāviyah* (567)
zindah ‡ *murdah-dil* (491)

Is it possible to arrange these and similar pairs in a fixed hierarchy or any other definite order? The full answer to this question can not be given in these pages. The possible hierarchy depends on the underlying philosophical system and on the consistency and completeness of that system. It is well known that, for example, the "stations" (*maqāmāt*) and the "states" (*aḥvāl*) have been arranged in various orders by various philosophers. In this respect, the material presented here can give only very incomplete information.

The concepts expressed by the terms under discussion can be grouped in a number of categories, such as Divine, human and demoniac attributes, proficiencies, activities, states of mind, spiritual and corporeal organs, forms of organisation, etc. Within these categories the terms may be arranged in series in which the position of each term is, to some extent, determined by its paronymous relations. There are about 260 pairs of paronyms quoted in the list of terms, covering most of the terminology. In 50 of these pairs, however, only one of the elements is considered a term (neutral in its occurrence together with the other word in question). To a certain extent these paronyms are conditioned by formal factors, such as alliteration, assonance, rhyme or rhythm, but the thematic relation is dominating.

Take, for example, the negative pairs *havas* – *havā*,

havas – *šahvat*, *havā* – *šahvat*, *ḥasad* – *šahvat*, *ḥasad* – *ḥirṣ*, *ḥiqd* – *ḥirṣ* and *amal* – *ḥirṣ*. They give a series of closely related terms expressing negative human qualities:

havas	lust	*ḥiqd*	hatred
havā	desire	*ḥirṣ*	avidity
šahvat	lust	*amal*	expectation
ḥasad	envy		

The greater part of the terminology can be arranged in smaller or larger groups by application of such internal (distributional) criteria. If these criteria are combined with external information (lexical etc.), these groups may be combined into larger groups. The group just established, for instance, may be combined with the thematically related pairs *ārzū* – *āz* and *āz* – *ṭamaᶜ*, giving the following addition to the list:

ārzū	desire	*ṭamaᶜ*	greed
āz	covetousness		

Furthermore, the Persian word *kīn* (or *kīnah*), "hatred", is more or less synonymous with *ḥiqd* of the group above, and *kīn(ah)* is found in opposition to *mihr* "love", which is more or less synonymous with *ᶜišq*. On the positive side, then, *ᶜišq* is found in paronymity with *ṣidq*, "sincerity", which is also found in paronymity with *ḥayā*, "modesty", *ixlāṣ*, "sincerity", and *yaqīn*, "certainty"; and so on.

Other relations between terms depend on the structure of the language itself, especially on the system of Arabic verbal nouns and adjectives. Thus the following two series of interrelated nouns and adjectives occur among the positive terms of the text:

ᶜišq	love	*ᶜāšiq*	lover
ṣidq	sincerity	*ṣādiq*	sincere
maᶜrifat	gnosis	*ᶜārif*	gnostic
ᶜilm	knowledge	*ᶜālim*	learned
ḥikmat	wisdom	*ḥakīm*	wise
ᶜaql	intellect	*ᶜāqil*	intelligent
xirad	intellect	*xirad-mand*	intelligent
zuhd	ascetism	*zāhid*	ascetic
ᶜibādat	worship	*ᶜābid*	worshipper
ṣabr	patience	*ṣābir*	patient
šukr	gratitude	*šākir*	grateful
riḍā	acquiescence	*rāḍī*	acquiescent

d̲ikr	praise of God	*d̲ākir*	praising God
ᶜadl	justice	*ᶜādil*	just
ṣalāḥ	goodness	*ṣāliḥ*	good
rāstī	rectitude	*rāst-rau*	righteous
vafā	faith	*vāfī*	faithful
xuḍūᶜ	submission	*xāḍiᶜ*	submissive

The dominance of Arabic loan-words in these types of series of terms is obvious and gives a further explanation of the general quantitative dominance of Arabic loan-words in the positive terminology which was described in the previous chapter. The exact qualitative relationship between words of Arabic and Persian origin in the terminology is more difficult to determine. It has already been remarked that the Persian terms tend to have a wider meaning, often including a non-terminological sense, where the corresponding Arabic word (if there is one) may be used only in its terminological sense (e.g. *bukā – giryah, ḥiqd – kīn, ᶜišq – mihr*). But this is only a tendency. There are instances also of the reverse (e.g. *ᶜālam – jihān*). It should be noticed that for the very central concepts "good" and "evil" the Persian words *nīk* and *bad* are used (cf. also 363. *nīkū* ≠ 574. *zišt*), while the Arabic *xair* and *šarr* (as a pair in verse 751) do not appear as terms in the text (cf. also *nafᶜ* ≠ *šarr* in verse 429).[1]

The Persian and Arabic terms seem to be completely integrated in one terminological system. A good proof of this is found in the fact that of the 58 central antonymous pairs quoted above (pp. 202-203), 25 are Arabic/Arabic, 18 Persian/Persian and 15 Arabic/Persian (including two double pairs properly Arabic/Arabic/Persian).[2] Those are rather the proportions to be expected. As regards paronyms, the conditions are somewhat different: the Arabic, Persian and mixed pairs cover about one third each of the negative paronyms, while the Arabic pairs cover about three quarters of the positive paronyms and Persian and mixed pairs share the last quarter

[1] Cf. the instructive chapter on "Good and bad" in Izutsu, *The structure of the ethical terms in the Koran*, 205-261.

[2] If we take all the 88 recorded antonyms, 39 are Arabic, 27 Persian and 22 mixed; i.e. the same proportions.

equally. This means that the Arabic pairs are over-represented among the positive paronyms and slightly under-represented among the negative. The over-representation of Arabic words in the positive terminology was already discussed above (pp. 191-193) and this Arabic dominance (appr. 75%) is strengthened as regards the positive paronyms by the stylistic and formal (prosodic) influence on the choice of the words in the pairs (cf. above). In the negative terminology, on the other hand, the Arabic and Persian words are more evenly represented (appr. 54% - 46%) and the equal representation of variously composed negative paronymous pairs reinforces the previous conclusion that the negative terminology shows a complete integration of Arabic and Persian elements.

The structure of the terminology is dominated by the relations between positive and negative, antonyms and paronyms. Obviously, the relation Persian/Arabic plays no primary role in this context. Thus the structure may be seen as a series of references between terms standing in correlation or opposition to each other, like the warp and woof of a fabric.

E. TERMINOLOGY AND POETICAL FORM

In the previous chapter an attempt was made to describe something of the remarkable dualism present on various levels of the structure of the Sufi-religious terminology. It seems likely that this structure plays an important role in the poetical form of the text under investigation. Already the name of the form, *maṯnavī*, with the original meaning "twofold", gives a hint in this direction. The form itself has a number of binary characteristics. It consists of two rhyming half-verses with identical measure. Every distich has its own individual rhyme, and sentences are correspondingly confined to one distich (*bait*) each. Only rarely does a sentence continue from one *bait* to another. This causes a high state of parallelism between the two half-verses. The focus is, of course, on the two rhymes, but internal rhymes and assonances occur frequently, within or between the half-verses. The so-called *radīf* is especially conspicuous, consisting of one or more words (generally pronoun and/or verb, identical in the two half-verses) following after the true rhyme-words.

Terms are frequently found as rhyme-words, as this is the most stressed position in the verse. Of the 58 central antonyms quoted above (pp. 202-203), 10 are found in rhyming position in 15 instances (with or without *radīf*). This may not seem much, but if we add the rhymes found among the 30 "less central" antonyms we find another 18 pairs in 20 instances, and when we include the paronyms, which are freer in the choice of the words, the number of rhyming pairs of terms rises considerably. This is, of course, a very efficient device for holding the verse together, and it stresses the binary structure of the Sufi-religious concepts treated.

The second strongest position in the verse is held by the first word of each half-verse. Also here terms are frequent. If in pairs (paronyms or antonyms), they may then be found with one term in the beginning of each half-verse, which gives about the same stress of the duality as the rhyming position does. If a pair occurs in the same half-verse, the two terms may introduce different parts of the verse (antonym or paronym) or stand together enumeratively (paronym). These various arrangements may be further developed, so that a term belongs to two or more pairs in the same verse, e.g. with a paronym in the same half-verse and an antonym in the other. Furthermore, pairs of terms very often bind one verse to the following, constituting, so to say, the thread that binds the poem together. These pairs have not been registered in the list of terms, but they are of the same type (in many cases identical) as those registered for single verses. This is a very important function of the pairs, and it should be noticed to what a great extent the development of the poem depends on them. There is generally a strict logic in the sequence of the verses.

The role of these pairs in the poetical form is also related to the formal characteristics of the pairs themselves. Rhyming position, of course, demands a rhyming pair. In a few cases, however, the rhyme turns out to be rather an assonance: *uns – quds* in verse 358 (with *radīf*), *ʿišq – ṣidq* in verse 425 (without *radīf*) and 576 (with *radīf*). There are also internally rhyming pairs, e.g. *čust + sust* (589), *hāviyah + zāviyah* (567), *šinās – sipās* (315). There are in all about 90 rhyming pairs of terms, involving almost a third of the terminology.

Assonance between terms in a pair is less frequent but still common: e.g. *ḏamīmah + ḥamīdah* (287), *saʿādat + šaqāvat* (726), *āb – nān* (745). Alliteration, on the other hand, is surprisingly rare, but there are some examples, e.g. *dād – dihiš* (872), *dīv – dad* (268 etc.), *havā – havas* (522, 541, 747). The pairs to a great extent favour words with the same or similar rhythm. This is one of the reasons why there is a tendency for pairs (esp. positive paronyms) to be either all Arabic or all Persian.

Without doubt, the choice of terms for a pair is influenced by formal considerations. The repeated constellation *ʿilm – ḥilm* (106, 260), for instance, is not quite self-evident from a thematical point of view (explainable, however, through the common antonym *jahl*; cf. Izutsu, p. 24). In some cases the formal component is so dominating that it is a matter of definition if two words should be accepted as a terminological pair or not, as in the case of the (pseudo-)antonym *pāk* ≠ *xāk* (462, 808). But on the whole the terminology is relatively independent of such formal influences. One might say that the logic of an expression is preferred to its euphony.

The Sufi-religious terminology gives the poem its character. The structure of the poem is closely interwoven with the structure of the terminology. If the latter can be conceived of as a web of references between pairs of terms, correlated or opposing each other, the structure of the poem may be seen as the interrelations between that web and the characteristics ("rules") prescribed by the poetical form, the *maṯnavī*.

VII. BIBLIOGRAPHY

Afnan, Soheil M., *A philosophical lexicon in Persian and Arabic.* Beirut 1969.

Anṣārī, ʿAbdu'llāh, *Manāzil us-sāyirīn. Matn-i ʿarabī bā muqāyisah bih matn-i ʿIlal ul-maqāmāt va Ṣad Maidān. Tarjumah-yi darī-yi Manāzil us-sāyirīn va ʿIlal ul-maqāmāt va šarḥ-i kitāb az rūy-i āṯār-i Pīr-i Harāt az Ravān-i Farhādī.* Kabul 1355.

Apostel, L., Mandelbrot, B., & Morf, A., *Logique, langage et théorie de l'information* (= *Études d'épistémologie génétique*, 3). Paris 1957.

Bendz, Gerhard, *Ordpar*. 2nd ed. (= *Svenska Humanistiska förbundet*, 74). Stockholm 1967.

Bertel's, Evgenij Ėduardovič, *Slovar' sufijskix terminov: Mirʾat-i ʿuššak.* In *Izbrannye trudy* [III]: *Sufizm i sufijskaja literatura*, Moscow 1965, pp. 126-178.

—— *Zametki po poėtičeskoj terminologii persidskix sufiev. 1. Lokon i lico.* In *Izbrannye trudy* [III]: *Sufizm i sufijskaja literatura*, Moscow 1965, pp. 109-125.

David, Jean, & Martin, Robert (eds.), *Statistique et linguistique*. Colloque organisé par le Centre d'analyse syntaxique de l'Université de Metz, 2-3 mars 1973 (= *Actes et colloques*, 15). Paris 1974.

Frumkina, R.M., *Statitističeskie metody izučenija leksiki*. Moscow 1964.

Ġanī, Qāsim, *Baḥṯ dar āṯār va afkār va aḥvāl-i Ḥāfiẓ*. II:1, *Tārīx-i taṣavvuf dar islām va taṭavvurāt va taḥavvulāt-i muxtalifah-yi ān az ṣadr-i islām tā ʿaṣr-i Ḥāfiẓ*. 2nd ed. Tehran 1340.

Gauharīn, Ṣādiq, *Farhang-i luġāt va taᶜbīrāt-i Maṯnavī-yi Jalāl ud-dīn M. b. M. b. Ḥusain-i Balxī* (= *Intišārāt-i Dānišgāh-i Tihrān*, 479, 545, 608, 744, 744/5). Tehran 1337-1347 (*Jild-i avval – jild-i panjum: ā – s*).

Goichon, A.-M., *Lexique de la langue philosophique d'Ibn Sīnā* (*Avicenne*). Paris 1938.

Guiraud, Pierre, *Problèmes et méthodes de la statistique linguistique*. Dordrecht 1959.

Herdan, G., *Language as choice and chance*. Groningen 1956.

—— *Type-token mathematics*. A textbook of mathematical linguistics. The Hague 1960.

al-Hujvīrī, ᶜAlī b ᶜUṯmān al-Jullābī, *Kašf ul-maḥjūb*, transl. by R.A. Nicholson (= *E.J.W. Gibb Memorial Series*, 17). New ed. London 1967.

Izutsu, Toshihiko, *The structure of the ethical terms in the Koran*. A study in semantics (= *Keio University Studies in the humanities and social relations*, 2). Tokyo 1959.

Jabre, Farid, *Essai sur le lexique de Ghazali*. Contribution à l'étude de la terminologie de Ghazali dans ses principaux ouvrages à l'exception du *Tahāfut* (= *Publications de l'Université Libanaise, Section des études philosophiques et sociales*, 5). Beirut 1970.

Jalāl ud-dīn Rūmī, *The Maṯhnavī*, edited from the oldest manuscripts available, with critical notes, translations and commentary by Reynold A. Nicholson (= *E.J.W. Gibb Memorial Series*, N.S., IV:1-8). London 1925-40.

Koppe, Reiner, *Statistik und Semantik der arabischen Lehnwörter in der Sprache ᶜAlawī's. Wissenschaftliche Zeitschrift der Humboldt-Universität zu Berlin, ges.-u. sprachwiss. Reihe*, 9(1959-60), pp. 585-619.

Lazard, Gilbert, *Les emprunts arabes dans la prose persane du Xe au XIIe siècle: aperçu statistique. Revue de l'Ecole nationale des langues orientales vivantes*, 2(1965), pp. 53-67.

Mandelbrot, Benoit, *Structure formelle des textes et communication. Word*, 10(1954):1, pp. 1-27.

Massignon, Louis, *Essai sur les origines du lexique technique de la mystique musulmane*. New ed. (= *Etudes musulmanes*, 2). Paris 1954.

Moïnfar, M. Djafar, *Phonologie quantitative du persan d'après le Livre des Rois de Firdausī* (= *Documents de linguistique quantitative*, 19). Paris 1973.

—— *Le vocabulaire arabe dans le Livre des Rois de Firdausī* (= *Beiträge zur Iranistik*, 2). Wiesbaden 1970.

Nasafī, ʿAzīz ud-dīn, *Kitāb al-Insān al-Kāmil*, ed. M. Molé (= *Bibliothèque iranienne*, 11). Tehran – Paris 1341/1962.

Nicholson, R.A., *Studies in Islamic mysticism*. Cambridge 1921.

Nwyia, Paul, *Exégèse coranique et langage mystique*. Nouvel essai sur le lexique technique des mystiques musulmans (= *Recherches publiées sous la direction de l'Institut de lettres orientales de Beyrouth*, 49). Beirut 1970.

Osmanov, M.-N. O., *Častotnyj slovar' Unsuri*. Moscow 1970.

—— *Stil' persidsko-tadžikskoj poèzii IX-X vv*. Moscow 1974.

Profitlich, Manfred, *Die Terminologie Ibn ʿArabīs im "Kitāb wasāʾil as-sāʾil" des Ibn Saudakīn*. Text, Übersetzung, und Analyse (= *Islamkundliche Untersuchungen*, 19). Freiburg im Breisgau 1973.

Reinert, Benedikt, *Ḫāqānī als Dichter*. Poetische Logik und Phantasie (= *Studien zur Sprache, Geschichte und Kultur des islamischen Orients*, N.F., 4). Berlin 1972.

Ringgren, Helmer, *Fatalism in Persian epics* (= *Uppsala Universitets årsskrift* 1952:3). Uppsala – Wiesbaden 1952.

Rūmī, see Jalāl ud-dīn Rūmī.

Sajjādī, Jaᶜfar, *Farhang-i luġāt va iṣṭilāḥāt va taᶜbīrāt-i ᶜirfānī* (= *Zabān va farhang-i Īrān*, 62). Tehran 1350.

Skalmowski, Wojciech, *Ein Beitrag zur Statistik der arabischen Lehnwörter im Neupersischen. Folia Orientalia*, 3(1961): 1-2, pp. 171-175.

—— *Sprachstatistische Untersuchungen zur persischen Sprachentwicklung* (Autoreferat). *Wissenschaftliche Zeitschrift der Humboldt-Universität zu Berlin, ges.- u. sprachwiss. Reihe*, 10(1961), p. 129.

—— *Über einige statistisch erfassbare Züge der persischen Sprachentwicklung. Folia Orientalia* 4(1962), pp. 47-80.

Tahānavī, M. ᶜAlī b. ᶜAlī, *Kitāb Kaššāf iṣṭilāḥāt al-funūn*. I-II. A dictionary of the technical terms used in the sciences of the Musalmans, edited by Mawlawies Mohammad Wajih, Abd al-Haqq and Gholam Kadir under the superintendence of A. Sprenger and W. Nassau Lees (= *Bibliotheca Indica*, O.S., 17, 23). Calcutta 1862.

Ṭarīq ut-taḥqīq, see Utas, B.

Telegdi, Zsigmund, *Remarques sur les emprunts arabes en persan. Acta linguistica Acad. Scient. Hung.*, 23(1973), pp. 51-58; republ. in *Commémoration Cyrus, Hommage universel*, I (= *Acta Iranica*, 1), Tehran – Liège 1974, pp. 337-345.

ᶜUnṣurī Balxī, *Dīvān. Bā ḥavāšī va taᶜlīqāt va tarājim-i aḥvāl va fahāris va luġat-nāmah va muqābilah bā nusxah-hāy-i xaṭṭī va čāpī, bi-kūšiš-i Muḥammad-i Dabīr-Siyāqī*. Tehran 1342.

Utas, Bo, *Ṭarīq ut-taḥqīq*, a Sufi mathnavi ascribed to Ḥakīm Sanāʾī of Ghazna and probably composed by Aḥmad b. al-Ḥasan b. Muḥammad an-Naxčavānī. A critical edition, with a history of the text and a commentary (= *Scandinavian Institute of Asian Studies monograph series*, 13). Lund 1973.

Yule, G. Udny, *The statistical study of literary vocabulary*. Cambridge 1944.

Zipf, G.K., *Human behavior and the principle of least effort*. An introduction to human ecology. Cambridge, Mass., 1949. Facs. ed. New York – London 1965.

APPENDIX

Critical text of *Ṭarīq ut-taḥqīq*

CONSPECTUS SIGLORUM

A = MS. Istanbul, Üniversite FY 593 (890 A.H.)
B = MS. Istanbul, Üniversite FY 474 (898 A.H.)
C = MS. London, India Office 1430 (1061 A.H.)
D = Private MS. Vaḥdatī Lārījānī, Iran (1063 A.H.)
E = MS. Tehran, Majlis 5042 (1075-76 A.H.)
F = MS. Lahore, Panjab University SPi VI,5/3636 (1078 A.H.)
G = MS. Tashkent, Akad. Nauk 3048 (1096 A.H.)
H = MS. London, India Office 3346 (11th cent. A.H.?)
I = MS. Lahore, Panjab University Pi VI,219/620 (coll. 1149 A.H.)
J = MS. Kabul, Kitābxānah-yi ᶜĀmmah 69 (end of 12th cent. A.H.?)
K = Private MS. Utas, Sweden (beginning of 13th cent. A.H.?)
L = Private MS. Malik uš-šuᶜarāʾ Bahār, Iran (1262 A.H.)
M = MS. Tehran, Dānišgāh 2220 (1268 A.H.)
N = MS. Tehran, Kitābxānah-yi Salṭanatī No. ? (1270 A.H.)
O = MS. Istanbul, Üniversite FY 1539 (1271 A.H.)
P = MS. London, India Office 4582 (1274 A.H.)
Q = MS. Istanbul, Üniversite FY 70 (1274 A.H.)
R = MS. Istanbul, Nafiz Paşa 427 (1277 A.H.)
S = MS. Tehran, Majlis 415 (1285 A.H.)
T = MS. Kabul, Museum 269 (1293 A.H.)
U = MS. Tehran, Majlis N-12 (end of 13th cent. A.H.?)
V = MS. Kabul, Kitābxānah-yi ᶜĀmmah 9/Ḥ Alif (13th cent. A.H.?)
X = MS. Tehran, Dāniškadah-yi Ilāhīyāt 322 D (13th cent. A.H.?)
Y = Private MS. Aṣġar Mahdavī, Iran (1317 A.H.)

a = Printed edition Tehran 1309 A.H.Q.
b = Printed edition Bombay 1318 A.H.Q.
c = Printed edition Lahore 1936 A.D.
d = Printed edition Shiraz 1318 A.H.Š.
e = Printed edition Tehran 1348 A.H.Š.

نیستم از[1] سخن عیال کسی   نبرم من ببرّ و بال کسی[2]
[تو چه دانی چه[3] خون دل خوردم   تا من این را بنظم آوردم
فکرم[4] القصّه حق گذاری کرد   اندرین نظم[5] جان سپاری کرد
پانصد و بیست و هشت آخر[6] سال   بود کین نظم نغز یافت کمال
در جهان زین[7] سخن بدین آئین   کامل و نغز و[8] شاهد[9] و شیرین
جز سنائی دگر نگفت کسی   اینچنین گوهری[10] نسفت کسی
هست معنیش[11] اندرون حجاب   چون عروسی زمشك بسته[12] نقاب
نخچوانرا[13] که فخر هر طرفست[14]   در جهانش بدین سخن شرفست
در مقامی که این سخن خوانند   عقل وجان[15] سحر مطلقش دانند[16]
خاکیان جان نثار[17] او سازند   قدسیان خرقها در اندازند
این زمان بهر عزّت و تمکین   جبرئیل از فلك کند[18] تحسین
ختم این نظم بر سعادت باد   رونقش[19] دم بدم زیادت باد]

١- eOKIGFC: در   ٢- A اینجا بپایان میرسد   ٣-GF: که   ٤- KGFC: فکر، O: فکری
٥- G: قصه   ٦- C: زآخر   ٧- G: این   ٨- O: - و   ٩- KGF: شامل   ١٠- G: گوهر اینچنین
١١- OI: + از   ١٢-I: زیر   ١٣- F: نچو آن را، G: بخروا نرا (؟)، K: نحو خوانرا، O: هر جوانی،
e: شه جان را   ١٤- e: حرفست   ١٥- O: عارفان   ١٦- I: خوانند   ١٧- G: نیاز
١٨- OC: زند   ١٩- e: هر نفس

من چو زین شیوه رخ[1] بتافته‌ام — هر چه کردم طلب بیافته‌ام[2]
از رهٔ هزل پی[3] برون بردم — تختهٔ دل ز هزل بشتردم
پس[4] برو نقش[5] جد نگاشته‌ام — عَلَم عشق بر فراشته ام
اندرین کار نامهٔ[6] عصمت — بسته‌ام[7] نقش خامهٔ[8] حکمت[9]
بس گهر کان[10] فشاندم[11] از سر کلك — درّ معنی کشیدم[12] اندر سلك
این سخن[13] تحفه ایست[14] ربّانی — رمز[15] اسرارهای روحانی
این سخن ز[16] آسمان بلندترست — تا نگوئی که نظم مختصرست
لفظ او شرح رمز و[17] اسرارست — رمز او شمع روح[18] ابرارست[19]
نظم نغزش[20] زنکته و أمثال[21] — سحر مطلق ولی مباح و حلال
بوستانیست پر گل و نسرین — آسمانیست پر مَه و پروین
مونس عاشقان[22] حضرت حقّ — قائد[23] طالبان قربت[24] حق
اهل دل[25] کین سخن فرو[26] خوانند — آستین از جهان بر افشانند
خاطر ناقصم[27] چو کامل شد — بسخنهای[28] بکر حامل[29] شد
هر نفس شاهدی[30] دگر زاید — هر یك از یك شگرفتر زاید[31]
شاهدانی بچهره همچو هلال — در حجاب حروف زهرهٔ جمال[32]
ار چه[33] بینی که من تُرُش‌رویم — در[34] عنا پر ز[35] چین شد ابرویم
سخنم بین چه نغز و[36] شیرینست — منتظم همچو عِقد پروینست
صورت من اگر چه مختصرست — صفتم بین که عالم هنرست
مهر و مَهْ بندهٔ ضمیر منند — عاشق خاطر منیر منند
من چو شمعم که مجلس افروزم — رشتهٔ[37] جان خود همی سوزم[38]
شمع کردار بر لگن[39] سوزان — روشن از من جهان و من سوزان[40]
این سخنها که مغز جان منست — گر[41] بد ار نیك آمد آن[42] منست

۱- G: رو ۲- این بیت در C نیست ۳- e: پا ٤- O: بس ٥- G: نقد ٦- G: کارخانهٔ
۷- G: بستهٔ ۸- A: جامهٔ ۹- eOKGF: عصمت، این بیت و ۱۳ بیت آینده در C نیست
۱۰- e: گهرشان ۱۱- I: فگندم ۱۲- A: کشودم ۱۳- KG: نسخ ۱٤- A: تحفه ایست
۱۵- eO: + و ۱٦- OF: سخنی ز، eKG: سخن از ۱۷- O: شرح و رمز ۱۸- e: معنیش شمع روی
۱۹- مصراع دوم در F نیست، این بیت در KGC نیست ۲۰- I: و شعرش ۲۱- A: سعادت و اقبال
۲۲- e: عارفان ۲۳- A: مائل ۲٤- eOKIGF: قدرت ۲۵- A: دهن ۲٦- A: برو
۲۷- G: ناهبم ۲۸- KA: زین سخنهای ۲۹- KA: حاطل، G: حایل ۳۰- OKIG: شاهد
۳۱- A: هر یکی از یکی دگر آید، K: هر یك از یکدگر بهتر زاید ۳۲- این بیت در CA نیست
۳۳- OKF: آنچه، IG: اینچه، e: این که ۳٤- eOKIGF: کز ۳۵- A: بود ۳٦- IG: - و
۳۷- A: رستهٔ ۳۸- دو مصراع در A مقدم و مؤخر ۳۹- IC: در لگن، G: تو جهان
٤۰- این بیت در K نیست ٤۱- I: که ٤۲- I: آید آن، e: شد زبان

علمشان[۱] بهر فتنه انگیزیست فضلشان از برای خون ریزیست
بوی گند آید از فضائلشان[۲] دیو بگریزد از شمائلشان
خویشتن ناسپاس[۳] و بی ادبند[٤] همه آزار خَلْق‌را سببند[٥]
آن‌چه[٦] بینی که مشتری[۷] نظرند که ز[۸]کیوانِ نحس‌نحس‌ترند[۹]
هم زبانشان زفحش[۱۰] ناسوده[۱۱] هم درونشان بخبث[۱۲] آلوده
عالمی پر زدیو و دد بینی جمله مستِ شراب[۱۳] خود بینی[۱٤]
هر یکی همچو دیو در تك و پوی همه دور از خدا و دنیا جوی[۱٥]
تو چه گوئی چنین که[۱٦] ایشانند[۱۷] بکن[۱۸] اندیشهٔ[۱۹] مسلمانند
وین[۲۰] گروهی[۲۱] دگر که مظلومند اندرین روزگار محرومند[۲۲]
همه سرگشته[۲۳] و پریشانند خستهٔ طعنهای[۲٤] ایشانند
آهشان سوخت سقف گردون را اشکشان دجله کرد[۲٥] هامون را[۲٦]
عجب ار آهشان اثر نکند دود دلشان[۲۷] جهان سقر نکند
هست اگر نیست او سخن دان تر[۲۸] کار او[۲۹] از جهان[۳۰] بسامان تر
وانکه داند که دین و[۳۱] دنیا چیست یك نفس خوش[۳۲] نمیتواند زیست[۳۳]

(۷۰) ختم الکتاب[۳٤]

ای دریغا که در[۳٥] زمانهٔ ما هزل[۳٦] آمد[۳۷] بکارخانهٔ ما
هزل را[۳۸] خواستار[۳۹] بسیارست[٤۰] زنخ[٤۱] و[٤۲] ریشخند[٤۳] بس یارست[٤٤]
میل ایشان[٤٥] بهزل بیشترست هزل الحق زجدّ پیشترست[٤٦]
مردرا هزل زی[٤۷] گناه برد[٤۸] جد سوی عالم اله برد[٤۸]
چون توجد یافتی ببر[٤۹] از هزل تا ازان مملکت بیابی[٥۰] عزل

۱- G: حلم شان ۲- G: خصایلشان ۳- eOKGFC: ناشناس ٤- G: بی اویند ٥- G: شنوند
٦- A: ازچه، K: آنکه ۷- K: شبه ۸- A: کرد، G: هم، e: گه ز ۹- A: یکدگرند ۱۰- KC: بفحش
۱۱- eOFC: آموده، G: آلوده، K: آسوده ۱۲- KIGC: زخبث ۱۳- K: مست و خراب ۱٤- دو مصراع در K مقدم و مؤخر ۱٥- این بیت در eOKGFC نیست ۱٦- eOKGFC: چنانکه، I: درین که
۱۷- I: انسانند ۱۸- KGFC: مکن ۱۹- KC: اندیشه کین، F: اندیشه که، G: اندیشه کش، e: اندیشه تا
۲۰- eOKIGFC: این ۲۱- eOKIG: گروه ۲۲- G: مجروحند ۲۳- KG: بسته ۲٤- eOKIGFC: تیغ ظلم ۲٥- eOKGFC: ساخت ۲٦- KI: جیحون را ۲۷- G: دود شان بر ۲۸- eOKIGFC: هست آنرا که هست نادان تر ۲۹- O: کارها ۳۰- eOKIGFC: همه ۳۱- eF: کار ۳۲- OGFC: خود
۳۳- این بیت در K نیست ۳٤- eOKGF: فصل فی ختم الکتاب، I: فصل فی خاتمة الکتاب گوید
۳٥- I: درین ۳٦- A: هر که ۳۷- eKG: آید، O: ناید ۳۸- A: هر کرا ۳۹- eOKG: خواستکار
٤۰- OKFC: در کارست ٤۱- K: رنج و ٤۲- C: بر ٤۳- G: ریش خنده، K: ریش چند
٤٤- OFC: بسیارست، eKG: در کاریست، I: بر کارست ٤٥- C: میلشان خود ٤٦- eOKGFC: عزیزترست
٤۷- G: از، K: زین ٤۸- KG: بود ٤۹- C: هنر ٥۰- eOKIGC: نباشی، F: نیابی

(٦٩) اَلْمُلْكُ يَبْقَى مَعَ اَلْكُفْرِ[۱] وَلَا يَبْقَى مَعَ اَلظُّلْمِ[۲]

زانکه[۳] او[٤] ظالم[٥] مسلمان بود[٦]   خلق عاجز خدای نا خشنود
چشم دل باز کن زروی یقین   ظلم حجّاج و عدل کسری بین
آن[۷] یکی کافر[۸] پسندیده   وین[۹] مسلمان ولی نکوهیده
ظلم از[۱۰] هر که هست نیك بدست   آنکه[۱۱] او ظالمست بی خردست[۱۲]
هر کجا ظلم رخت افگندست[۱۳]   مملکت‌را زبیخ بر کندست[۱٤]
هر کجا عدل روی بنمودست[۱٥]   نعمت‌اندر جهان بیفزودست[۱٦]
عدل بازوی شه قوی دارد   قامت مُلْك مستوی[۱۷] دارد[۱۸]
عدل شمعی[۱۹] بوَد[۲۰] جهان افروز   ظلم شد[۲۱] آتشی[۲۲] ممالك سوز[۲۳]
رخنه در پادشاهی[۲٤] آرد ظلم   در ممالك تباهی آرد ظلم
شه چو ظالم بوَد نپاید[۲٥] دیر   زود گردد برو مخالف چیر[۲٦]
ظلم تا در[۲۷] جهان نهاد قدَم   عافیت[۲۸] شد در انزوای[۲۹] عدم
عدل تا سایه از جهان بر داشت   خوش‌دلی رخت ازمیان[۳۰] بر داشت
مادر خرّمی عقیم بماند   غصّه در سینها مقیم بماند
جگر اهل دل پر از[۳۱] خون شد   دل ارباب[۳۲] فضل محزون شد
در جهانی که هست کوْن و فساد   در کشیدند[۳۳] رخ صلاح و سداد
دوْر گردون نگرکه چون دون[۳٤] شد   جنبش اختران دگر گون شد
بر کشید آسمان لئیمان را   تیره کرد اختران[۳٥] کریمان را
خاك بر تارك ظریفان[۳٦] بیخت[۳۷]   آب روی همه شریفان[۳۸] ریخت
این[۳۹] لئیمان که سر بر آوردند   عادت و رسم دیگر آوردند
همه از[٤۰] دانشست[٤۱] دعویشان   لیك بی دانشیست[٤۲] معنیشان

۱-G: بالکفر   ۲-G: مع ظلم   ۳-GC: وانکه   ٤-A: از، O: زان   ٥-eIGC: + و
٦-K: زانکه ظالم و ناسلمان بود   ۷-e: این   ۸-eOFC: + و   ۹-OIFC: این، G: آن
۱۰-K: ظلم‌را   ۱۱-eOKGF: وانکه   ۱۲-eOKF: نیك بد ست، G: لیك بد ست، این بیت‌در C نیست
۱۳-G: افگنده   ۱٤-G: کنده   ۱٥-G: بنموده   ۱٦-G: بیفزوده، این بیت در A نیست
۱۷-K: معنوی   ۱۸-اضافه در e عنوان: در فضیلت عدالت   ۱۹-I: شاهی   ۲۰-C: تو ای
۲۱-eOC: شه   ۲۲-KFC: آتش   ۲۳-I: ظلم وجور آتشیست‌ملکت‌سوز، اضافه در e پنج بیت مکرر از ابیات ٤٥، ٥۲، ٥۳، ٥۸، ٥۹   ۲٤-e: ملك شاهی   ۲٥-C: نماند   ۲٦-O: خیر   ۲۷-K: بر
۲۸-C: عاقبت   ۲۹-eOKGFC: در آرزوی، I: دران نوای   ۳۰-eOIGFC: ازین مکان، K: از مکان
۳۱-KG: درد پر   ۳۲-A: دلم از تاب   ۳۳-C: کشیدن   ۳٤-G: دون نگر چون، K: نگر که تا چون
۳٥-eOKGF: اختر   ۳٦-eOKFC: ضعیفان، G: کریمان   ۳۷-KG: ریخت   ۳۸-G: حریفان   ۳۹-G: آن
٤۰-I: همه‌را   ٤۱-KGF: عادتست   ٤۲-OKIC: بی دانشست

نه منم[١] اینچنین بدین آئین   خسته و زار و مستمند[٢] و حزین
عالمی را همه چنین[٣] بینی   همه‌را با عنا قرین بینی[٤]
گشته از حادثات دَور[٥] فلك   سینهٔ شان پر زخون زجور[٦] فلك[٧]
در جهان هر که بینی از کِه و مِه   همه در بند آنکه فردا به
همگنان[٨] بر[٩] امید بوك ومگر[١٠]   عمر بگذشت‌و[١١] روز روزْ بَتَر[١٢]
کار کِ[١٣] خاص و عام شد مشکل   غصّه دارند این و آن حاصل
رفت کارِ جهانیان زنسق   گشت[١٤] یکبارهٔ ملكْ بی رونق
کرد[١٥] بنیاد مُلْك ظلم[١٦] خراب   رفت خورشید عدل[١٧] زیر حجاب[١٨]
چرخ منسوخ کرد آیت[١٩] عدل   سر نگون گشت[٢٠] باز رایت عدل
معدلت اندرین زمانهٔ شوم[٢١]   شد چو سیمرغ و کیمیا معدوم
نیست اِنصاف در ولایت ما   دل ما[٢٢] خون شد از حکایت ما

(٦٨) حکایت[٢٣]

بود در عهد ما شهی کافر[٢٤]   نام او در جهان بعدلْ سمر[٢٥]
سایهٔ عدل در[٢٦] جهان گسترْد   خَلق‌را در خطِ[٢٧] امان آورْد
مُلْك خودرا بعدل کرد آباد   کآفرین[٢٨] بر شهان عادل باد
مهربان بود بر رعیّت خویش[٢٩]   از برای صلاح دولت خویش[٢٩]
در پناهش رعیّتْ آسوده[٣٠]   او بداد[٣١] و دهش بیفزوده[٣٢]
ایزدش عزّ این جهانی داد   مدّتی[٣٣] دیرْ زندگانی داد
روزگاری جهان گشائی کرد   کامرانی و پادشائی[٣٤] کرد
باز دیدم که ظالمان بودند   در جهان هفتهٔ نیاسودند

١-C: من نیم   ٢- eOKFC: مستمند و زار، G: مستمند و خوار   ٣-OFC: همی چنین، G: چنین همی
٤- این بیت در K نیست   ٥- G: جور   ٦- KG: زخار جور   ٧- اضافه در eOKIGF عنوان: فصل فی مذمّة (e: ذمّ) الظلم (I: +گوید)   ٨-eOKIFC: همه‌را   ٩- O: در   ١٠- K: نوش‌مگر
١١- KIC: - و   ١٢- K: دور قمر، این بیت در G نیست   ١٣-eOKGFC: کار بر، I: از بر
١٤- I: گشته   ١٥-KG: کرده   ١٦-KG: ظلم جمله، O: ظلم ملك   ١٧-A: علم   ١٨-O: نقاب، e: سحاب   ١٩-KA: رایت   ٢٠-F: کرد   ٢١-K: رسوم   ٢٢-I: جمله دل
٢٣- I: الحکایت، این عنوان در eOKFC نیست   ٢٤- G: بهمین یك کافر، K: ما نعد کافر
٢٥- G: قمر، این بیت در C نیست   ٢٦-eIC: بر   ٢٧- G: در جهان   ٢٨- C: آفرین
٢٩- eOKGFC: خود   ٣٠- G: آسودند   ٣١- K: عدل و داد، eO: ده بداد   ٣٢-G: بیفزودند
٣٣- KGF: مدّت   ٣٤- KGC: پادشاهی

بس[1] کنی بر[2] جهان زر افشانی   بر فقیر و توانگر افشانی[3]
چون زنی بر فلك سرا پرده   بندی از نور در[4] هوا پرده
در هوا ذرّه‌را کنی تعریف   بدن[5] خاك‌را دهی تشریف
چون در آئی ببارگاه حمل   بنمائی هزار گونه عمل
زیور حسن بر جهان بندی   نقش[6] دیبای گلستان[7] بندی
برقع از روی غنچه بگشائی   چهرهٔ[8] یاسمین بیارائی
در چمن سبزهٔ تازه روی شود   گلستان پر ز[9] رنگ و بوی شود
قدح لالهٔ پر شراب کنی   عارض ارغوان خضاب[10] کنی
چون کنی یك نظر تو در[11] معدن   خاك گردد بجوهر[12] آبستن
در رَحِم جنبش جَنین از تست[13]   ماه‌را پرتو جبین از تست[14]
تو رسانی همی بهفت اقلیم   از هزاران هزار گونه نعیم
در نظر شاهد ملیح[15] توئی   بر فلك همدم مسیح توئی
یوسف مصر آسمانی[16] تو   کدخدای[17] همه جهانی تو
اینت عزّت که صانع عالم   بوجود[18] تو یاد کرد قسم[19]
با وجود تو ای جهان آرای   ازچه روی[20] اندرین سپنج سرای[21]
روز من بخسته[22] تیره فام بوَد   صبح بر چشم من چو شام[23] بوَد
چیست جرمم که[24] کرده‌ام باری[25]   که نهی[26] هر دمم زنو خاری[27]
مژهٔ من زموج خون جگر   همچو دامان ابر داری تر
چون منوا چنین حزین داری[28]   با غم[29] و غصّه همنشین داری[30]
عادت چون توئی چنین[31] باشد[32]   جگرم خون کنی همین باشد[33]
نه خطا گفتم[34] از تو این ناید[35]   چون تو مهری زمهر کین ناید[36]
این همه جور دور گردونست   او[37] کند اینچنین که او[38] دونست

۱- eKG: پس   ۲- eG: در   ۳- این بیت در I نیست   ٤- IG: بر   ٥- G: مدتی   ٦- O: + و
۷- A: دلستان   ۸- K: چهرهٔ بر   ۹- G: - ز   ۱۰- C: خطاب   ۱۱- e: نظر سوی   ۱۲- e: بگوهر
۱۳- K: کافش چنین ازلیست   ۱٤- G: اینچنین از تست، K: اینچنین ازلیست   ۱٥- C: صبیح
۱٦- K: مصر را بمانی   ۱۷- K: که خدیو   ۱۸- e: بر وجود   ۱۹- اضافه در eOGFC:
مردم چشم عالمی بدرست   که جهان‌سر بسر منیر از تست (مصراع اول در G: چشم
عالم ضیا پذیر از تست)   ۲۰- C: چهٔ، eKGF: چه رو   ۲۱- این بیت در A نیست   ۲۲- I: خفته
۲۳- eOKGFC: حرام   ۲٤- eOKF: چه   ۲٥- I: یاری   ۲٦- G: دهی، I: زنی   ۲۷- I: خواری،
این بیت در C نیست   ۲۸- OFA: دارند   ۲۹- C: بغم   ۳۰- OFA: دارند ، این بیت در K نیست
۳۱- K: تو اینچنین   ۳۲- I: باید   ۳۳- G: همی شاید، I: همی باید   ۳٤- I: کردم
۳٥- C: باید   ۳٦- A: زمهر کین آید، KGFC: ترا نه کین باید، I: زمهر کین باید   ۳۷- I: زان
۳۸- eOFC: این که اینچنین ، KG: او که اینچنین

قفس[۱] پنج حسّ را بشکن — مرغ جان از قفس[۲] برون افگن
بازرا در قفس[۱] چه کار بوَد — جای او دست شهریار بوَد
زین[۳] نشیمن گهش برون انداز — تا کند در هوای هو[٤] پرواز

(٦٦) فی[٥] خطاب الشمس[٦]

ای خطابِ تو خسروِ[۷] اعظم — ای خَضِرْ کسوتِ[۸] مسیحا دم
ای فریدونِ خطّهٔ اعلَی — بی نصیب از تو دیدهٔ اعمَی
چون نمائی بصبحْ رایتِ[۹] نور — خیلِ ضحّاکِ شب[۱۰] بوَد[۱۱] مقهور[۱۲]
در حجاب از[۱۳] تو اخترانْ یکسر — اندرین هفت منظرِ اخضر
دو وُشاقند[۱٤] بسته در دو وِثاق — بر[۱٥] میان بَهرِ بندگیْت نطاق[۱٦]
هم قمرْ پردهٔ دار ایوانت — هم عطاردْ دبیر دیوانت[۱۷]
از پیِ[۱۸] بزمِ تست خنیاگر — در[۱۹] سِپَمْ قمرْ زُهرهٔ ازهر
بسته پیشت کمر[۲۰] بسرهنگی — والیِ عقربْ آن یلِ[۲۱] جنگی[۲۲]
سعد اکبرْ عنان[۲۳] انعامت[۲٤] — راهبِ[۲٥] پیرْ[۲٦] حارسِ[۲۷] بامت[۲۸]
تو که در هفت کشوری خسرو — شهسواری ولیك تنها رَو
دار[۲۹] ملكِ تو کشورِ چارم — بام قصر تو پنجمین[۳۰] طارم

(٦٧) خطاب الثانی[۳۱]

ای مسلّم ترا سَحَرْخیزی — هر سحر چون زخواب[۳۲] بر خیزی[۳۳]
سَر زبالین شرق[۳٤] بر داری — دامن و[۳٥] جیب پر زرد[۳٦] داری

۱-eOKGFC: قفس ۲-eOKIGFC: جان را ازو ۳-C: ز، F: زان ٤-I: جان، eO: او
٥-OKIGF: فصل فی، e: - فی ٦-K: شمس، e: بخورشید ۷-eOKIGFC: نیّر ۸-F: + و
۹-G: رویت ۱۰-G: ازان ۱۱-eOKIGFC: شود ۱۲-I: رنجور ۱۳-eKGF: - از
۱٤-G: هم وثاقند، K: دو وثاقند ۱٥-KG: در ۱٦-I: رطاق ، این بیت در C نیست
۱۷-C: کیوانت ۱۸-G: هم ازین ۱۹-KG: بر ۲۰-A: از بهر تو، O: پشت و کمر ۲۱-I: یکی
۲۲-G: هر کجا عقرب است بر چنگی، K: آن یکی عقرب آن یکی چنگی، دو مصراع در A مقدم و مؤخر
۲۳-eOKIGFC: عیال ۲٤-G: انوامت ۲٥-G: راست، I: راهبر، K: رایت ۲٦-G: تیر، K: سهر،
e: دیر ۲۷-KA: چارمین، G: زیرای ۲۸-C: نامت، G: انعامت ۲۹-K: در ۳۰-O: پنجمش
۳۱-eOKGF: والشمس وضحیها والقمر اذا تلیها ۳۲-G: زجات ۳۳-این بیت در K نیست
۳٤-K: برق ۳٥-K: دهن ۳٦-C: زدر

روزی از وی طلب نه از مکسب   از فلک جوی مه نه از نخشب[1]
غمّ روزی مخور که خود برسد   بخردمند و بی خرد برسد
روزیِ خود بزیر چرخ کبود   نتواند کسی بجهد افزود
پیش هر ناکسِ[2] خسیس و[3] بخیل   از پیِ نان مباش خوار و ذلیل
خویشتن[4] آفتابْ[5] سایه نمای   همچو کیوانْ بلند پایه نمای
تن مپرور که جای او گورست   خورشِ کرم و روزیِ مورست
روح را پرور ار[6] خِرد داری   هان که تا[7] ضائعش بنَگْذاری
زانکه[8] آن دم که وقت[9] کار آید   روح باشد[10] که در شمار آید
روح نوریست[11] زان[12] ولایت پاك   که تعلّق گرفت[13] با این خاك
پرتوِ نورِ فیضِ[14] ربّانیست   گرچه محبوسِ جسمِ ظلمانیست
در کلام مجید[15] ایزد فرد   امر گفت آنچنان که یادش[16] کرد

(٦٥) یَسْأَلُونَكَ[17] عَنِ ٱلرُّوحِ قُلِ ٱلرُّوحُ[18] مِنْ أَمْرِ رَبِّی

تو[19] بحرص و حسد میالایش   بخصال حمیده آرایش
با سگ و خوك همنشین مَکُنَش   با رفیقان بدْ قرین مَکُنَش
چون کُنَد[20] مرگ از همه دورت   و افگنَد[21] پست در گو[22] گورت
بوَد او[23] محرمِ حضورِ احد[24]   در نیاید[25] بتنگنای لحد[26]
هست اینجا[27] برای قوّت و[28] قوت   باز گشتش[29] بعالمِ ملکوت
چار[30] عنصر چو در شمار آید[31]   تن مرکّب ازین چهار آید[31]
جان چو از تن[32] مفارقت جوید   هر یکی سوی اصل خود پوید
آنچه[33] از[34] هستیت[35] نشان ماند   جان بوَد جان که جاودان ماند

١- این بیت در KC نیست   ٢- eOGFC: + و   ٣- A: - و   ٤- eOKGFC: خویش را
٥- KI: آفتاب و، e: زافتاب   ٦- eOKGFC: روح پرور اگر   ٧- eOKIGFC: هان و هان
٨- eOKGFC: چونکه   ٩- eOC: بوقت   ١٠- G: باید   ١١- CA: نوریست   ١٢- KGF: از
١٣- KG: گرفته   ١٤- A: نور فضل، I: فیض نور   ١٥- I: مجیدش   ١٦- I: ذکرش
١٧- IF: ویسألونك   ١٨- G: - قل الروح   ١٩- A: تن، C: رو   ٢٠- I: عاقبت
٢١- IG: افگند، K: اوفگندند   ٢٢- C: پشت بر گو، G: پست در تهی، I: پست اندرین، K: پست در،
O: پست بر گو   ٢٣- I: لاجرم   ٢٤- eGC: ابد، OF: آمد، K: آید   ٢٥- C: ور نیاید، I: در تناید
٢٦- C: جسد   ٢٧- K: آنجا   ٢٨- KA: - و   ٢٩- KG: گفتن   ٣٠- I: بار   ٣١- G: آمد
٣٢- A: زتن چون   ٣٣- I: روح   ٣٤- O: در   ٣٥- eOKGFC: هستیش

(۶۳) فی[۱] الأکل[۲]

از پیِ لقمهٔ چه ترش[۳] وچه شور — تا کی این گفت‌وگوی واین[۴] شروشور[۵]
بر درِ این و آن چو سگ چه دوی[۶] — گر نهٔ سگ چنین بتگ چه دوی[۶]
بیش خوردن قوی کند گردن — لیك زیرك شوی[۷] زکم خوردن
آفتِ علم و حکمتست شکم — هر کرا خورْدْ بیش[۸] دانِشْ کم
مرد باید که کم خورش باشد — تا درونش بپرورش باشد[۹]
فرّخ آن کاختیارِ[۱۰] او همه سال — عملِ صالحست و اکل[۱۱] حلال[۱۲]
هست بِهْ نزد من درین[۱۳] ایّام — بی نوا زیستن زکسب حرام[۱۲]
لقمهٔ کان[۱۴] خوری زکسب[۱۵] حلال — بِهْ بوَد از عبادتِ ده[۳۳] سال[۱۲]
مرد باید که قُوت جان جوید — هر چه گوید همه زجان گوید[۱۲]
چونکه جان را زعشق قُوت بوَد — قوتش[۱۶] از حَیّ لَا یَمُوتْ بوَد
ای عزیز این[۱۷] همه ذلیلی[۱۸] چیست — وی سبُك روح این ثقیلی[۱۹] چیست
شکم از لوت[۲۰] چار سو چه کنی — خویشتن[۲۱] بندهٔ گلو چه کنی
نظر از کام و از گلو بگسل — هر چه آن نیست حق[۲۲] ازو بگسل[۱۲]
تا تو[۲۳] در بند آرزو باشی — زیر پای[۲۴] خسان چو گو[۲۵] باشی
چون تو از آرزو بتابی[۲۶] روی[۲۷] — آرزو در پیت کند تك و پوی[۲۸]

(۶۴) فی[۲۹] الرّزق[۳۰]

بحقیقت بدان که ایزد فرد — در ازل روزیت مقدّر کرد
آنکه جان آفرید و[۳۱] روزی داد — شور بختی و نیك[۳۲] روزی داد

۱- OKIGF: فصل فی ۲- I: + والشرب گوید، e: فصل در اکل و شرب ۳- O: تلخ ۴- I: آن
۵- eGFC: گفت‌وگوی شیرین شور، O: گفتگوی شیرین سور ۶- K: روی ۷- I: شود
۸- G: هر که او بیش خورد ۹- اضافه در eOKIGFC:
هر چه پرسی ازو (K: همو) داند سرّهای (K: همه سرّ) حقیقت او داند
۱۰- G: اختیار ۱۱- I: کسب ۱۲- این بیت در A نیست ۱۳- K: هست نزد من اندرین
۱۴- eOC: کم، KGF: گر ۱۵- GFC: زوجه ۱۶- eOKIGFC: قوت ۱۷- A: ان ۱۸- I: بخیلی
۱۹- KG: عقیلی ۲۰- KGC: لوث، O: دود ۲۱- eOKGFC: خویش را ۲۲- I: نجز حق است
۲۳- K: تو که ۲۴- eOKIGFC: بار ۲۵- eOIGFC: دو تو، K: دون ۲۶- KG: نتابی
۲۷- A: رو ۲۸- A: خود بسویت آرد رو، G: نبیتت(؟) کند ده توی، K: در تنت کند تك و پوی
۲۹- eOKIGF: فصل فی ۳۰- I: + گوید، این عنوان در A نیست ۳۱- KIGFC: - و ۳۲- GA: تنگ
۳۳- K: مه و

آنکه زو زادی[1] آنکه از تو بزاد — هر دو را کشت[2] و تو بدو دلشاد[3]
او بآزردنت[4] چنین مائل — تو درو[5] بسته دل زهی غافل
دل منه بر جهان که این[6] نه نکوست[7] — او ترا دشمن و تو او را دوست
گر بمانی درین جهان صد سال — بی غم و رنج جفت[8] نعمت و مال
روزی آید که دلْ فگار شوی — خستهٔ زخم[9] روزگار شوی[10]
هست[11] نامِ جهانْ سرای مجاز — در سرایِ مجاز جای مساز
کار و بارِ جهانیانْ[12] هَوَسست — وین همه[13] کار و بار[14] یك نَفَسست
من برین[15] کار و بار میخندم — دل درین[16] کار و بار[17] چون[18] بندم
این همه طمطراق بیهده چیست — چون ندانی که چند خواهی زیست[19]
از پیِ یك دو روزِ[20] عمر قصیر — چند هیزم کشی بقعر سعیر
زین جهانت بدان جهان سفرست[21] — گذرت راست بر پلِ سقرست[22]
غمّ این ره[23] نمیخوری چه کنم — هیمه[24] با خود همی بری چه کنم

(٦٢) حکایت[25]

روزی از روزها براهْ گذر[26] — خَرَکی بر دکان آهنگر
از قضا میگذشت با هیمه — شرری جست از یکی نیمه[27]
هیمه آتش گرفت و[28] یکسر[29] سوخت — آخر الامر در میانْ خر سوخت
آتشت[30] خصلتِ ذمیمهٔ تست — زانکه فعلِ ذمیمهٔ هیمهٔ تست[31]
چون تو با هیمه بر[32] سقر[33] گذری — عجب ار بُگذری و جان ببری[34]
نگذری زانکه[35] بس گرانباری — زیر بارِ گرانْ گرفتاری
خوردن و خفتنست عادت تو — بهره[36] اینست از سعادت[37] تو

١- eOIF: زاد و ٢- IG: کشته ٣- eOIGF: شده شاد، این بیت در KC نیست ٤- G: بروز بشب
٥- KG: برو ٦- eOKGFC: آن ٧- C: با پوست ٨- G: رنج نیست، K: جفت رنج
٩- K: روز و ١٠- این بیت در I نیست ١١- eOKIGFC: چیست ١٢- KG: جهان همه
١٣- IG: این همه، K: همه این ١٤- eOKGFC: طمطراق ١٥- C: ازین ١٦- KI: برین
١٧- e: روزگار ١٨- I: کی ١٩- دو مصراع در eOKGFC مقدم و مؤخر، اضافه در G:
این همه طمطراق کنفیکون — جذبهٔ نیست پیش اهل جنون
٢٠- eKIGFC: روزه ٢١- G: گذر است ٢٢- اضافه در eKIGF عنوان: وإن منکم إلّا (KG: - إلا) واردها کان علی ربك (e: ذلك) حتما مقضیا (G: ختم معصیتها؟) ٢٣- G: دین رو ٢٤- KGC: همه
٢٥- این عنوان در eKGF نیست ٢٦- I: اندر ٢٧- KGF: از پی هیمه، I: در یکی نیمه
٢٨- eKIGC: - و ٢٩- K: رنگش ٣٠- I: آفت ٣١- این بیت در eOKGFC نیست ٣٢- A: در
٣٣- K: سفر ٣٤- G: سقرت سوخت با وجود تری ٣٥- A: زانکه اینجا تو ٣٦- OF: بهرت، e: بهرهات ٣٧- G: شقاوت

باز[1]خاصان نه این نه آن[2]جویند   از پی او بقای جان جویند
رنگ و بوئی که در جهان بینی   گر[3] همه سود گر[4] زیان بینی[5]
صلح با جنگ[6] و[7]عدل با[8] ستمست[9]   با بدی[10] نیک و یا[11] نشاط[12] غمست[13]
رهروان را ازان چه نفع وچه ضر[14]   گر[15] همه خیر باشد ار همه شر[16]
عالمی[17] دیگرست عالمشان   نیست[41] فرقی زسور تا ماتمشان[18]
در جهان جز بدیدهٔ عبرت[19]   ننگرند اینت غایت همت[20]
خاطر از هیچ کس نرنجد شان   هر دو[21] عالم جوی نسنجدشان[22]
هر که او لذت جهان جوید   روز و شب در پی جهان پوید
نو گریزان جهان و[23] او پویان   همچو دیوانگان جهان جویان[24]
نتواند بدان جهان پیوست   زین جهان[25] باد دارد اندر[26] دست[27]

(٦١) خَسِرَ[28] ٱلدُّنْيَا وَٱلْآخِرَةُ ذٰلِكَ هُوَ ٱلْخُسْرَانُ ٱلْمُبِينُ[29]

آن شنیدی که از سر سوزی   گفت عیسی بهمرهان روزی
از[30] جهان دل بطبع بر دارید[31]   مهر او جمله کینه انگارید[32]
که جهان زود سیر و[33] بدمهرست   همه خارست[34] اگرچه گل‌چهرست
همه معشوقه‌ایست عاشق‌کش   عاشق او خرد ندارد و هش[35]
دایه‌ئی[36] دان که هر که او[37] پرورد   خون پروردهٔ را بریخت[38] بخورد
تا جهانست کارش[39] این بودست   رسم و آئینش این[40] چنین بودست

١- A: تا ز، eOK: یار ٢- OKF: این و آن، e: آن نه این ٣- K: فد ٤- A: او، eOFC: وگر، G: ور، K: و ٥- این بیت در B نیست ٦- eCB: با عدل، K: یا جنگ، O: یا عدل
٧- KGCB: - و ٨- eB: جنگ با، C: جنگ ار، G: عدل هم، K: عدل یا، O: جنگ یا ٩- G: با اوست، K: ظلم است ١٠- IGA: با بد و، K: یا بد و ١١- IGFB: نیک با، K: نیک یا ١٢- KIA: + و
١٣- G: غم اوست ١٤- A: چه نفع باشد و ضر، IC: ازان چه نفع و ضرر، G: ازو چه نفع و ضرر
١٥- B: که ١٦- G: از چه شرر ١٧- eOKG: عالم ١٨- A: زسور و ماتمشان ١٩- IC: غیرت
٢٠- GA: غیرت، K: محنت ٢١- A: جمله ٢٢- این بیت در G نیست ٢٣- K: - و ٢٤- این بیت در A نیست ٢٥- G: زانجهان ٢٦- C: باز تا ندارد، K: یاد دارد اندر، O: باز دارد اندر
٢٧- B اینجا با پنج بیت ذیل بپایان میرسد:

اوحدی وار ترك دنیا گوی   زاد راه مقام عقبی جوی
یك نفس حاضر دم خود باش   ساکن ملك عالم خود باش
بنگر تا ازین جهان فنا   حاصلت چیست در مقام بقا
این نصیحت که گفتمت بشنو   بر طریق محمّدی میرو
تا بیابی مقام اعلی را   جانت یابد زحق تسلّی را

٢٨- G: خیر ٢٩- A: - ذلك هو الخسران المبين ٣٠- e: زین ٣١- A: دارند ٣٢- A: انگارند
٣٣- K: - و ٣٤- Q: همه جا زشت ٣٥- G: ندارد خوش ٣٦- OK: دانهٔ ٣٧- A: داد کرکی او، O: دان که هرکه آن، e: دان که هرکرا ٣٨- C: نخست، eO: + و ٣٩- G: رسمش ٤٠- I: آئین او
٤١- K: هست

طلبِ[1] صحبتِ خسان نکنی تکیه بر عهد ناکسان نکنی
که نکرد ست خس وفا با کس سگ بگاه وفا به از ناکس
گر[2] رخِ ناکسان نبینی به[3] با خسان هرچه کم[4] نشینی به
زانکه ناکس زدد[5] بَتَر باشد راست خواهی زید بَتَر باشد[6]
گر تو نیکی بدان کنند بَدَت کم کند صحبتِ بدان خردت[7]
تا توانی مجوی صحبتشان که مَه[8] ایشان مَه[9] نام وکُنیَتشان
زین حریفان وفا و[10] عهد مجوی از[11] درختِ کَبَسْت[12] شهد مجوی
منشین با بدان و بدکاران باش دائم رفیق دین داران[13]

(٥٩) اَلْوَحْدَةُ خَيْرٌ مِنْ جَلِيسِ ٱلسُّوءِ[14] وَٱلْجَلِيسُ[15] ٱلصَّالِحُ خَيْرٌ مِنَ ٱلْوَحْدَةِ[16]

از درون و برونِ[17] مردمِ بد صورتِ آدمیست[18] سیرتِ دد
پای در کش زهمنشینیشان[19] دیده بر دوز تا نبینیشان[20]
دوستیَت مباد با نادان که بُوَد دوستیش کاهشِ[21] جان[22]
این مثل زد وزیر با بهمن دوست نادان بتر زصد دشمن
بشنو این نکته را[35] که سخت نکوست مار به دشمنت[23] زنادان[24] دوست
تا توانی رفیق عام مباش پختهٔ عشق باش و[25] خام مباش
که همه طالبِ جهان باشند بستهٔ بند آب و نان باشند
همگنان[26] بی خبر زمَبْدَعِ[27] خویش واگهی نَه که چیستشان در پیش[28]
عاشقِ خورد و خواب ویوشش و[29] بس تابعِ[30] شهوت و[31] هوا و هوس[32]

(٦٠) أُولَٰئِكَ كَالْأَنْعَامِ بَلْ هُمْ أَضَلُّ أُولَٰئِكَ[33] هُمُ ٱلْغَافِلُونَ[34]

١-A: رغبت ٢-B: در ٣-A: تو ٤-A: کو ٥-B: زسگ، I: زید ٦- دو مصراع در IB مقدم و مؤخر ٧- این بیت درCB نیست، اضافه در G:
تو نه نیکی نه قابل نیکی تو و کاکا و کوکو کیکی
٨-A: کم، OKGF: که نه ٩-OKGFA: نه، I: به ١٠-eOF: وفای ١١-eKGFB: وز ١٢-B: سهست، KG: کنشت، I: کسیت ١٣-B: بیداران ١٤-A: من جلیس السوء خیر ١٥-KG: و جلیس
١٦- این عنوان در B نیست ١٧-B: اندرون و برون، eO: از برون و درون ١٨-eIG: آدمیت و
١٩-G: هم نشینانت ٢٠-G: نه بینانت، مصراع دوم در I نیست، این بیت در KC نیست
٢١-O: آفت ٢٢- مصراع اول در I نیست ٢٣-G: یار دشمن بهت، K: مار دشمن به است
٢٤-A: که گیری، F: که کیی، KG: زناکس، O: که گیتی، e: که نادان ٢٥-OGF: - و
٢٦-eO: همگان ٢٧-A: زمعدن، F: زمبدأ ٢٨- این بیت در KCB نیست ٢٩-eKGF: - و
٣٠-K: طالب ٣١-IF: - و ٣٢- این بیت در CB نیست ٣٣-eKG: واولئك ٣٤- این عنوان در A نیست، در B اینجا فقط: فی صفة الواصلین ٣٥-G: - را

هر چه داری[۱] زنعمتِ دنیی — بر فشان بَهْرِ عزّتِ[۲] عقبی
چون اَلِفْ آن کسی[۳] که هیچ نداشت — از درونْ[٤] هیچ بندو پیچ نداشت
دمِ تجرید[۵] آن[٦] تواند زد — که لگد بر جهان تواند زد
در رَوِشْ[۷] چون بدین[۸] مقام بوَد[۹] — دان که[۱۰] در عاشقی تمام بوَد[۱۱]
مرد این رهْ چو راست‌رَو[۱۲] باشد — هر زمانْ قربتیش[۱۳] نو باشد
نشود کس بحیلت و تلبیس — در جهان قِدَمْ عزیز و[۱٤] نفیس[۱۵]
چون اَلِفْ راست باش هیچ مدار — تا بران[۱٦] آستانه یابی بار[۱۷]

(۵۷) فَاسْتَقِمْ كَمَا أُمِرْتَ وَمَنْ تَابَ مَعَكَ[۱۸]

نقش کو[۱۹] محو کُن زتختهٔ دل — تا شود کشف بر تو هر مشکل[۲۰]
هر مرادی که از تو روی بتافت — نتوان جز براستی دریافت
راستیْ شغلِ[۲۱] نیکْ بختانست[۲۲] — هر کرا هست نیکْ بختْ[۲۳] آنست
دل زبهرِ چه در[۲٤] کژی[۲۵] بستی — راستی پیشه کن زغم رستی
گر[۲٦] کژی را[۲۷] شقاوتست اثر — راستی را سعادتست ثمر
هر که او پیشه راستی دارد — نقد معنی در آستی[۲۸] دارد
تا درین رستهٔ[۲۹] که مسکنِ تست — نَفْسَت[۳۰] از کژرویست[۳۱] دشمنِ تست
راستی کن که اندرین رَسته — نشوی جز براستیْ رَسته

(۵۸) تنبیه الغافلین[۳۲] ومذمّة الجاهلین[۳۳]

بر تو بادا که تا توانی تو — نامهٔ ناکسان[۳٤] نخوانی تو

۱-eOKGFCB: یابی   ۲-I:+ و   ۳-K: یکی   ٤-e: اندر آن   ۵-e: زتجرید   ٦-I: ازان
۷- C: رهش   ۸- A: هر کش این   ۹- B: شدی، C: رود، I: رسد   ۱۰- OC: وانکه
۱۱-B: شدی، C: رود   ۱۲-eOKGFCB: راهرو   ۱۳- A: قوّتیش، KGF: منزلیش   ۱٤- I: - و
۱۵- این بیت در eOKGFC نیست، اضافه در B:
تا توانی مباش بستهٔ آز — آزرا دفع کن بتیغ نیاز
۱٦-A: بدان   ۱۷- این بیت در eOKGFC نیست   ۱۸- I: - ومن تاب معك، این عنوان در KGFA نیست
(در KGF اینجا عنوان ۵۸)   ۱۹- K: نفس را   ۲۰- A: نکتهٔ دل، این بیت و ۲٦ بیت آینده در C نیست
۲۱-A: کار   ۲۲-A: مردان است   ۲۳-A: مرد   ۲٤-e: بر   ۲۵-OKF: کجی   ۲٦-G: که
۲۷-OKGF: کجی را   ۲۸-A: هستی نراستی، KGB: معنی در آستین   ۲۹- K: رشتهٔ
۳۰-A: نقشت، KG: نفس   ۳۱-A: کورویست، eOKGF: کجرویست   ۳۲- e : در تنبیه غافل
۳۳-e: جاهل، B: اولئك كالانعام بلهم اضل اولئكهم الغافلون تنبیه الغافلین، این عنوان در KGF
در جای عنوان ۵۷ و در GF اینجا: ایضا تنبیه الغافلین و مذمة الجاهلین این عنوان در A نیست
۳٤-A: آن کسان

باد دائم بهر دو[1] حالْ ترا[2] — تا میسّر شود کمالْ ترا
وقت ضرّ[3] و عنا[5] دلْ[4] صابر — گاه[5] نفع وغنا[6] زبانْ[7] شاکر
صبر و شکری همی نمای[8] بنقد — تا خطابتْ[9] کنند[10] نِعْمَ آلْعَبْدْ

(۵۶) فی[11] العافیة[12]

در جهان هرچه هست عاریتست — بهترین نعمتیش عافیتست
هستْ[13] اندر جهان جسمانی[14] — عافیتْ مِلْکتِ سلیمانی[15]
هر که در عافیت بداند[16] زیستْ[17] — قدر آن مِلْکتْ او[18] شناسد[19] چیست
خنك نانی بعافیت زجهان[20] — نزد من به زمِلْکتِ خاقان[21]
فرّخ آن کو دل از جهان بر کَنْد — ببُرید از جهانیان پیوند[22/27]
فرّخ آن کو[23] بگوشهٔ بنشست — گشت فارغ زگفت و گوی[24] بَرَست[25]
هر کرا این غَرَضْ میسّر شد — از شرف با ملك[26] برابر شد[27]
شهریارانْ[28] غلامِ[29] او باشند[30] — جرعهٔ خوارانِ جامِ او باشند[30]
چون ترا عافیت نماید روی — پس ازان بر طریقِ آز مپوی[31]
آز بُگذار تا نیاز آری — کاز آرد برویها[32] خواری
طمع و آز را مرید مباش — بایزیدی کُن و یزید مباش
کز[33] پیِ مُلْكِ آن[34] گزید[35] سقر[36] — دو[37] جهان پیشِ اینْ[38] نداشت[39] خطر
بزن ای پیرو[40] جوانمردان[41] — بر جهان پشت پای چون مردان[42]
تا ترا بر[43] جهانِ[44] جانْ نظرست — هرچه هستیْ تست در[45] خطرست
بر فشان آستین زجان و جهان — التفاتی مکن[46] بدین و بدان[51]
شاخ حرص و حسد زبیخ[47] بکَن — گردنِ آز و آرزو[48] بشکن[49]

۱- G:چه ۲-A: باد هر دو جهان وصال ترا ۳- KGF:صبر ٤-KA:دلی ٥- A:کار
٦- A: بلا ، C:عنان ۷-G: گهی ۸-G: شمار ۹-e: خطابت ۱۰- A:کند که
۱۱- eOKGF: فصل فی ۱۲- I :+ گوید، این عنوان در A نیست ۱۳-B: هرچه ۱٤-A: حیرانی ،
B:جسمانیست ۱٥-B: سلیمانیست ۱٦-B: نداند ۱۷-K: چیست ۱۸-B: آن ملك کی،OKIGFC:
این ملك او، e: این مملکت ۱۹-I: بداند ۲۰- B: بعافیت بجهان ، G: زعافیت بجهان
۲۱-B: سلطان ۲۲- این بیت در CBA نیست ۲۳- B:آمد ۲٤-I:+ و ۲٥- این بیت در eOKGFC
نیست ۲٦-B: فلك ۲۷- این بیت در C نیست ۲۸-eOKGFC: شاه ایوان ۲۹-A: عالم
۳۰- eOGFC: باشد ۳۱-A: آن ره پوی ، C: او مپوی ۳۲- C: برویهان ۳۳- eOKGFC:از
۳٤- eOB: ملك او، KGFC: آن ملك ۳٥- I :مرید ۳٦-eKGFCBA :سفر ۳۷- C:که
۳۸- A :آن ، B: ازین ، eKGFC:او ۳۹- K: بدست ٤۰-A: و رو ره، GC: ای پیر چون
٤۱- B :پشت پائی بزن تو چون مردان ٤۲-B: در جهان رو ره جوانمردان ٤۳-KC: در ٤٤-eO:+ و
٤٥-B: هست تو است با، I: هستی است جمله پر ٤٦- G: بکن ٤۷- C:هوس و رنج، eOKF: هوا زبیخ،
G:هوس زبیخ ٤۸- C:آرزو ازو ٤۹-G: بفگن ٥۰- I: زمملکت ٥۱- IA:باین و بآن

با پسر اینچنین مَثَل زد[1] سام — گریهٔ بهتر ز[2]خنده ناهنگام[3]
ابلهی از گزاف[4] میخندید — زیرکی آن بدید[5] نپسندید
گفت ای بی حیا و[6] بی آزرم — اینچنین خندی و[7] نداری شرم
گریه و بر تو ظلم و[8] بی دادی — به که[9] بی وقت خنده و[10] شادی
خندهٔ هرزهٔ مایهٔ[11] جهلست — مردِ بیهودهٔ خند[12] نا اهلست
هان و هان تا[13] نخندی[14] از[15] خیره — که بسی خنده دل کند تیره
هیچ شك نیست اندرین گفتار — دل بمیرد[16] ز خندهٔ بسیار

(۵۳) كَثْرَةُ ٱلضَّحْكِ تُمِيتُ ٱلْقَلْبَ[17]

با تو باداکه خیره[18] کم خندی — ور بخندد کسی تو نَپْسندی[19]
هیچ دانی غَرَض‌ازینجا[20] چیست — هرکه خندید بیش ازان[21] بگریست
در جهانی دهان زخنده ببند — چون برستی[22] زهول[23] حشر[24] بخند[25]

(۵٤) فی[26] الصّبر والشّکر[27]

هر کرا[28] داد ایزدش توفیق — صبر و شکرش بوَد همیشه[29] رفیق
این بکاهد بلا و محنت‌را[30] — وان[42] فزاید غنا و نعمت‌را
صبْرْ تلخست ازو[31] بوَد حَرَجَت[32] — او[33] دهد از بلا وغم[34] فرجت[35]
چون[36] شِکَرْ ذوقِ شُکْرْ شیرینست — نعمت‌افزای[37] و[38] قوّتِ دینست[39]

(۵۵) اَلْإِيمَانُ نِصْفَانِ نِصْفٌ[40] صَبْرٌ وَنِصْفٌ[40] شُكْرٌ[41]

۱- KG: این مثل همیزد ۲- C: که ۳- eOKIFC: بی هنگام، این بیت در A نیست ٤- K: گذاف
۵- eOKF: + و ٦- KGCB: بی حیای ۷- IC: زینچنین‌خندهٔ ۸- B: گریه و ظلم و بر تو،
eOKGFC: گریهٔ تو زظلم و (GC: - و)، I: گریه بر توچو ظلم و ۹- K: ز ۱۰- GF: خندهٔ
۱۱- B: از سر، e: آیت ۱۲- C: خنده ۱۳- I: تا توانی ۱٤- C: نخنده، I: مخند
۱۵- eKIG: ای ۱٦- eKGFC: گریه‌آید، O: گریه‌آمد ۱۷- GF این عنوان با عنوان (۵٤) دارد و اینجا فقط:
ایضًا فی الضحك (F: + والبکا) ۱۸- KGFA: هرزه ۱۹- G: کم خندی ۲۰- eB: از اینها، GF:
که اینجا، K: که آنجا ۲۱- eOKGFC: بیش، I: زار ۲۲- C: که رستی، K: به ترسی
۲۳- G: زحول ۲٤- C: خیز و ۲۵- K: مخند، اضافه در B:
لب بمگشا بخنده محزون باش — فارغ از خوب و زشت‌گردون باش
۲٦- eOI: فصل فی ۲۷- A: فی الشکر والصبر ۲۸- G: هر که او ۲۹- KA: همیشه بود
۳۰- I: نقمت‌را ۳۱- B: ازانه، G: او ۳۲- KIGC: جرحت ۳۳- C: در، G: این
۳٤- KF: غم و بلا ۳۵- KIGC: فرحت ۳٦- A: - چون ۳۷- A: افزا ۳۸- GC: - و
۳۹- F: قوّتت اینست، eOG: قوت آیین است ٤۰- eOF: نصفه ٤۱- I: نصفه فی الصبر و نصفه الشکر(؟)،
G: الایمان منفان صنف الشکر وصنف الصبر، K: فی صفت الصبر ٤۲- K: وین

حاصلِ عمر جز یکی دم نیست — وان دم از رنج وغم[1] مسلّم نیست
نَفَسی کز تو در گذشت[2] آن رفت[3] — از[4] پیِ آن نَفَس بنتوان[5] رفت
کوش تا آن[6] نَفَس که آید[7] پیش — نشود از تو فوت[8] ای درویش
صرف کن آن نَفَس برای[9] خدای[10] — تا شوی روشناسِ[11] هر[12] دو سرای[13]

(٥١) فی[14] البلاء[15]

در رهِ عشق او بلا کش باش — همچو ایّوب در بلا خوش باش
چون در آید[16] بلا مگردان روی[17] — روی با[18] حق کن و[19] رَضِینَا گوی[20]
عاشقان را غذا بلا[21] باشد — عاشقی بی بلا کجا باشد
لقمه از سفرهٔ بلا خوردی[22] — مَی زخمخانهٔ[23] رضا خوردی[24]
عارفان[25] با بلاش[26] خو کردند — با بلا خو برای او کردند[27]
هر کرا در جهان بلا دادند — اوّلش شربتِ رضا دادند[28]
نزد آنکس که در ره آمد مرد — رنج وراحت یکیست[29] دارو و[30] درد
ره روان از بلا نپرهیزند — چون بلا رخ نمود[31] نگریزند

(٥٢) فی[32] الضّحك والبکاء[33]

تا توانی بخنده لب مگشای — سِرّ دندان بخنده در منمای[34]
خندهٔ هرزه آب روی بَرَد[35] — راز پنهان میان کوی بَرَد[36]
گریهٔ ابر بین و خندهٔ برق — در نگر تا کجاست[37] اینجا[38] فرق[39]
ابر ازان[40] گریهٔ نعمت اندوزد — برق ازان خندهٔ آتش افروزد[41]

١- C: علم   ٢- eOKGFC: بگذرد   ٣- C: وان رفت، KG: آنوقت   ٤- eOKGFCB: در، I: وز
٥- CB: چونتوان   ٦- A: کان یك، G: تا این   ٧- C: بیاید   ٨- C: فوت از تو، G: از تو وقت
٩- eOGFC: از سر نفس خیز بهر، K: وز سر نفس خیز بهر   ١٠- IGA: خدا   ١١- B: حق شناس، C: رو شنائی، e: دو شناس   ١٢- KG: در   ١٣- GA: سرا   ١٤- eOKIGF: فصل فی
١٥- B: + والعنا، I: + والصبر علیه   ١٦- G: آمد   ١٧- A: رو   ١٨- eOKGFC: در
١٩- K: کنی   ٢٠- A: گو   ٢١- A: بی بلا، G: بلاغذا   ٢٢- eOKGFC: خوردند، I: میخور
٢٣- eK: زمیخانه   ٢٤- eOKGFC: خوردند، I: میخور، این بیت در B نیست   ٢٥- A: عاشقان
٢٦- I: بلا چه   ٢٧- این بیت در eOKGFC نیست   ٢٨- اضافه در eGFA عنوان:
إذا أراد الله بقوم خیرا ابتلاهم (G: ابکاهم)   ٢٩- eOC: + و   ٣٠- C: - و   ٣١- B: نهاد
٣٢- eOIF: فصل فی، G: فصل، K: ایضا فی   ٣٣- OA: - والبکاء، I: + گوید، B: فی منع الضحك وترغیب البکاء   ٣٤- e: منما   ٣٥- A: آب رو ببرد   ٣٦- اول مصراع دوم در A فاقد و باقی مانده فقط: کو ببرد   ٣٧- eOKIGFC: که چیست   ٣٨- KF: آنجا   ٣٩- این بیت در A نیست   ٤٠- KG: ازین
٤١- اضافه در A عنوان: مثل، در I: الحکایت

چونکه بر کرد[1] نور حق[2] اشراق   بذل[3] کرد از مَکارِمِ الْأَخلاق[4]
مُکْرِم و معطی و خجسته پی است   بی نیازست ازآنچه تحت[5] وی است[6]
او زمُبْدِعِ همی پذیرد[7] ساز   پس بابداع میرساند باز
مبدعِ کُنْ فَکانْ که[8] قیّومست[9]   ذات اورا نظیر معدومست[10]
نظم هستی برین[11] نسق دادست   هستی از کاف ونون چنین زادست[12]

(٤٩) فی[13] التّسلیم[14]

گر بهشتست ور[15] جحیم[16] ازوست   گر[17] سمومست ور[18] نسیم[19] ازوست
لطف او هر کرا ولایت[20] داد   آخرش[21] هدیهٔ[22] هدایت[23] داد
قهرش آنرا[24] که بد مقالت[25] کرد   هدف پاسخ[41] ضلالت کرد
زشتی و خوبی و کم و بیشی   رنج و راحت غنا[26] و درویشی
کردهٔ اوست جمله نیک بدان   یَفْعَلُ اللّٰهُ مَا یَشَا بر خوان[27]
بد و نیکی که[28] در عمل بستست   نقش آن[29] جمله در ازل[30] بستست
هرچه امروز[31] پیش می آید   همه بر جای خویش می آید

(٥٠) کُلَّ[32] یَوْمٍ هُوَ فِی شَأْنٍ

این مثل در زمانه[33] معروفست   که عملها بوقت موقوفست
باش راضی بدانچه او دهدت   گر همه زشت ور[34] نکو دهدت
نیک وبد نفع وضرّ وراحت ورنج   کز[35] تو بگذشت در سرای سپنج[36]
یا چو افسانه ایست[37] یا خوابی[38]   یا چو در جویها روان[39] آبی[40]

١-A: چون بر آورد، eOKGC: چون برو کرد، F: چون برون کرد، I: چون بدو کرد   ٢-A: خلق
٣-G: بزل   ٤- eOKCB: اخلاق   ٥-A: آنکه بخت   ٦- این بیت در eOKGFC نیست
٧-C: او پذیرد همی زمبدع   ٨-I: و   ٩- B: بیچونست   ١٠- B: او از نظیر بیرونست
١١- eOKIGFC: بدین   ١٢-G: داد است   ١٣- eOKIGF: فصل فی   ١٤- A: + والاستطاعه، B: + وقل کل من عند الله، I: + گوید   ١٥-B: اگر، C: گر   ١٦- G: نعیم، K: جهنم   ١٧-A: ار، KB: ور   ١٨- B: اگر   ١٩- K: تسنم   ٢٠-B: هدایت، eOC: دلالت   ٢١- B: اوّلش
٢٢- C: هدیه و   ٢٣- B: ولایت   ٢٤- A: اورا   ٢٥-K: معاملت   ٢٦- OKGF: عنا
٢٧- GB: بخوان   ٢٨- eQOGFC: نیك تو   ٢٩- e: او   ٣٠-G: عمل   ٣١- KGF: از امر
٣٢- B: الامور (؟) هونة باوقاتها وکل   ٣٣- B: میانه، I: زمان   ٣٤-A: اگر، B: وگر
٣٥- C: بر   ٣٦- این بیت در K نیست   ٣٧-FA: افسانه است   ٣٨-C: خوابیست
٣٩- B: جویبارها، I: جویبار روان، K: جویبار دان   ٤٠- C: آبیست   ٤١- eOKGCA: پاسخ

هرچه موجود شد زاموش دان   پیشتر[1] عقل آمد آنگه جان
اثر فیض اوست نامحصور   عقل ازان فیض گشت قابل نور
از پی بود زید و[2] هستی عمر   فیض حق را توسّط[3] آمد امر
عقل اگرچند[4] شاه و[5] سلطانست   بر در امر بندهٔ فرمانست
تختهٔ[6] کلک نقش[7] امرست او   دایهٔ نفس[8] زید و عمرو ست او
مبدأ[9] کائنات[10] جوهر اوست   مرجع روح پاک کشور اوست
قادر[11] مطلق ایزد متعال   ذات او را حیات داد و[12] کمال[13]
والی کشور[14] وجود ست او   سایهٔ رحمت ودود ست[15] او[16]
ساکن بزم او بصفّ نعال   نفس کلّ از برای کسب کمال[17]
هست پیوسته میل آن[18] طرفش   زانکه[19] آنجاست مقصد و[20] شرفش[21]
عقل شاهست ونفس حاجب اوست[22]   درممالک دبیر[23] و[24] نائب اوست[23]
قوّت از فیض عقل گیرد نفس   زان طرف[25] مایه میپذیرد نفس[26]
قائلست[27] و زبان ندارد او   نقش بی کلک مینگارد او
هرچه بر لوح ممکنات نگاشت   خطّ او نور بُد[28] سواد نداشت[29]
خط بدینجاست[30] کو سیَه رویست   که[31] همه رنگ زاج و مازویست[32]
معنی لفظهای نغز و[33] شگرف   نور محضست در سیاهی حرف
در کمالیّت[34] از بها و جمال[35]   عقل کل سَر[36] کشد[37] باستقلال[38]
از برای صلاح دنیا را[39]   پرورش[40] او دهد هیولَی را
در جهان از پی تمامی را   مایه بخشید روح نامی را[41]
مدد از بذل[42] اوست عالم را   نَشْو او داد[43] شخص آدم را
دَوْر[44] نُه چرخ و[45] سیر هفت اختر   شش جهت پنج حسّ و چار[46] گهر[47]
مایهٔ[48] هرچه هست از خرد ست   که خرد مایه‌بخش نیک و بدست[49]

١- A: بیش تو   ٢- C: زید بود   ٣- C: توسط O: بواسطه e: بواسطه   ٤- C: اگرچه، I: هرچند
٥- OKG: - و   ٦- C: تحفهٔ   ٧- KIA: نقش کلک   ٨- A: نقش   ٩- eOKGFC: مبدع
١٠- C: +و   ١١- A: فاعل، B: قائمٔ   ١٢- IG: - و   ١٣- مصراع دوم در C نیست   ١٤- A: دفتر
١٥- I: و درود است   ١٦- این بیت در CB نیست   ١٧- I: برای او بکمال، مصراع اول در C نیست، این بیت در B نیست   ١٨- A: از   ١٩- OIC: زانچه   ٢٠- eGA: - و   ٢١- دو مصراع در C مقدم و مؤخر   ٢٢- e: او   ٢٣- G: وصی   ٢٤- I: - و   ٢٥- eOKGFC: نفس   ٢٦- B: عقل
٢٧- OK: قابلست   ٢٨- B: او نور بر، G: او بود او   ٢٩- B: نگاشت، این بیت در C نیست
٣٠- B: از اینجاست   ٣١- OKGF: کو   ٣٢- G: روح با رویست، Q: و راه ماه رویست؛ این بیت در C نیست   ٣٣- GB: - و   ٣٤- O: در کمالی است، e: ور کمالیست   ٣٥- A: بها و کمال، KG: بهای جمال
٣٦- B: کل رو، eOKGFC: کل را   ٣٧- O: کند   ٣٨- eOKIGFCB: باستقبال   ٣٩- e: دینی را
٤٠- B: تربیت   ٤١- K: مایه بخشند روح ثانی را   ٤٢- A: فیض، C: نزل، G: بنزل
٤٣- C: نشوه او داده   ٤٤- eOGFC: نور   ٤٥- OG: - و   ٤٦- F: حس چار، e: حس چهار
٤٧- این بیت در K نیست   ٤٨- K: پایهٔ   ٤٩- این بیت در A نیست

چند گردی بگِردِ[۱] کعبهٔ گِل   یك نفَس[۲] کن طواف کعبهٔ دل[۳]

(۴۷) فی[٤] ذکر القلب والتّخلّص[۵] فی[٦] العقل

اندرین مُلْك[۷] پادشاهْ دلست   ذُرْوَهٔ[۸] سِدْرَهٔ[۹] بارگاهِ دلست
کالبدْ هیچ نیست عینْ دلست   ساکنِ بَیْنَ أَصْبَعَیْن دلست[۱۰]
قابلِ نقشِ[۱۱] کفر و دینست او   تختهٔ[۱۲] حرفِ[۱۳] مهر[۱٤] و کینست او
قصّهٔ جام[۱۵] جم بسی شنوی   واندران بیش و کم بسی شنوی
بیقین دان که جام جمْ دلِ تست   مستقرّ نشاط و[۱٦] غمْ دلِ تست
گر تمنّا کنی جهان دیدن   جمله اشیا دران[۱۷] توان دیدن[۱۸]
چشم سَرْ نقشِ آب و گل بیند   آنچه سِرّست چشمِ[۱۹] دل[۲۰] بیند
تا زدلْ زنگ حرص نزدائی   دیدهٔ سِرّ تو[۲۱] باز نگشائی[۲۲]
دیدهٔ دل نخست بینا کن   پس تماشای[۲۳] جمله اشیا کن
چون نشد دیدهٔ دلت[۲٤] بینا   اندرین هفت خرگهِ[۲۵] مینا[۲٦]
تو چه دانی برونِ[۲۷] خرگه چیست   فاعلِ هفت قصر اخضر[۲۸] کیست[۲۹]
هر چه دارد وجودِ آن[۳۰] امکان   علوی و سفلی و زمان و مکان
گر درون ور برونِ[۳۱] خرگاهست   صانع[۳۲] و نقش‌بندش[۳۳] اللّٰه است[۳٤]
در ازل کرد نقشِ[۳۵] هست[۳٦] انشا   جوهر و[۳۷] جسم و صورت و معنا[۳٤]
کاف ونون چون بیکدگر[۳۸] پیوست   شد پدید آنچه بود و باشد و[۳۹] هست

(۴۸) إِنَّمَا أَمْرُهُ إِذَا أَرَادَ شَيْئًا أَنْ يَقُولَ لَهُ كُنْ فَيَكُونُ

۱- A: تو گرد   ۲- O: بیقین   ۳- این بیت در G نیست   ٤- eOIGF: فصل فی
۵- A: وتخلص، KGB: وتخلیص   ٦- KB: - فی، I: با (؟)   ۷- G: سلك   ۸- eOKGFC: در ره
۹- FB: صدره   ۱۰- دو مصراع در KGF مقدم و مؤخر   ۱۱- Q: نفس و   ۱۲- OKFC: تحفهٔ
۱۳- KF: صرف، e: مشق   ۱٤- I: قهر   ۱۵- CA: + و   ۱٦- G: نهان   ۱۷- eOGFC: درو
۱۸- این بیت در I نیست   ۱۹- A: نقش، I: جمله   ۲۰- G: سرّ   ۲۱- IA: - تو   ۲۲- اضافه در G:
حسد و کبر و بغض و شهوت و آز   بخدا گر گذاردت بنماز
۲۳- G: تمنای   ۲٤- B: دل زدیدنت   ۲۵- A: خرقهٔ، B: پرده، eOKGF: گنبد
۲٦- این بیت در C نیست   ۲۷- IB: درون، eOFC: + ز   ۲۸- B: قصر هفت‌اختر، e: هفت چرخ اخضر
۲۹- G: چیست   ۳۰- eIG: وجود او، K: زجود او   ۳۱- A: از برون و درون، I: گر چه درون و بیرون (؟)، eOGFC: هر چه بیرون درون   ۳۲- B: فاعل   ۳۳- C: نقشبند   ۳٤- این بیت در K نیست
۳۵- C: هر چه نقش، eF: گر بنفس، OG: گر بنقش   ۳٦- I: هر   ۳۷- GA: - و   ۳۸- e: بیکدیگر
۳۹- KGF: - و

گر کمالی طلب کنی اینجا[۱] — خود[۲] زنقصان بری شوی[۳] فردا
راست بشنو اگر بتنگیٔ حال — بی نیازی زخلق[٤] اینت کمال[٥]

(٤٥) شَرَفُ ٱلْمُؤْمِنِ ٱسْتِغْنَاءُهُ عَنِ[٦] ٱلنَّاسِ

جهد آن کن[۷] که سرفراز شوی — وز درِ خلق بی نیاز شوی
بر درِ این و آن بهرزه مپوی — وز درِ خلق آب روی[۸] مجوی
عزّت از حضرتِ خدای طلب[۹] — منصب وجاه[۱۰] آن سرای طلب[۱۱]

(٤٦) فی[۱۲] ترك الدّنیا و الإعراض عنها[۱۳]

ای لجامی[۱٤] زجسم و جان بگسل — هرچه آن[۱٥] غیر اوست زان بگسل
صنعتِ[۱٦] شعر و شاعری بگذار — دست از[۱۷] گفت‌وگوی هرزه بدار
بیش[۱۸] ازین بر رهِ[۱۹] مُحال[۲۰] مپوی — صفتِ زلف و خطّ[۲۱] و خال مگوی
خط برین[۲۲] علم و این[۲۳] صناعت کش — پای در دامنِ قناعت[۲٤] کش
از پیِ هر خسیس مدح مگوی — وز درِ هر بخیل صلّه[۲٥] مجوی[۲٦]
دست در رشتهٔ[۲۷] حقائق زن — پای بر صحبتِ خلائق زن
گوهرِ عشق زیورِ جان کن — قصدِ آبِ حیاتِ ایمان کن
شورشِ[۲۸] عشق در جهان افکن — فرش[۲۹] عزّت[۳۰] بر آسمان افکن
چست وچابك میان جمع[۳۱] در آی — همچو پروانه گِردِ شمع بر آی
سَرِ گردون بزیر پای در آر — یك نفَس در رهِ خدای بر آر[۳۲]
صحبتِ عاشقان صادق جوی — همره و همدم[۳۳] موافق جوی[۳٤]

۱-eI: آنجا ۲-eOKIGFC: که ۳- eKIGFC: بود ٤- C: خلق، O: زخویش
٥- این بیت در IGBA نیست ٦- I: شرف الاستغناء من ۷-C: کن آن ۸- G: آرزوی
۹- C: خدا بطلب ۱۰- G: جای ۱۱- C: سرا بطلب ۱۲-eOKIGF: فصل فی
۱۳-eOKGFB: عنه، A: فی ترك الاعراض ۱٤- B: مجـا فی، eOKIGFC: سنائی ۱٥-I: کان
۱٦-OKG: صفت ۱۷-OB: دست ازین ۱۸-B: پس ۱۹-OFCB: بر در، eG: در ره، Q: در پی
۲۰-e: مجاز ۲۱- A: خط و زلف، I: زلف و خد ۲۲-eOKIGFCB: درین ۲۳- K: در، e: آن
۲٤- C: سلامت ۲٥- G: سیله، I: حیله ۲٦- این بیت در K نیست ۲۷-G: سهنهٔ
۲۸-OC: سوزش ۲۹- B: جوش ۳۰-A: همّت ۳۱-eOKGFC: خلق ۳۲- این بیت در eOKGFC
نیست، مصراع دوم در I نیست ۳۳- KGA: همدم و همره، C: همره همدم ۳٤- این بیت در I نیست

ور بگیرد همه جهان آتش　　دامنش‌را نسوزد آن آتش
نقد دل قلب شد درین بازار　　در جهان کو دلی[۱] تمام عیار
دل که او[۲]دار ضربِ عشق ندید[۳]　　روی اخلاص و نقش[۴] صدق ندید[۳]
ای زنقد[۵] وجود خویش بشك　　خیز و[۶] بنمای نقد خود بمحك[۷]
تا ببینی تو کم[۸] عیاریِ خویش　　شور بختی[۹] و زشت‌کاریِ[۱۰] خویش[۱۱]
بزبان خیره لاف چند[۱۲] زنی　　لاف نیز از گزاف چند زنی[۱۱]
چند گوئی که من چنین کردم　　اوّلِ شب بآخر[۱۳] آوردم
طاعتِ روزم اینچنین بود ست　　تیره‌شب‌سوزم[۱۴] اینچنین بودست
هر چه شب کردهٔ بروز مگوی　　بچنین حیله آب روی مجوی[۱۵]
معتکِف بر درِ مُحال مباش　　ساکنِ خانهٔ خیال مباش[۱۵]
در نماز و نیاز خاشع[۱۶] باش　　در قیام و قعود خاضع باش[۱۷]
باش پیوسته با خضوع[۱۸] و بکا　　روز و شب‌در میان خوف و رجا
باش بر قهر نفس[۱۹] خود قاهر　　دار یك رنگ باطن و ظاهر
از برایِ قبول خاصه و عام[۲۰]　　بریا باشدت[۲۱] قعود و قیام
بی ریا در رهِ طلب[۲۲] نِه پای　　خالصًا مخلصًا برای خدای
چابك و چست‌رَوْ نه کاهل و سست　　تا بدانجا[۲۳] رسی که مقصد تست
مقصدت عالمِ الٰهی دان　　بی تباهی و بی تناهی دان[۱۵]
رَوْ بکونَیْن سر فرود میار　　تا بران[۲۴] آستانه یابی[۲۵] بار[۲۶]
چون لگد بر سرِ دو کون زنی　　رخت خود در جهانِ هو فگنی[۲۶]
گر تو اینجا[۲۷] بخویش مشغولی　　دان که[۲۸] زان کارگاه معزولی
ور بگردد[۲۹] ازین نسق[۳۰] صفتت　　حاصل آید کمالِ معرفتت
هر کمالی که آن سَری[۳۱] نبوَد　　جز که نقصان و سرسری[۳۲] نبوَد

۱-eOKGFC: کو دلی در جهان ، I: در جهان بود دل　۲- C: از　۳-I: بدید　۴- F: نفعر
۵-OKIGFC: بنقد　۶-F: - و　۷- اضافه در G:
خیز بنمای خویش‌را قامت　　که موذن بگفت قد قامت
۸-B: هم　۹- OGF: ریختن شورeK: زینچنین شور　۱۰-KG: رستگاری　۱۱- این بیت در CA نیست
۱۲-I: بزبان چهره چند لاف ، K: بر زبان لاف خیره چند　۱۳-eOKIGFC: بروز　۱۴- K: روزم
۱۵- این بیت در eOKGFCA نیست　۱۶-K: جامع　۱۷- اضافه در eOKGF عنوان:
الذین یذکرون الله قیاما وقعودا وعلی جنوبهم　۱۸- B: خشوع　۱۹-e: با نفس و قهر
۲۰-I: خاص وعوام　۲۱- K: بی ریا بایدت، O: بر ما باشدت　۲۲-G: خدا　۲۳- G: برانجا
۲۴-C: بدان　۲۵-eF: آستان بیابی　۲۶- این بیت در GA نیست　۲۷-I: گر توانی
۲۸-OK: وانکه　۲۹- C: نگردد　۳۰-B: سهس　۳۱-K: بری　۳۲- C: بهر سری ، I: و بر سری

آب طاعت برید[1] از جویش[2]   نیل لعنت کشید بر رویش
بود آدم چو[3] کرد یك عصیان   روز و شب رَبَّنَا ظَلَمْنَا خوان
چون بیفزود قدر و[4] عزّتِ او   داد ثُمَّ اَجْتَبَاهُ[5] خلعتِ او
هر که خودرا فگنْد بر درِ او   در دو عالمْ عزیز شد برِ[6] او
خویشتن را بیَفگن[7] ای نادان   تا مشرّف شوی چو عقل و چو جانْ[8]
اندران[9] رہ که راه مردانست   هر که خودرا فگندْ[10] مردْ آنست
آنکه او نیست گشت هستش دان   وانکه خود دید بت پرستش دان
بی خبر زان جهان و هست یکیست[11]   خویشتن بین و بت[12] پرست یکیست[11]
نزدِ آنکس که باشد او[13] حق دوست   هر چه جزحق بوَد همه بت اوست[14]

(٤٤) فی[15] مذمّة[16] الرّیاء[17] والمرائی[18]

دان که[19] ز[20] آنجا که شرط بندگی است   بهترین طاعتی فگندگی است
تا تو[21] خودرا نیفگنی ز[22] اوّل   نکنندت قبولْ هیچ عمل
خود از اینها نداری آگاهی   گر تو در بند منصب و جاهی[23]
تات[24] باشد بکنج زاویه جاه[25]   بر گرفتی بقعر هاویه راه
نیست شو در رَهَش که راهْ[26] اینست   در بنِ چاه شو[27] که جاهْ اینست
از[28] پیِ آنکه زاهدت خوانند   صوفیِ[29] چُست و عابدت خوانند[30]
ظاهر[31] آراستی بحسن[32] عمل   باطن انباشتی بزرق و[33] دَغَل[34]
رہ[35] غلط کردهٔ خطات[36] افتاد   این خطا[37] آخر[38] از کجات[39] افتاد[40]
رهْ روان را رَوِشْ چنین[41] نبوَد   در طریقتْ طریق این[42] نبوَد[40]
نشود گر کند بر آب[43] گذر   قدمِ راه رو زدریا[44] تر[45]

١-O: بر امد ٢-G: خویش ٣-e: که ٤- GC:- و ٥- C: ثم اجتبی، G: هم اجتباه، K: حق احتیاط ٦-K: سر ٧-eOKGFC: شناس ٨- K: عقل جوان ٩- eOKIGFC: اندرین ١٠- G: او نیست گشت، O: خودرا شناخت ١١- G: یك است ١٢-F: خود ١٣- B (صرف نظر از تصحیح در حاشیه): دارد او، eOKGFC: صفت آنکه داردش ١٤- این بیت در IA نیست
١٥- B: فی الانکسار والفناء و، OKIGF: فصل فی، e: فصل در ١٦- F: مذاهب، G: المذهب ١٧- FG: الریائی، O: الرائی، e: مرائی ١٨- I: والمرائی گوید، e: و ریائی ١٩- OC: وانکه ٢٠- e: - ز ٢١- KGF: که ٢٢- G: - ز ٢٣- I: زان قبل مانده سخت گمراهی، این بیت در eOKGFCA: نیست ٢٤- I: تا تو ٢٥- C: ماه، I: راه ٢٦- GC: ره ٢٧- B: در تك چاه شو، I: درین جار سو، G: واندرین جاه شو ٢٨- G: وز ٢٩- C: صوفی و ٣٠- O: دانند ٣١- G: زاهر ٣٢- KG: +و ٣٣- OC: - و ٣٤- e: حیل، دو مصراع در C مقدم و مؤخر ٣٥- eOKIGFC: نه ٣٦- G: خطا ٣٧- I: خیال ٣٨- eOKGFC: ببین که ٣٩- IG: کجا ٤٠- دو مصراع در C مقدم و مؤخر ٤١- K: چنین روش ٤٢- K: غش ٤٣- eOKGF: براه ٤٤- eOKIGF: بدریا ٤٥- این بیت در CA نیست

از خلیلِ خدا اِبا کرده — رفته نمرودرا خدا کرده
ترك[١] آدم گرفته از تلبیس[٢٣] — دوستی کرده با که[٢] با ابلیس[٣]
تا هوا و هوس شعار تو اند — امل[٤] و حرص یارِ غار تو اند
زین حریفان بکس نپردازی — خود بخود یك نفس نپردازی
خویشتن زین همه[٥] مجرّد کن — طلبِ دولتِ مؤیّد[٦] کن

(٤٢) فی صفة الکِبْر[٧]

خوب‌روئی تو زشت خوی[٨] مباش — راست بشنو دروغ گوی مباش
باش پیوسته تازه روی و لطیف[٩] — تا شوی در میان جمعْ شریف[١٠]
چون زنخوت کنی دماغ تهی — پای بر تارکِ سپهر نهی
وگر[١١] از کِبْرْ برتری طلبی — سر فرازی و سروَری طلبی
کِبْرَت از چرخ بر زمین فگنَد — در دلِ مردم از تو کین فگنَد
کِبررا عقل و شرع نَسْتایند[١٢] — عاقلان سوی کبر نگْرایند[١٣]
صورتِ کبر را سگی دانش — که بدست آشکار و پنهانش
هر که در وی[١٤] زکبر اثر باشد — دان که[١٥] از سگ پلیدتر باشد
از[١٦] تواضع بزرگوار شوی — وز[١٧] تکبّر حقیر[١٨] و خوار شوی[١٩]

(٤٣) مَنْ تَوَاضَعَ لِلّهِ رَفَعَهُ ٱللّٰهُ وَمَنْ تَکَبَّرَ وَضَعَهُ ٱللّٰهُ[٢٠]

چون تو بی کبر و بی ریا باشی — خاصِ درگاه کبریا باشی[٢١]
تا توانی بگِردِ کبر مگرد — با عزازیل بین که کبر چه کرد[٢٢]

١- eOKGFC: کم ٢- C: با که کرده ٣- این بیت در IA نیست ٤- C: اهل
٥- C: خویشتن را ازین ٦- KG: مؤید ٧- B: فی خلق الحسن وصفة الصدق و بشاشة الوجه ومذمة الکبر، I: فصل فی صفة الکبر والتواضع، K: فی مذمة الکبر، e: در صفت کبر و عجب، این عنوان درA نیست
٨- GF: روی ٩- I: ظریف ١٠- eOKFC: حریف ١١- eOKGFC: اگر ١٢- G: نستاند
١٣- G: نکراند ١٤- C: اورا، eOKGF: وی را ١٥- OGC: وانکه ١٦- KGF: وز
١٧- KGF: از ١٨- K: حزین، eO: ذلیل ١٩- دو مصراع در KGF مقدم و مؤخر
٢٠- این عنوان فقط در B ٢١- این بیت در CA نیست ٢٢- اضافه در eOKGF عنوان: وإن علیك لعنتی إلی یوم الدین ٢٣- K: ابلیس

از سر کام نفْس بر خیزد | از[۱] هوا و هوس بپرهیزد
چون تمنّای[۲] روی دوست کند | حالی آهنگ کوی[۳] دوست کند
مرکبِ جهد زیر ران آرد[۴] | رخ[۵] بدان[۶] فرّخ آستان آرد[۷]
سفرِ او نه[۸] آب و گل باشد | رفتنِ او بپای دل باشد
در[۹] طلب چون رسد بمطلوبش | حاصل آید وصال محبوبش
چون‌سخن گوید آن نَفَسْ با[۱۰] دوست | از طرب بر تنش[۱۱] بدرّد پوست
در میانْ زحمتِ میان[۱۲] نبوَد | نکته‌را راه بر زبان نبوَد[۱۳]
سخنش کامل و شگرف بوَد | بی میانجیِ صوت و حرف بوَد[۱۴]
جملهٔ[۱۵] عضوهاش دیده شود[۱۶] | تا[۱۷] نشانی زدوست دیده شود[۱۶]
زانکه این دیده دید[۱۸] نتْواند | دیده از دیدنش فرو ماند
دیده را دیدهٔ دگر باید | تا بدان دیدهْ دیدنش[۱۹] شاید
بچنین دیدها[۲۰] که ما داریم | طاقتِ دیدنش کجا داریم[۲۱]

(۴۰) لَا تُدْرِكُهُ الْأَبْصَارُ وَهُوَ يُدْرِكُ الْأَبْصَارَ[۲۲]

(۴۱) طلب الهداية والتّوفيق بالعمل الصّالح[۲۳]

ای بخود راه خویش گم[۲۴] کرده | این بوَد راه مرد پرورده[۲۵]
این[۲۶] همه لافِ ترک دنیی کو[۲۷] | لافِ[۲۸] دعویْت[۲۹] هست معنی کو
چند ازین شیوَهای رنگ‌آمیز[۳۰] | چند ازین گفتهای باد انگیز[۳۱]
تا کیْ ای مستْ لافِ[۳۲] هشیاری | چند[۳۳] لنگی بری[۳۴] برهْواری[۳۵]
مویِیَت همره و توچون خامان[۳۶] | رفته وگشته همدمِ[۳۷] هامان

۱- B:وز ۲- B: تماشای ۳- G: روی ۴- O: دارد ۵- B: سر ۶- K: بران
۷- O:دارد، این بیت و ۸ بیت آینده در G نیست ۸- A :ز، OKF: نه ز ۹- I :دل
۱۰- B: چو بگوید دران نفس‌با، C: چون سخن گویدش کسی از، eOKF: چون سخن گوید از محبّت
۱۱- K: پیرهن ۱۲- e: بیان ۱۳- دو مصراع در C مقدم و مؤخر ۱۴- این بیت در GA نیست
۱۵- C: پله ۱۶- A: بود ۱۷- B :چو ۱۸- KC :دیده ۱۹- I: دیدنش همی ۲۰- K: دیدهٔ
۲۱- C: آریم، این بیت و ۶۵ بیت‌آینده در A نیست ۲۲- این عنوان در IB نیست
۲۳- KG: - بالعمل الصالح ، این عنوان در A نیست ۲۴- I: سر ۲۵- eOKGFC: پژمرده
۲۶- eOGFC: ای ۲۷- e :گو ۲۸- e :+ و ۲۹- G :دعوی تو ۳۰- G: باد آمیز، I: رنگارنگ، K :ننگ‌آمیز ۳۱- I :آهنگ ۳۲- C: این لاف‌مست ۳۳- O :خر ۳۴- K: برین
۳۵- این بیت در BA نیست ۳۶- K: خاقان ۳۷- B :همره

دل زخبثِ[۱] هوا نمازی کن چون شدی پاك عشقبازی کن[۲]
عشق بازی و عشق بازی نیست هوس به زعشقبازی نیست[۳]
هر که در راه عشق گردد مات در جهانِ کمال[٤] یافت حیات[٥]

(۳۸) أَوْلِيَاءُ[٦] اللّٰهِ لَا[۷] يَمُوتُونَ وَلٰكِنْ يَنْقَلُونَ[۸] مِنْ دَارٍ إِلَى دَارٍ[۹]

آنکه از سرِّ[۱۰] عشق با[۱۱] خبرست دائم از خورد وخواب بر[۱۲] حذرست
وانکه او[۱۳] شربتِ محبّت خورد هرگز از نان و آب[۱٤] یاد نکرد
تا زِخورد و زِخوابْ کم نکنی وز طعام و شرابْ کم نکنی
نتوانی زدن ز عشقْ نفَس بسته مانی درین سرای هوس
تا دلت چشمِ سِرْ بِنَگشاید[۱٥] شاهدِ عشقْ رویِ نَنْماید
بندهٔ عشقِ[۱٦] لَا يُبَالِی باش عاشقِ چُستِ[۱۷] لَا أُبَالِی[۱۸] باش
گر زنی دم زصدق معنی زن خاك در چشم لاف و دعوی زن[۱۹]
دعویٔ عاشقی کنی وانگه[۲۰] ترسی از جان و سَر[۲۱] زهی ابله[۲۲]
چه[۲۳] زنی[۲٤] لاف عاشقی بگزاف[۲٥] بر سَرِ دار زن چو مردان لاف[۲٦]
آنکه[۲۷] از عاشقان[۲۸] أَنَا الْحَقّ زد پس برین[۲۹] ریسمان معلّق زد
غیرتِ[۳۰] حق گرفت دامانش ریسمان شد زِه[۳۱] گریبانش
در رهِ عشقْ سوز و دردت[۳۲] کو نفَسِ گرم و آهِ سردت کو[۳۳]

(۳۹) فی[۳٤] إثبات رؤية اللّه تعالی[۳٥]

عاشقی را که سوز[۳٦] و[۳۷] شوق بوَد دائم از درد[۳۸] عشقْ ذوق بوَد

۱- G: حرص و   ۲- I این بیت‌را دو مرتبه دارد - اینجا و بعد از بیت ۵۲۰ (مرتبهٔ دوم: چون شوی پاك)
۳- این بیت در IGA نیست   ٤- B: حیات   ٥- eO: نجات   ٦- B: الا انّ اولیاء   ۷- G: - لا
۸- G: ینقلبون، eO: ینتقلون   ۹- این عنوان در K نیست   ۱۰- G: دار   ۱۱- KC: پر، F: بر، O: در
۱۲- KGFC: پر، I: با   ۱۳- KGF: از   ۱٤- K: او آب و نان   ۱٥- O: سیر نگشاید   ۱٦- B: خاص
۱۷- GFC: مست، I: چست و، K: مست و   ۱۸- IC: لاوبالی   ۱۹- دو مصراع در C مقدم و مؤخر
۲۰- KGC: آنگه   ۲۱- K: دل   ۲۲- G: رهی آنگه   ۲۳- IC: چون   ۲٤- G: کنی
۲٥- eOIFC: زگزاف، K: بگذاف   ۲٦- این بیت در A نیست   ۲۷- B: وانکه   ۲۸- IB: عاشقی
۲۹- B: بدین   ۳۰- A: عزّت   ۳۱- I: شده زده   ۳۲- G: درد و سوزت، I: سوز و ادت
۳۳- این بیت در A نیست   ۳٤- FGIKO: فصل فی، e: فصل در   ۳٥- I: الله گوید، A: فی الوصل
۳٦- eOGF: شور   ۳۷- B: - و   ۳۸- A: سوز

پیشتر زانکه مرگ پیش آید　　خردت مرگ نفس فرماید[۱]
بچنین مرگ هر که بشْتابد　　از چنین مرگ زندگی یابد[۲]
تا ازین زندگی نمیری تو　　در کفِ دیو خود اسیری تو
نفس‌را[۳] تا[٤] بدیش‌عادت و خویست　　بحقیقت بدان که دیو تو اوست
مردهٔ دل گشتی و پراکنده　　کوش تا جمع[۵] گردی[٦] و زنده

(۳۷) فی العشق[۷]

گر حیاتِ ابد همی خواهی　　خیز و[۸] با عشق جوی[۹] همراهی
رَوْ دم از عشق زن که کار اینست　　رهروانرا بهین[۱۰] شعار[۱۱] اینست
بزبانْ سِرِّ عشق نتْوان گفت　　آنچنان دُر بگفت نتْوان سفت
هر چه گوئی که[۱۲] آنچنان باشد　　صفتِ عشقْ غیر[۱۳] آن باشد[۱٤]
عشق‌را عین و[۱۵] شین و قاف مدان[۱٦]　　بلکه سِرّیست‌در سه حرفْ نهان[۱۷]
سخنِ سِرِّ عشقْ کارِ دلست　　عشقْ پیرایهٔ[۱۸] شعار دلست
عاشقی قصّه و حکایت[۱۹] نیست　　عشقبازی درین ولایت نیست
عالمِ عشقْ عالمی[۲۰] دگرست　　پایهٔ عشق ازان[۲۱] بلندترست[۲۲]
که[۲۳] بهَرْ مسکنی[۲٤] کند منزل　　تا بوَد[۲۵] میل او بعالم گل[۲٦]
عشق در هر وطن فرو ناید　　حجرهٔ خاصِ عشقْ دل[۲۷] باید[۲۸]
مرکبِ عشقْ سخت‌تیزپرست[۲۹]　　هر زمانِ بیش[۳۰] منزلی[۳۱] دگرست[۳۲]
هر که با عشقْ همعنان باشد　　منزلش زان سوی جهان باشد
دل که از بوی عشق بی رنگست　　نه دلست آنکه پارهٔ سنگست[۳۳]
بزبان[۳٤] قال و قیل عشق مگوی[۳۵]　　خیز و[۳٦] دل را بآب صدق بشوی[۳۷]

۱- مصراع دوم در eOKGFC نیست　۲- OCF: باید، KG: ناید، e: زاید، مصراع اول در eOKGFC نیست
۳- eOKIGFC: نفس‌تو　٤- C: با　۵- F: جمله　٦- eOKGFC: باشی　۷- B: فی صفة العشق
واطواره، OKIGF: فصل فی صفة العشق، e: فصل در صفت عشق و محبّت　۸- IGA: - و　۹- G: ساز
۱۰- G: همه، K: بتن　۱۱- A: شکار　۱۲- e: گر　۱۳- e: + از　۱٤- این بیت در I نیست
۱۵- C: - و　۱٦- C: بدان　۱۷- اضافه در G:
صورت عشق پوست باشد پوست　　عشق بی عین شین قاف نکوست
۱۸- I: پروانه، eOB: + و، C: + در　۱۹- B: شکایت　۲۰- eOKIGC: عالم　۲۱- e: از این
۲۲- B: رفیع ترست　۲۳- eOC: کی　۲٤- G: منزلی　۲۵- B: نبود، OKIGF: یا بود
۲٦- GC: دل　۲۷- eOKGFC: عشق را　۲۸- I: شاید　۲۹- eOKIGFC: تیزرو است
۳۰- C: هر زمان بیش　۳۱- O: منصبی　۳۲- eOKIGFC: زنو است　۳۳- A: رنگست　۳٤- K: بر زبان
۳۵- A: مگو　۳٦- KA: - و　۳۷- A: بشو

کو زپیغمبرانْ مسیح و کلیم   آدم و[1] شیث و نوح و ابراهیم
یونس و لوط و یوسف و یعقوب[2]   صالح و هود و[3] یوشع و ایّوب[4]
یا[5] کجا خواجهٔ سراچهٔ کل   خاتمِ انبیا چراغ[6] رسل
کو ابو بکر و[7] عمّر و عثمان   کو علی شیر[8] کردگار جهان
بشرِ حافی و بو سعید کجاست   شبلی و شیخ[9] بایزید کجاست[10]
از شَهانِ جهان[11] جم و هوشنگ   یا فریدونِ با[12] فر و فرهنگ
کو منوچهر و ایرج و نوذر[13]   بهمن و[14] کیقباد و اسکندر
یا ز[15] گردنکشانْ تهمتن[16] کو   گیو و[17] گودرز و[18] طوس و بیژن کو
آن همه[19] صفدرانِ قلبْ شکن   سام و دستان و نیرم و قارن[20]
همگنان[21] خفته‌اند در دل خاک   این[22] یکی خرّم[23] آن دگر[24] غمناک

(٣٦) حکایت[25]

ای شنیده[26] فسانه بسیاری   قصّهٔ کوزه‌گر شنو باری
کوزه‌گر سال و ماه در تک و پوی   تا کند خاک دیگران بسبوی
چونکه خاکش نقاب[27] روی کنند[28]   دیگران خاک او[29] سبوی کنند[28]
تا جهانست کار او اینست   نوش او نیش و مهر[30] او کینست
اندرین خاکدان فرسوده[31]   هیچکس را نبینی[32] آسوده
آنچنان زی درو[33] که وقت رحیل   بیش باشد برفتنت تعجیل
رخت بیرون فگن زدار غرور   چه نشینی[34] میان دیو و ستور[35]
حسد و حرص را بگوی مبر   دشمنانرا براه دور مبر
دو رفیقند هر دو ناخوش و زشت   باز دارندت[36] این و آن[37] زبهشت

١-B: - و   ٢- G: ایّوب   ٣-GC: - و   ٤-G: یعقوب   ٥- C: تا   ٦- B: و شمع
٧-GC: - و   ٨-G: سرّ   ٩-KI: شیخ شبلی و   ١٠- اضافه در eOKIGFC:
از حکیمان عهد (KGF: عصر، O: دهر) ارسطون (KI: ارسطو) کو / ارسطاطالس (KIGC: ارسطالیس) و (C: کو، G: پس، K: یا) فلاطون (K: فلاطو) کو   ١١- eKGFC: کیان، OI: و کیان   ١٢-K: یا
١٣- KGFC: ایدر   ١٤- O: - و   ١٥-OGF: باز   ١٦- eOKGFC: بهمن   ١٧- K: - و
١٨- KF: - و   ١٩- e: این همه   ٢٠- این بیت در KGA نیست   ٢١- eOF: همگان
٢٢- eOKGFC: آن   ٢٣-I: شاد و   ٢٤- C: و دگر، O: آن یکی   ٢٥- B: زین حکایت تو ای وحید زمان / بنگر بی وفائی دوران، G: حکایت کوزه‌گر، I: الحکایت، این عنوان در KA نیست   ٢٦-K: شنیدی
٢٧-O: حجاب   ٢٨- K: کند   ٢٩-B: خاك او دیگران، I: دیگر آن خاك او   ٣٠- G: قهر
٣١-e: افسرده   ٣٢- e: هیچکس نیست از غم   ٣٣-G: همچنانکه بری   ٣٤- K: نشستی
٣٥-B: دیر نشور، C: بود شرور، eOF: دیو شرور، K: دیو سرور   ٣٦- F: آرندت   ٣٧-K: آن و این

بار حرص و حسد زدوش بنه   هرچه داری بخور بهوش بده[١]
ره بتو[٢] دور شد یقین بشنو   تو مجرّد شو و مپای[٣] و[٤] برو
ترك این هستیِ مزوّر[٥] کن   دل بنورِ یقینْ منوّر کن
تا بدانی مسافتِ[٦] راهش   کم و بیش و دراز و کوتاهش
دو قدمْ بیش نیست این همه راه   راهْ نزدیك شد سخنْ کوتاه
یك قدم بر سرِ وجود نهی   وان دگر بر درِ ودود نهی

(٣٤) خُطْوَتَانِ[٧] وَقَدْ وَصَلَ[٨]

خودْ تو کاهل نشستی[٩] و[١٠] غافل   ناپسندست غفلت از عاقل
خیز و[١١] خودرا بساز تدبیری   برجهان گوی چار[١٢] تکبیری
در میان آی[١٣] چست چون مردان   صفت و صورتت یکی[١٤] گردان
زانکه باشد[١٥] شعار ناپاکی   از درونْ خبث[١٦] و از[١٧] برونْ پاکی
تا درون و برون[١٨] نیارائی   حضرتِ قدس‌را کجا شائی
تا زِ آلودگی نگردی پاك   نگْذری از بسیط خطّهٔ[١٩] خاك
خویشتن پاك کن زچرك[٢٠] هوا   تا نهی پای در[٢١] مقام رجا[٢٢]
تا بکَیْ تو چنین بخواهی[٢٣] زیست   می ندانی که در قفای تو چیست[٢٤]
راست بشْنو که[٢٥] در جهات[٢٦] جهان   از اجل کس نیافتست امان[٢٧]
تو چه گوئی ابد[٢٨] بخواهی[٢٩] ماند   نامهٔ مرگ خود[٣٠] نخواهی[٣١] خواند
هرکه آمد درین سرای غُرور   همرهش محنتست و[٣٢] منزلْ گور[٣٣]

(٣٥) كُلُّ نَفْسٍ ذَائِقَةُ الْمَوْتِ[٣٤]

١-C: بهوش و منه، KG: بپوش و بده، eO: بنوش و بده   ٢- B: زتو   ٣- C: بپای   ٤-B: - و
٥-C: مدور   ٦-G: مصافت   ٧- K: خطوتین   ٨- IG: وصلت   ٩-eI: نشینی   ١٠- eOKIGF: ای
١١-K: - و   ١٢- eOKGFC: زن چهار، I: کن چهار   ١٣- I: گر در آئی تو   ١٤-G: دگر
١٥-G: وانکه دارد، K: وانکه باشد   ١٦- K: حیض   ١٧- eOGFC: وز   ١٨- G: برون درون
١٩-O: عرصه   ٢٠- C: مرگ و، G: حرص و   ٢١- I: بر   ٢٢- eOK: رضا
٢٣- I: توچه گوئی ابد نخواهی   ٢٤- I: کیست، این بیت در eOKGFCA نیست   ٢٥-OC: چو
٢٦- eOKGFC: جهان   ٢٧- این بیت در IA نیست   ٢٨- I: تا بگیتی چنین   ٢٩- eOGC: نخواهی
٣٠- eOKIFC: بر، G: را   ٣١-OGC: بخواهی   ٣٢-KI: - و   ٣٣- B: دور
٣٤- eOKGF: + ثم الینا ترجعون

چون تو دیدی علوّ همّتشان ‌‌ وین[1] همه کار و بار و[2] عزّتشان[3]
پس تو نیز از سرِ هوا[4] برخیز ‌‌ که هوا آتشیست[5] باد انگیز
بیش ازین بر بروت خویش مخند ‌‌ همچو مردان بیا[6] میان در[7] بند
خدمتش میکن از سرِ اخلاص ‌‌ تا چو ایشان شوی تو[8] خاص الخاص
چه کنی عیش با زن و فرزند ‌‌ ببُر از جمله و[9] بدو پیوند[10]
چه نشینی[11] میان قومی دون[12] ‌‌ چه بُوی سر زنند[13] شرع برون
ای ستم کرده بر تو[14] شیطانت ‌‌ مانده در[15] ظلمتِ سقرْ جانت
تا ز شیطان خود[16] شوی ایمن ‌‌ شرع را شحنهٔ ولایت کُن
گر شریعتْ شعار خود سازی ‌‌ روز محشر کنی سر افرازی
هر که بد کرد زود کیفر[17] برد[18] ‌‌ وانکه بی شرع زیست کافر مرد
گر نهٔ هرزه گوی و[19] دیوانه ‌‌ تا کَیْ این ترّهات و افسانه
شعر بگذار سویِ[20] شرع گرای[21] ‌‌ که شریعت رساندت بخدای
پای بر منهجِ شریعت نِه ‌‌ بند بر قالبِ طبیعت نِه[22]
لقمه از سفرهٔ طریقت[23] خور ‌‌ می زخمخانهٔ[24] حقیقت خور
یا خَضِر شو[25] گذر بدریا کن ‌‌ یا چو عیسی سفر[26] ببالا کن
زان سویِ چرخْ تکیه جای[27] طلب ‌‌ برتر از عقلْ رهنمای[28] طلب[29]

(۳۳) منهاج العارفین ومعراج العاشقین

ای همه ساله[30] پای بستِ غُرور ‌‌ در[31] خرابات حرص[32] مستِ غُرور
حرصت افگنده باز[33] از رهِ حق ‌‌ اینچنین کَیْ رسی بدرگه حق[34]
راه تو دور[35] و[36] مرکبت لنگست ‌‌ بارْ بسیار و[37] عرصه بس تنگست[38]

۱- B: آن، eKG: این، I: وان ۲- OIFC: - و ۳- K: غیرتشان ٤- I: از هوای خود
٥- KI: آتشست ٦- K: بجان ۷- eOIGC: بر ۸- C: و ۹- eOKIGFC: دل
۱۰- G: درو در بند، K: درو پیوند، اضافه در eOFG عنوان: أنما أموالکم وأولادکم فتنة
۱۱- OKC: نشستی ۱۲- GFB: قوم دون، C: قوم درون، K: قوم ایدون ۱۳- A: ز سد
۱٤- G: این کرده تو بر تو، K: ای کرده تو بر تو، O: ای ستم بر تو کرده ۱٥- K: بر
۱٦- KG: او ۱۷- K: کیفر ۱۸- B: خورد ۱۹- A: گو و، OC: گوی ۲۰- B: و سوی،
eOKGFC: و گرد ۲۱- eOKFC: در آی، G: بر ای ۲۲- دو مصراع در e مقدم و مؤخر
۲۳- G: طبیعت ۲٤- K: میخانهٔ ۲٥- B: رو ۲٦- A: گذر ۲۷- A: گای، B: گاه
۲۸- B: و نفس راه ۲۹- این بیت در K نیست ۳۰- K: سال ۳۱- F: وز
۳۲- A: عشق، B: جهل، O: پای بست غرور و ۳۳- I: حرص و مال (؟) افگنندت
۳٤- این بیت در eOKGFCA نیست ۳٥- eQOIGFC: راه دورست ۳٦- IG: - و ۳۷- F: - و
۳۸- eFC: پر سنگست، OK: فرسنگست، این بیت و ٤۱ بیت آینده در A نیست

بوجودِ[١] جهان قلم در[٢] کش — در صفِ عاشقان علَم بر[٣] کش
زهد ورز اقتدا[٤] بعیسی[٥] کن — طلبِ او و[٦] ترك دنيا[٧] کن[٨]
منشین اینچنین که ناخوبست[٩] — خیز و[١٠] آنرا طلب که مطلوبست[١١]

(٣١) صفة[١٢] أصحاب الطّريقة[١٣]

ره روانی که وصل او جویند — معتکفْ جمله[١٤] بر درِ اویند
از وجود جهان خبرْ شان نیست — جز غمِ او غمی[١٥] دگرْ شان نیست
درجهانند و از[١٦] جهانْ فارغ — همه با او زجسم و جانْ فارغ
سرْ قدم ساخته چو پرگارند — لاجرم صبح و شام بر[١٧] کارند
ساکنانی که جمله پویانند — خامشانی که نکته[١٨] گویانند[١٩]
هم گران سنگ و هم سبك[٢٠] روحند — موهمِ سینهـــای مجروحند
همه را[٢١] درسْ نفسِ[٢٢] ابجدِ عشق — همه را[٢١] میلْ سوی[٢٣] مقعد صدق[٢٤]

(٣٢) فِی مَقْعَدِ صِدْقٍ عِنْدَ مَلِيكٍ مُقْتَدِرٍ[٢٥]

همه را گشته سِرّ غیبیْ[٢٦] کشف — جان و تن کرده بر بلایش[٢٧] وقف
لوح[٢٨] روحانیان زبر دارند — پایه از مَه بلندتر دارند
سَرْوَرانند بی کلاه و کمر — خسروانند[٢٩] بی سپاه و حشر
زده در رشتهٔ حقائقْ چنگ — فارغ از نفع نوش و شرّ شرنگ[٣٠]
همه مستِ میِ وصالِ[٣١] قِدم — در روش یافته ثبات قدم[٣٢]
لطف ایزد بمجلسِ توفیق — باده شان داده از خمِ تحقیق

١- B: در وجود، I: بر وجود   ٢- C: بر   ٣- O: در   ٤- C: ان فدی   ٥- G: بمقبا
٦- OIB: اورا و، GF: او ز   ٧- C: اینجا   ٨- این بیت در K نیست   ٩- I: ماخودیست
١٠- OFCA: - و   ١١- I: مقصودیست   ١٢- G: فی صفة، I: فصل فی صفت   ١٣- KG: الطریق، B: صفت اصحاب و ارباب بصیرت
١٤- A: جمله چون حلقه   ١٥- eOKIGFC: غم
١٦- CB: وز، G: از، I: زین   ١٧- eKG: در   ١٨- I: جمله   ١٩- این بیت در eOKGFC نیست
٢٠- eOC: ساکنانی که جمله چون، KGF: ساکنانی که جملهٔ، I: هم گران سنگ عقل و هم   ٢١- A: همه‌شان
٢٢- eOKGFC: نقد، I: نقش   ٢٣- K: رو بسوی   ٢٤- eOKIGFC: مقصد عشق
٢٥- این عنوان در KA نیست   ٢٦- O: عقبی   ٢٧- eGC: در بلایش، K: بر بلا بس، O: بر ملا بس
٢٨- I: روح   ٢٩- K: سود الله   ٣٠- B: نفع و ضرّ و شهد و شرنگ، C: نفع نوش و خمر شرنگ، eOKF: نفع نوش و ضرّ شرنگ، G: ضرّ و نفع و شور شرنگ، I: نفع نوش و خبر شرنگ   ٣١- K: صفات
٣٢- این بیت در I نیست

همگنان جان و دل[۱] بدو داده — واله و مست و[۲] بیخود افتاده
بهر[۳] او بود[٤] جست و جوی همه — او منزّه ز گفت و گوی همه
منِ دل سوخته جگر خسته — پای در دام شش جهت بسته
صفتم در جهان صورت بود — صورتْ آلودهٔ[٥] کدورت بود
فرصتی نه که چست[٦] در تازم[۷] — در چنان مجلسی[۸] وطن سازم
قوّتی نه که دست و پای زنم — خویشتن را دران میان فکنم[۹]
رویِ آن[۱۰] نه که باز پس گردم — با سگ و خوك همنفَس گردم
دلْ پر[۱۱] اندیشه تا[۱۲] چه باید[۱۳] کرد — ره بدانجا چگونه شاید[۱٤] کرد[۱٥]
چه[۱٦] کنم کین طلسم بگْشایم[۱۷] — پایم[۱۸] از بند جسم[۱۹] بگْشایم[۱۷]
در رَهَش[۲۰] خان و مان بر اندازم — جان کنم خرقه و در[۲۱] اندازم
ناگهان در رسید واردِ[۲۲] غیب — کرده[۲۳] پر گوهرِ حقائقْ جیب
گفت ای رخ[۲٤] بخون دل شسته[۳۸] — در جهان فنا بقا جُسته
تا درین منزلی که هستیٔ تست — پستیٔ تو ز خود پرستیٔ[۲٥] تست
چون ز هستیٔ خویش در گذری — هر چه هستیست زیر پی[۲٦] سپری
تو چه دانی که[۲۷] زاستان عدم[۲۸] — چند راهست تا[۲۹] جهان قِدم
چند سختی کشید[۳۰] می باید — چند منزل بُرید[۳۱] می باید[۳۲]
تا بنیکی بَدَل کنی بدرا[۳۳] — واندران عالم افکنی خودرا
گر ترا میل عالمِ قِدمست — ترك خود گفتن اوّلین قَدمست
نرسی تا[۳٤] تو با تو همنفَسی — قدم از خود برون نهی برسی
تا طلاقِ وجود خود ندهی — پای در عالمِ قِدم ننهی
تا وداعِ جهان[۳٥] جان نکنی — ره بدان[۳٦] فرّخ آستان[۳۷] نکنی
در هوایش زنند جان برخیز — جان بده وز سرِ جهان برخیز

۱- B: جمله جان ۲- KIG: - و ۳- B: مهر ٤- I: اویست، O: او بوده ٥- C: آلوده و
٦- B: چنان که ۷- O: در بازم، e: بر تازم ۸- eOKGFC: منزلی ۹- این بیت در eOKGFC نیست
۱۰- eOKGFC: قوّتی ۱۱- eG: در ۱۲- I: اندیشه‌را ۱۳- eOKGFB: شاید
۱٤- eOKGFCB: باید ۱٥- GB: برد ۱٦- eOKGFC: چون ۱۷- C: بگشایند ۱۸- I: پای
۱۹- G: حکم ۲۰- B: دمش ۲۱- G: حرفه و بر ۲۲- Ce: از در، KGF: او از، O: و از در
۲۳- KG: کرد ۲٤- C: دل ۲٥- B: بت پرستیٔ تو زیستی ۲٦- C: زیرکی، G: زیر پا
۲۷- KA: - که ۲۸- C: کرم، eOKGF: قدم ۲۹- K: در ۳۰- I: کشیده ۳۱- I: بریده
۳۲- این بیت در K نیست ۳۳- G: خودرا ۳٤- O: با ۳٥- G: وجود، OIB: + و
۳٦- OKF: رو بدان، G: رو بران ۳۷- A: آشیان ۳۸- C: بسته

(٢٩) حديقة[1] الأرواح وروضة الأشباح[2]

دوش ناگه نهفته از اغیار — یافتم بر درِ سرایش[3] بار
مجلسی[4] زان سویِ[5] مکان[6] دیدم — دور از اندیشه و گمان دیدم
مجمعی دیده ام پر از عشّاق — جسته از بند گنبدِ[7] نزّاق[8]
چار تکبیر کرده[9] بر دو جهان — گشته فارغ زشغلِ هر دو جهان[10]
باده از جام معرفت خورده — راه ازان[11] سوی شش جهت کرده[12]
همه گویای[13] بی زبان بودند — همه بی دیده[14] نقش[15] خوان[16] بودند
ما جرائی که آن زمان میرفت — سخنِ اَلْحَقّ نه بر زبان میرفت
نکتها رفت[17] بس شگرفْ آنجا — در نگنجید[18] صوت و حرفْ آنجا
صوت و حرف[19] از جهان جسم بوَد — بهر ترکیب فعل و اسم[20] بوَد[21]
در جهانی که عالمِ ثانیست — بی زبانی همه زبان[22] دانیست[23]
مجلسْ انبوه بود و او حاضر — دیدها در[24] جمال او ناظر[25]

(٣٠) مَا نَظَرْتُ[26] شَيْئًا[27] إِلَّا وَرَأَيْتُ اللّٰهَ فِيهِ[28]

عاشقانْ صفْ کشیدهْ دوشادوش — ساقیانْ بر کشیدهْ نوشانوش
سالکِ[29] گرم رَو دران[30] بازار — أَرِنِی گوی[31] از پیِ دیدار
عاشقان از وصال[32] یافته ذوق — لِی مَعَ اللّٰهْ گوی[33] از سر شوق
ره روی[34] در[35] جهان[36] حیرانی — بر کشیده نوای[37] سُبْحَانِی
دیگری[38] اوفتاده در تك و پوی[39] — لَیْسَ فِی جُبَّتِی سِوَی اللّٰهْ گوی
وانکه[40] او گوهرِ محبّت سفت — بزبان[41] و بدلْ أَنَا الْحَقّ گفت

١- B: حقیقة ٢- در eO فقط: حکایت ٣- B: سرادق ٤- eFA: مجلسی ٥- G: نسق
٦- eOKGFC: جهان ٧- C: کهنهْ ٨- A: افلاك، KGFC: رواق ٩- B: گفته
١٠- A: زمشغل کیهان ١١- eOKGFCB: زان ١٢- OK: برده ١٣- KGA: گویا و ١٤- O: بی نقش
١٥- A: حرف ١٦- G: جان ١٧- C: رفته ١٨- I: در نگنجیده ١٩- C: حرف و صوت
٢٠- O: فعل اسم، e: اسم و فعل ٢١- دو مصراع در A مقدم و مؤخر ٢٢- G: سخن
٢٣- مصراع دوم در I معدوم ٢٤- I: بدیدها را ٢٥- این بیت در eOKGFC نیست
٢٦- e: رأیت ٢٧- I: الی شئ ٢٨- این عنوان در A نیست ٢٩- KG: سالکان ٣٠- B: درین
٣١- G: از پی کوی و ٣٢- G: جمال ٣٣- I: بگوی ٣٤- eOKGFCB: رهروان ٣٥- C: - در
٣٦- C: + ز ٣٧- eC: لوای ٣٨- F: دیگران ٣٩- I: دیگر افتاده در تك و در پوی
٤٠- eOKGFC: آنکه ٤١- G: ببزبان

عاشقانی چو[۱] آدم و چو[۲] کلیم   چون حبیب و مسیح و ابراهیم
از پیِ وصلِ دِلْبِتانْ همه‌را   سر بران[۳] فرّخ آستانْ همه‌را
آنچنان حضرتی[٤] و تو غافل   تن زده اینت[٥] ابله و[٦] جاهل[۷]
هر که یابد بر آستانش بار   بتواند[۸] زدن دمِ[۹] اَسرار
نطق را بارگیش[۱۰] لنگ شود[۱۱]   عرصهٔ ما جراش تنگ شود[۱۱]

(۲۸) مَنْ عَرَفَ اَللّٰهَ[۱] کَلَّ لِسَانُهُ[۱۳]

وهم کانجا رسد فرو مانَد   ابجدِ سِرّْ خوانْد[۱٤] نتْوانَد
بُگْذر از وهم و[۱٥] این سخن بُگْذار   کَیْ بوَد وهمْ مُدْرِکِ اسرار[۱٦]
دل تواند[۱۷] یکی مطالعه[۱۸] کرد   لوح اسرار قرب مبدع فرد[۱۹]
هر چه عینِ[۲۰] کمالِ[۲۱] معرفتست   خاص[۲۲] دل راست کان[۲۳] بهینْ[۲٤] صفتست
دل چو در[۲٥] عالمِ بشر باشد   زان[۲٦] معانیش کَیْ خبر باشد
تا[۲۷] مکاشَف نگشت[۲۸] نَتْواند   که ازو[۲۹] نکتهٔ[۳۰] فرو خواند[۳۱]
تا مجرّد نشد[۳۲] زفعل ذمیم   حق خطابش نکرد قلب سلیم
بشریّت چو از تو دور شود   آنچه عینِ دلست نور شود
شودت[۳۳] کشفْ سِرِّ[۳٤] عالم غیب   نقد[۳٥] معنی نهندت اندر جیب
چون بیابی حقیقتِ اخلاص   ره کنی[۳٦] قطع تا[۳۷] سرادق خاص
بر[۳۸] بساطِ جلال بنْشینی   هر چه[۳۹] بینی بچشم دل بینی
گر توخودرا دران جهان فگنی   فرش[٤۰] عزّت بر آسمان فگنی[٤۱]

۱- B: عاشقان همچو، C: عاشقان چه، F: عاشقان چو   ۲- C: چه   ۳- A: بدان   ٤- B: حاضرست
٥- C: زد اینست   ٦- OKB: - و   ۷- B: کاهل   ۸- eOKIGFC: نتواند   ۹- C: زو هم، IG: دم از
۱۰- eOKIGFC: بارگیر   ۱۱- IB: بود   ۱۲- B: + تعالی   ۱۳- G: کل یشا، eA: من عرف نفسه فقد
عرف ربّه   ۱٤- A: سر بخواند، C: سیر خواند، G: اسرار خوانده، K: سر خوانده، e: سر نخواند
۱٥- KC: - و   ۱٦- دو مصراع در A مقدم و مؤخر   ۱۷- G: بداند   ۱۸- C: مطالع   ۱۹- C: مصدع
کرد، این بیت در A نیست   ۲۰- B: آن از   ۲۱- I: + و   ۲۲- IC: خاصه   ۲۳- O: کو، e: کین
۲٤- A: مهین، I: دل را کان بهمین (در حاشیه: که آن باین)   ۲٥- A: از   ۲٦- B: زین
۲۷- G: یا، K: با   ۲۸- G: بکشف، K: بگشت   ۲۹- eIFC: ازان   ۳۰- eOKFC: نقطهٔ
۳۱- K: ماند، این بیت در A نیست   ۳۲- G: شود   ۳۳- eOKGFC: چون شود   ۳٤- K: نور
۳٥- eOKGFC: زود   ۳٦- K: راه کن   ۳۷- G: با   ۳۸- G: در   ۳۹- eOKGFC: آنچه
٤۰- G: نور   ٤۱- این بیت در I نیست

دمِ تجرید[١] زن که بی تجرید — نرسد[٢] کس بعالمِ توحید[٣]

(٢٧) دَعْ نَفْسَكَ وَتَعالَ[٤]

بُگذر از نقشِ[٥] عالمِ گِلْ تو — رهْ توئی[٦] راهْ رَوْ تو منزِلْ تو
رهْ روی رو[٧] سخن زمنزل گوی[٨] — همره و همنشین[٩] مقبل جوی[١٠]
چون تو غافل نشینی از کارت — نبوَد لطف ایزدی یارت
در سرای اثیر[١١] خواهی ماند[١٢] — جفت رنج و زحیر خواهی ماند[١٣]
جهد کن کز اثیر در[١٤] گذری — بسلامت[١٥] مگر که[١٦] جان ببری
زین جهانِ[١٧] جهان تبرّا[١٨] کن — رَوْ ببستانِ جان تماشا کن[١٩]
کان جهان زین جهان شریفتر است — خاك او زین[٢٠] هوا لطیفتر است[٢١]
رخت بیرون فگن ازین مأوا — خیمه زن در فضاء آن[٢٢] صحرا
چشم بُگشای تا جهان بینی — وان جهان را بچشم جان بینی
زانکه ز[٢٣] اِدراكِ حِسّ[٢٤] بیرونست — آستانش ورای گردونست
خاكِ او عنبرْ آبِ او تسنیم[٢٥] — محنتش عافیت[٢٦] سمومْ نسیم[٢٧]
مایهٔ[٢٨] عرّش[٢٩] از هوانْ[٣٠] فارغ — چمنِ باغش از خزانْ فارغ[٣١]
بدرِ گردونش[٣٢] از خسوف ایمن — قرص خورشیدش[٣٣] از کسوف ایمن
ساکنانش[٣٤] مسبّح و[٣٥] ذاکر — همه یکرنگ باطن و ظاهر
حاصلِ جمله[٣٦] دولتِ سرمد — مایهٔ عمرشان بقای ابد[٣٧]
گر بکوشی زخود برون آئی — چون بدانجا رسی بیاسائی[٣٨]
بلبلِ بوستان اُنْس شوی[٣٩] — همدمِ ساکنان قدس[٤٠] شوی[٣٩]
حضرتی بینی از ورای مکان — فارغ از استحالتِ دوران

١- G: دم زتجرید، e: دم بتجرید ٢- C: نزند ٣- G: تجرید ٤- I: وتعالی
٥- GC: نفس، K: نفس و ٦- eOKGFC: تو و ٧- IG: تو ٨- KGFC: گو ٩- O: + و
١٠- KGFC: جو ١١- QGC: اسیر ١٢- eOKGFC: بود ١٣- eOKGFC: بود، این بیت در B نیست
١٤- B: بر ١٥- B: بحقیقت ١٦- eOKGFC: تو ١٧- KG: +زان، I: + وآن ١٨- G: مبرّا
١٩- این بیت در A نیست ٢٠- eOKIFC: از ٢١- این بیت در G نیست ٢٢- G: این
٢٣- C: - ز ٢٤- e: + نه ٢٥- G: عنبرست او شبنم، K: آب اوست نسیم ٢٦- K: محبتش عاقبت
٢٧- G: سمومش سم، این بیت در C نیست ٢٨- B: خانهٔ، eOKGFCA: پایهٔ ٢٩- ICA: عرش، eOKGF: عرشش ٣٠- KC: هوا ٣١- دو مصراع در A مقدم و مؤخر ٣٢- G: دایماً مهش
٣٣- GF: خورشید ٣٤- G: ساکنان بس ٣٥- K: مسبح دم ٣٦- A: هر دو ٣٧- دو مصراع در G مقدم و مؤخر ٣٨- B: زین همه درد سر بر آسائی، این بیت در I نیست ٣٩- I: شوند
٤٠- OC: انس

چون زفطرت تو بودهٔ مقصود — همگنان چون[١] برادران حسود
مکرها[٢] ساختند بر سر راه — تا ترا[٣] در فگنده اند[٤] بچاه
ساکن قعر چاه تاری[٥] چند[٦] — در بن[٧] چاه تیره زاری[٨] چند[٩]
اینك آمد[١٠] نظر کن ای مسکین — بر سر چاه زرف بُشری دین[١١]
در[١٢] چه انداخت بهر دعوت را — حبل قرآن و دلو عصمت را
بیش ازین در میان چاه مپای — دست‌در[١٣] حبل زن[١٤] زچاه بر آی[١٥]
خویشتن را زچاه بالا کش[١٦] — عَلَم عشق بر ثریّا کش[١٧]
چست[١٨] با کاروان صدق و یقین — سفری کن بمصر علّیّین[١٩]
تا زناچیز و[٢٠] هیچ[٢١] چیز شوی — واندران[٢٢] مملکت عزیز شوی
حاسدان تو چون ترا بینند — وان[٢٣] همه بهجت و بها بینند
همه از[٢٤] گفت[٢٥] خود خجل گردند — اندران[٢٦] وقت تنگدل گردند
منشین غافل ار خِرَد داری — پیشه کن درجهان[٢٧] نکوکاری
آنچنان زی درین جهان زنهار — که[٢٨] نگردی خجل بروز شمار

(٢٦) قائد[٢٩] نفوس السّالکین ونزهة قلوب[٣٠] المحقّقین[٣١]

ای شده پای بست[٣٢] زندانی — اندرین خاکدان ظلمانی
تا کی این[٣٣] گفت‌وگوی بر[٣٤] باطل — تا کی این[٣٣] جست وجوی بی حاصل
راه رَو راه کِرد گفت مگرد — که بگفتار ره نشاید کرد[٣٥]
تا ز بند هوا برون ناشی — ندهندت کمال بیناشی
نبَری ره بعالم وحدت — نتوانی زدن دم وحدت[٣٦]
زین نشیمن سفر[٣٧] ببالا کن — خویشتن را چو عقل والا کن

١-B: خود ٢-B: مکر هان ، eOKGFC: کارها ٣-K: پای را ٤-B: اندر افگنند ، I: خود در افگنند ٥-FC: باری ، eO: ماری ٦-B: تو ٧-B: تك ٨-B: تیره ساری ، eOC: حوس داری ، F: حوس باری ، G: حوس ماری ٩-B: تو، این بیت در KI نیست
١٠-G: اینك اینك ١١-B: بشر ببین ، C: کبری بین ، OKIF: بشری بین ، G: بالا بین ، e: بشری هین
١٢-G: وز ١٣-eG: بر ١٤-e: + و ١٥-I: بپای ١٦-I: کن ١٧-I: زن
١٨-B: خیز، GC: چیست، K: هست ١٩-این بیت در I نیست ٢٠-eOKIGFC: - و
٢١-B: تا بمصر وجود ٢٢-G: وندرین ٢٣-CA: این ، I: وین ، eO: آن ٢٤-B: از همه
٢٥-G: لعب ٢٦-GA: واندران ٢٧-eOKGFC: پیشه گیر و بکن ٢٨-e: تا ٢٩-KG: فائدة
٣٠-G: ونزهته قلو، K: وتنزیه القلوب ٣١-B: قایدة نفوس الساکین ونزهة قلوب المحبّین ، این عنوان در I نیست ٣٢-A: بند، C: بند و، eOF: بست و، I: بسته ٣٣-B: چند ازین
٣٤-eKIC: پر ٣٥-G: برد ٣٦-A: در وجدت، G: دم از وحدت ٣٧-KG: نظر

(۲۳) كَمَا تَعِيشُونَ تَمُوتُونَ وَكَمَا تَمُوتُونَ[29] تُحْشَرُونَ[1]

تو اگر نیکْ نیکی ار بد[2] بد — بد و نیکِ تو با تو باشد خود
چون بدی پس بدان که بیخردی — که خرد نیست رهنمون بدی[3]
هر که پروردهٔ[4] خرد باشد — کیْ درو فعل دیو و دد باشد
هر کرا عزّ[5] آن جهان باید[6] — دامنِ دل ببد نیالاید
گر کند عقلْ نیکیت تلقین — پس تو و[7] بارگاه علّیین
وگرت دیوْ رهنمای بوَد — اسفل السافلینْت[8] جای بوَد
نیکیٔ[9] تو زخوش سپاسیٔ[10] تست — بدیٔ تو زناشناسیٔ[11] تست
گر[30] شمارت[12] بوَد شناس و سپاس[13] — این ندات[14] آید أَنْتَ[15] خَيْرُ النَّاسِ[16]

(۲٤) حکایت[17]

اندران دم که مبدعِ اشیا — کرد نقش وجود تو[18] پیدا
قدسیان چشم بر تو[19] بگشادند — حال را در[20] تردّد[21] افتادند
یوسفی دیده اند زیبا روی[22] — شاهدی دیده اند زیبا خوی[23]
متحلّی[24] بزیورِ معنی — تختهٔ نقش جوهرِ معنی[25]
از عدم آمده بشهر وجود — کرده منزل بطالعِ مسعود[26]
همه افتاده اند در تك و تاز — کرده در تو[27] زبان طعن[28] دراز

(۲٥) قَالُوا أَتَجْعَلُ فِيهَا مَنْ يُفْسِدُ فِيهَا وَيَسْفِكُ ٱلدِّمَاءَ

۱- A:کما تعیشون تموتون ۲- B: نیك اگر بد، I: نیکی و ار، K:نیك از بد ۳- این بیت در A نیست ٤- B:هر کرا همنشین ٥- OKGFC: عزم ٦-K: باشد ۷-G: توئی، O:بود
۸- B:اسفل سالینت، G:اسفل السالینت ۹- KF:سگی، e:ددی ۱۰-A: پارسائی، eOFC: ناسپاسی، IG: حق شناسی، K: ناشناسی ۱۱- KIG: ناسپاسی ۱۲- KG: سعادت ۱۳- C: سپاس‌شناس، F: سپاس سپاس، eOG: سپاس و شناس، K: شناس سپاس ۱٤- A: بدات، eOKGFC: ندا
۱٥-F: آیدت ز، G: آمدت که، K:آیدت که ۱٦- این بیت در I نیست ۱۷- B:در مبدأ ترکیب وجود آدمی، I: فی الحکایت، این عنوان در G نیست ۱۸- I: وجود خود، e: وجودرا ۱۹-A: بر تو چشم
۲۰-I: حالی اندر ۲۱- G:در بروی ۲۲-A: خوی ۲۳-A: دیده‌اند دیبا روی، B: دیده هم صفا خوی، e: دیده‌اند نیکو خوی ۲٤-I: متجلی ۲٥- این بیت در eOKGFC نیست ۲٦- این بیت در G نیست
۲۷-B: بر وی، eOKGFC: بر تو ۲۸- C:طعنه ۲۹- G:تبعثون ۳۰- G:کز

وه[١] چه ساده دلی و چه نادان — که ندانی تو عصمت از عصیان
از صفات حمیده بگریزی — در صفات[٢] ذمیمه آویزی[٣]
جهد آن کن[٤] که جمله نور شوی — وز خصال[٥] ذمیمه[٦] دور شوی[٧]
در تو هم دیویست و[٨] هم مَلَکی — هم زمینی بقدر و[٩] هم فلکی
ترك دیوی[١٠] کنی مَلَك باشی — ز[١١] شرف برتر از فلك باشی
تا ازین همنشین جدا نشوی — دان که شایستهٔ خدا نشوی
گر ازین هم نشست گردی[١٢] دور — مُلْكِ باقی تراست دار سرور[١٣]
از وی این جایگه[١٤] فَرَج[١٥] یابی — چون بدانجا[١٦] رسی دَرَج[١٧] یابی[١٨]
گر نه اینجات[١٩] پایْ بست کند[٢٠] — با سگ و خوك[٢١] هم نشست کند[٢٠]
تا که دیوت بوَد[٢٢] براهْ دلیل — نکند با تو همرهی جبریل
تا زِ آلایشِ طبیعیْ پاك — نشوی کَیْ شوی[٢٣] تو بر افلاك
پهلو از قدسیانْ تهی چه کنی — با دد و دیوْ همرهی چه کنی[٢٤]
شرم بادت که با وجود مَلَك — ننهی[٢٥] پای بر رواق[٢٦] فلك
بر[٢٧] زمین با ددان نشینی تو — صحبتِ دیو و دد گزینی تو[٢٨]
ترکِ یوسف کنی زینظری[٢٩] — همدمِ گرگ باشی اینْت خری
با رفیقان بد چه پیوندی — زین حریفان چه طَرْف بر بندی
حسد و حرص را بجای بمان — بِرَهان خویش را[٣٠] ازین و ازان[٣١]
گر نه یکبارگیت[٣٢] قهر کنند[٣٣] — نوش در کام جانت زهر کنند[٣٣]
چون ازیشان[٣٤] بگورْ فرد رَوِی — بقیامت زگورْ مرد رَوِی
چون بَرَنْدَت زخانهْ مُرْد[٣٥] بگور — مرد[٣٦] خیزی زگورْ وقتِ نشور[٣٧]
گر فرشتهْ صفت شوی اینجا[٣٨] — با فرشته ست حشر تو فردا[٣٩]
ور[٤٠] تو سگ سیرتی بوقت نشور — هم سگی خیزی از میانهٔ گور

١-A: تو ٢-F: خصالی ٣-OFCA: آمیزی ٤-A: جهد کن تا ٥-eKIGFC: صفات
٦-A: بهیمه ٧- این بیت در O نیست ٨-C: دیو هست و، K: دیو هست ٩-F: - و ١٠-K: دیوار
١١-B: وز، eKGF: از ١٢-eOKFC: تو ازین همنشین چو گردی، G: گر ازین همنشین نگردی
١٣-B: ترا بود زغفور، KIG: تراست ملك سرور، e: تراست و دار سرور ١٤-B: گر ازین جایگه،
F: تو اینجا روی، G: گر اینجا روی، e: تو از این جایگه ١٥-B: ترح، G: فرح
١٦-C: بدینجا ١٧-B: فرح، G: قدح ١٨- این بیت در K نیست ١٩-B: وگر اینجات،
KF: گر باینجات، G: ور باینجات، e: گر باینجایت ٢٠-B: کنند ٢١-K: خوکت
٢٢-KGC: کند ٢٣-I: پری ٢٤- مصراع دوم در I نیست ٢٥-G: بنهی ٢٦-G: فراز
٢٧-A: در ٢٨- دو مصراع در I مقدم و مؤخر ٢٩-B: زبیخبری، G: زبی بصری
٣٠-OKGFC: خویشتن ٣١-A: وز آن ٣٢-KA: گر بیك بارگیت ٣٣-OKG: کنند
٣٤-B: چو ازین سان ٣٥-eOGFCA: مرده، K: فرد ٣٦-OGFC: مرده ٣٧- این بیت در I نیست
٣٨-e: شدی زاینجا ٣٩-A: آنجا ٤٠-K: گر

عمر ضایع مکن به بیخردی — دور شو دور از صفات ددی[١]
با دد و دیو چند همنفَسی — علم آموز تا بحق برسی[٢]
هر که از[٣] علم[٤] دین نشد آگاه — در بیابان جهل شد[٥] گمراه
آخرْ این کارِ علمْ[٦] بازی نیست — علم دینْ پارسی و تازی نیست
تازی و پارسی چه آموزی — زین دو معنی[٧] چه مایه اندوزی[٨]
علم دین جوی[٩] و سرفرازی کن — ترك این پارسی و تازی کن[٨]
از پیِ مکر و حیلت و تلبیس — دَرْسَت از منطقست[١٠] و اقلیدیس[١١]
تا کَیْ این جنس ونوع[١٢] و فصل بوَد — عزم آن علم[١٣] کن که اصل بوَد[١٤]
چیست علم از هوا رهاننده[١٥] — صاحبش را بحق رساننده[١٦]
هر که بی علم رفت در رهِ حق — خـوانَدَش عقلْ کافرِ مطلق
از[١٧] حضورش که هست نامحدود[١٨] — هر کرا علم نیست شد مردود
اگرت هست آرزوی قبول — رَوْ بتحصیلِ علم شو مشغول
حکمت آموز تا حکیم شوی — همره و همدمِ[١٩] کلیم شوی
چون تو در بند علم دین باشی — ساکنِ خانهٔ یقین باشی[٢٠]
نفس امّاره را بدانی[٢١] چیست — گاه و[٢٢] بیگاه همنشین تو کیست

(٢٢) أَعْدَى عَدُوِّكَ نَفْسُكَ ٱلَّتِى بَيْنَ جَنْبَيْكَ[٢٣]

نفسْ بس[٢٤] کافرست[٢٥] اینَت بس — که[٢٦] شدی تابعش[٢٧] زهی ناکس
سر برون بَر ز خطِّ[٢٨] فرمانش — جهد کن تا کنی مسلمانش
چون تو[٢٩] محکومِ نفس خود باشی — بیقین دان که نیكْ بد باشی
گر[٣٠] کنی قهرِ او[٣١] نفیس شوی — ور مرادش دهی خسیس شوی

١- eOKGFC: بدی ٢- دو مصراع در A مقدم و مؤخر ٣- A: در ٤- C: + و ٥- I: عده
٦- e: علم کار ٧- A: دعاوی ٨- این بیت در eOKGFC نیست ٩- A: علم دین‌جو، B: علم‌را جوی
١٠- A: دوست او منفقست ١١- این بیت در C نیست ١٢- I: نوع و جنس ١٣- G: اسم، I: جنس
١٤- دو مصراع در A مقدم و مؤخر، این بیت در K نیست ١٥- A: رهانیدن، Q: رهانیده
١٦- A: رسانیدن، Q: رسانیده، این بیت در I نیست ١٧- eO: در ١٨- C: نامحدود
١٩- GB: همدم و همره ٢٠- این بیت در eOKIGFC نیست ٢١- eG: ندانی ٢٢- C: - و
٢٣- A: اعدا عدوّك نفسك، B: فی معنی أعدی عدوّك التی نفسك بین جنبيك، این عنوان در I نیست
٢٤- QGFC: بد ٢٥- B: کافریست ٢٦- eOKFCA: گر ٢٧- K: بند او، O: با نفس
٢٨- IB: ز حکم و ٢٩- KG: توچو ٣٠- G: ور ٣١- e: قهر از و

قدرتش[۱] بهترین صفت بتو داد … شرفِ نورِ معرفت بتو داد[۲]
گوهرِ مردمی شعار تو کرد … کرم و لطفِ خودْ نثار تو کرد[۳]
باطنت را بلطف[٤] خود پرورد … ظاهرت قبلهٔ ملائك[٥] کرد
آن[٦] یکی گنج نامهٔ[۷] عصمت … وین یکی[۸] کارنامهٔ[۹] حکمت
اخترِ آسمانِ معرفتی … زبدهٔ چار طبع و[۱۰] شش جهتی[۱۱]
قاریِ سورهٔ[۱۲] مجاهدهٔ … قابلِ[۱۳] لذّتِ مشاهدهٔ
خلقتت بُرْد[۱٤] گوی استکمال … همّت‌راست بوی[۱۵] استدلال[۱۱]
خاطرت مدرکِ وُجود خودست … عنصرت مستعدِّ نیك[۱٦] و بدست
با تو بودست در أَلَسْتْ خطاب … با تو باشد بروز حشرْ حساب[۱۷]
گفتهٔ[۱۸] اسم جملهٔ اشیاء … در حقِ تست عَلَّمَ[۱۹] الْأَسْمَاءَ[۲۰]
طارمِ آسمان و[۲۱] گوی[۲۲] زمین … از برای تو ساختست چنین[۲۳]
فرش اغبرِ[۲٤] برای تو گسترد … چرخ فیروزهْ سایبان[۲۵] تو کرد[۲٦]
آفرینشْ همه غلام تو اند … از[۲۷] پیِ قوّت و قوام تو اند
حکمت و فطنت و کیاست وعلم … همّتِ عالی[۲۸] و مروّت و حلم
در وجودِ تو جمله موجودست … وین هم از[۲۹] لطف و جود[۳۰] معبودست
صفتِ تو بقدر آنکه[۳۱] توئی … نتوان گفت آنچنانکه توئی
نشنیدی که آن حکیم چه گفت … که بالماس فکر این دُر[۳۲] سفت
تو بقیمت ورای دو جُهانی … چه کنم قدر خود نمیدانی
این همه عزّت و شرف که تراست … تو زخود غافلی[۳۳] عظیم خطاست[۳٤]
توچه پنداشتی[۳۵] که ایزدِ فرد … از پیِ بازیَت[۳٦] پدید آورد

(۲۱) أَفَحَسِبْتُمْ[۳۷] أَنَّمَا خَلَقْنَاكُمْ عَبَثًا

۱- A: فکرت   ۲- این بیت در G نیست   ۳- این بیت در IG نیست   ٤- B: بنور   ۵- A: ملائکه
۶- G: وان   ۷- A: کارخانهٔ   ۸- G: وان دگر، e: این یکی   ۹- B: کارخانهٔ
۱۰- O: - و   ۱۱- این بیت در KG نیست   ۱۲- B: قادر صورت، I: قادر سورت   ۱۳- I: قائل
۱٤- I: برده   ۱۵- I: کوی، e: سوی   ۱۶- I: مشتمل نیك، K: مستمد به نیك   ۱۷- C: عتاب
۱۸- G: کعبهٔ   ۱۹- A: آدم   ۲۰- اضافه در B:
هرچه هستیست در تصرّف تست … کردگار جهان تعرّف تست
۲۱- OG: - و   ۲۲- G: روی، I: کوه و   ۲۳- O: زمین   ۲٤- A: اخضر، e: غبرا
۲۵- B: فیروزه سان برای   ۲۶- این بیت در KIG نیست   ۲۷- A: وز   ۲۸- A: همت عالی،
eOKGFC: همت و سیرت   ۲۹- eOKGFC: همه   ۳۰- C: لطف بود   ۳۱- B: صفت این و آن بدانکه
۳۲- eOKGFC: بالماس درّ معنی   ۳۳- K: غافل و   ۳٤- A: چراست   ۲۵- G: پنداریش
۳۶- G: راز پنهانش   ۳۷- B: فی معنی افحسبتم

همه مخبوس شهوت و حسدند　　طالب[1] قوت و قوّت[2] جسدند
میل اینها[3] بترّهات بوَد　　فعلشان بدترین[4] صفات بوَد
نز طریقت کسی اثر[5] دارد　　نز[6] حقیقت دلی[7] خبر[8] دارد
چون ترا این سخن[9] فتوح آمد　　عاشقان را غذای روح آمد[10]
نزد آن کو محبّتی دارد　　این سخن قدر و[11] عزّتی دارد[10]
که[12] زشرحش زبان بوَد قاصر　　نرسد در[13] نهایتش خاطر[14]
عارفان کین سخن فرو خوانند　　هرچه جز حق بوَد بر افشانند
قیمتِ این سخن کسی داند　　که همه نقش معرفت خواند[15]

(۱۹) مفتاح أبواب الأسرا ر و مصباح أرواح الأبرار[16]

خالق الخلق[17] ایزد بی چون　　فاعل[18] کارگاهِ کُنْ فَیَکُونْ
هرچه آورْد[19] از عدم بوجود　　از[20] وجودِ[21] همه توئی مقصود
خویشتن را نخست نیك بدان　　تحفهٔ[22] آفرینشت[23] بر خوان
در نگر تا که آفرید ترا　　وز[24] برای چه[25] بر گزید ترا
خاك بودی ترا مکرّم کرد[26]　　زان پست[27] جلوهٔ[28] دو عالم کرد[26]

(۲۰) وَلَقَدْ[29] کَرَّمْنَا بَنِی آدَمَ

از همه مهتر[30] آفریده توئی[31]　　هرچه هست از همه گزیده توئی[32]
در نظر از همه لطیفتری[33]　　بصفت از همه شریفتری[34]
خوبتر از تو نقش‌بند ازل　　هیچ نقشی نبست[35] در اوّل

۱- K: قابل　۲- F: + و　۳- A: این را، KF: آنها، I: اینان　٤- eOKFC: نیز بر
٥- B: خبر　٦- A: نزد　۷- O: تنی　۸- B: اثر　۹- C: در دل این　۱۰- این بیت
در GB نیست　۱۱- I: - و　۱۲- C: کو　۱۳- A: برسد از　۱٤- K: آخر　۱٥- این بیت
در GA نیست　۱٦- eOF بعد از الاسرار: - و، A فقط: مصباح الارواح، I: فصل
فی افتتاح ابواب الکتاب　۱۷- eOKGFB: خلق، eOC: + و　۱۸- F: عامل، G: کامل
۱۹- C: آوردم، O: آورده　۲۰- I: وز　۲۱- A: وجودش　۲۲- C: تحفه　۲۳- K: تحفه امر
تست خوش　۲٤- e: از　۲٥- F: که　۲٦- A: بود　۲۷- KGC: سبب　۲۸- GFB: جلوه بر،
K: خلق بر　۲۹- B: فی معنی ولقد　۳۰- OKGFCB: بهتر　۳۱- eOKGFC: آفرید ترا
۳۲- eOKGFC: گزید ترا　۳۳- IG: لطیف توئی　۳٤- IG: شریف توئی　۳٥- K: نیست

(۱۸) فی تخلیص الممدوح لتلخیص الرّوح[1]

بود روزی مبارک و فرّخ — کین سعادت نمود ما را رخ[2]
درِ این گنج خانه[3] بگشادم — وین[4] سخن را اساس بنهادم
نقش این کار نامه[5] میبستم — تیر بوسید[6] خامه و[7] دستم
گفت کین[8] نظم را[9] طراز[10] چیست — زیور این عروس مدحت کیست[11]
بر که افشانی[37] این نثار بگوی[12] — کیست لایق درین دیار بگوی[12]
گفتم این[13] بحر[14] پر معانی را[15] — چشمهٔ آب زندگانی را
عیسیٔ آفاز سروری باید — خضرْ سیرتْ[16] سکندری باید
که طرازِ سخنْ ثناش[17] بود — ورد جان و[18] خردْ دعاش بود
نه غلط گفتم این خطا باشد — که طراز[19] سخنْ ثنا[20] باشد
زین نمط هر سخن که آنِ منست[21] — بحقیقتْ طراز هر[22] سخنست[23]
گرچه بی برگ و بی نوایم من — بلبلِ نغز خوش سرایم من
زان در افواه خلق مذکورست — سخنِ من که از طمع دورست
خرد از گوشهٔ[24] در آمد چست — گفت این را که نقد رستهٔ تست[25]
سخنِ سرسری نمیبینم — زان کسش[26] مشتری نمیبینم
گرچه هست این سخنْ تمامْ عیار — بس کساد ست اندرین بازار
سکه این نقد را[27] زمعرفتست — معرفت را نشان ازین[28] صفتست
که درین کارنامه[29] کردی درج — مکنش[30] تا توانی اینجا[31] خرج
زانکه صاحب دلی نمیبینم — حال را[32] مقبلی نمیبینم
که درو ذکر او توانی[33] کرد — یا زجودش بری توانی[33] خورد[34]
کو قدم تا بدین[35] طریق رود — یا کجا گوش کین[36] سخن شنود

۱- A: فی سبب نظم الکتاب، OF: تخلص الممدوح و (F: - و) تخلیص الروح، I: فصل فی تخلیص الروح گوید، K: تخلیص المدح وتخلیص الروح، e: فی تخلص الممدوح وتلخیص الروح ۲- این بیت در GC نیست ۳- eOKFC: در این گنجنامه، I: در گنجینه‌را چو ٤- I: این ٥- KIB: کارخانه
٦- B: پیر بوسید، C: پیر بوسید، I: تیر بودند، K: نیز بوسید ۷- A: خامه بر، K: خامه‌را
۸- B: گفت این، eOFC: گفتم این ۹- F: مدح را ۱۰- C: برارین ۱۱- این بیت در KG نیست
۱۲- I: بگو ۱۳- eOFC: گفت این، K: گفت کین ۱٤- A: سحر ۱۵- I: پر جوانی را
۱٦- C: یا خود ۱۷- C: طراز سخن شناس، K: برار سخن شناس، O: طراز سخن بناش ۱۸- O: - و
۱۹- K: براز ۲۰- KFC: دعا، O: وجا ۲۱- B: هر سخن کزان منست، C: بر سخن که زان دهن است
۲۲- F: طراز این، K: برار این ۲۳- این بیت در IG نیست ۲٤- A: گوشه بر ۲۵- A: این را بقدر سینهٔ تست، B: این را که نقد رشتهٔ تست، C: این نقدرا که رشته به تست، F: این نقدرا که رشتهٔ تست، K: این عقدرا که رشتهٔ تست، O: این نقدرا که رسته تست، e: این نقدرا که سکه ز تست
۲٦- B: کسی ۲۷- A: گرچه این سکه‌را ۲۸- A: نعانش این، eOKC: نشان این، F: نعانه این
۲۹- B: پندنامه ۳۰- eO: نکنش ۳۱- K: آنجا ۳۲- B: حالیا ۳۳- I: توانم ۳٤- این بیت در GA نیست ۳۵- FA: برین ۳٦- K: این ۳۷- eOKFC: افشانم

منِ مسکین مستمند ضعیف | با غم و محنتم ندیم و حریف
گله دارم ز روزگار بسی | با که گویم که[1] نیست همنفسی
دوستی نیست کو بُوَد[2] همدم | همدمی نیست کو شود[3] محرم
قَدم از فکر ساختم تا[4] خود | بو که بینم مگر بچشم خرد[5]
جمله روی زمین بگردیدم | همدمی کافرم[6] اگر[7] دیدم
دلم از جور[8] چرخ جفت عناست | کاندرین روزگار قحط وفاست
خود گرفتم که آن[9] سخن دانم[10] | کز[11] عبارت نظیر حسّانم[12]
در چنین روزگار با فترت[13] | با چنین منعمان دون همّت[14]
چون کنم زین[15] همه پریشانی | در ثنا و مدیحْ حسّانی[16]
روزگاری فسانه[17] میجستم | قصّهٔ را[18] بهانه[19] میجستم[20]
تا سخن را بران[21] اساس نهم | زان سخن بر جهان سپاس[22] نهم
چند جستم وَلیك دست نداد | قصّهٔ آنچنان نمی افتاد[23]
که[24] برو زیور سخن بندم | دل درین[25] بند بود یکچندم
آخر الامر یکشبی با دل | گفتم ای خفته و[26] زخود غافل
چند گرد دروغ گردی تو | آب رویم بری چه[27] مردی تو
بس[28] ازین وصف[29] زلف و طرّه وخال | بس[28] ازین هرزه گفت‌وگوی محال
چون زمدحْ آب روی نَفْزاید[30] | گر نگوئی[31] مدیح[32] هم شاید
زین سپس[33] بر[34] رهِ طریقت‌پوی | گر سخن گوئی از حقیقت گوی
خاطرم چون درِ دقائق[35] زد | قرعه بر رقعهٔ[36] حقائق زد
نکتهٔ چند لائق آمد پیش | جمله سرّ[37] حقائق آمد پیش[38]
سخنِ نغز همچو درّ ثمین | درج در نکتهاش[39] سحر[40] مبین[41]
داد[42] ایزد شعار توفیقش | نام کرده[43] طریق تحقیقش[44]

۱- B: چو ۲- eOKGFC: شود ۳- B: بود ٤- eOKIGFCB: با ٥- K: خود
٦- B: کافرم همدمی، C: همدم کافرم ۷- I: که کو ۸- B: دور ۹- IC: این ۱۰- B: رانم
۱۱- K: که ۱۲- K: احسانم ۱۳- C: پر نفرت، eOF: با نفرت، K: بی غیرت ۱٤- این بیت در IG نیست ۱٥- B: کنم با، OKFC: کنم این، e: کنم این ۱٦- K: احسانی، این بیت در IG نیست
۱۷- eO: بهانه ۱۸- A: قصهارا ۱۹- e: فسانه ۲۰- این بیت و ٤۰ بیت آینده در G نیست
۲۱- B: بدان، O: بر او ۲۲- K: شناس ۲۳- این بیت در GC نیست ۲٤- I: تا ۲٥- K: برین
۲٦- eOKCB: خفته ۲۷- Q: و ۲۸- KF: پس ۲۹- B: لفظ ۳۰- K: آبرو نیفزاید، e: آب روی نیفزاید ۳۱- KI: بگوئی ۳۲- A: تو مدح ۳۳- C: سخن ۳٤- eK: در ۳٥- KC: حقائق
۳٦- C: قرعهٔ ۳۷- e: سیر ۳۸- این بیت در GC نیست ۳۹- eC: نکتهای ٤۰- Q: سر
٤۱- دو مصراع در C مقدم و مؤخر ٤۲- OB: داده ٤۳- eKI: کردم ٤٤- این بیت در GA نیست

بخداشی که پاك و بی عیب است — واهب العقل و عالِم الغیب است
که مرا اندرین سرای هوس[1] — جز هنر نیست یار و مونس[2] کس[3]
هنرم هست لیك دولت[4] نیست — در[5] هنر هیچ بوی راحت[6] نیست
با هنر کاش[7] دولتم بودی — تا، غم و غصّه‌ام نفرسودی[8]
هست معلوم عالِم و جاهل — کاندرین[9] روزگارِ[10] بی حاصل
منصب آنرا بوَد[11] که شور انگیخت — نان کسی خورْد کاب روی بریخت
من نه آنم[12] که شور[13] انگیزم — آب روی از[14] برای نان ریزم
همّتم هست اگرچه[15] نانم نیست — سخنِ فحش بر زبانم نیست
گر ابد[16] بی نوا بخواهم[17] ماند — بدِ کس[18] بر زبان نخواهم راند
بخت من زان چنین[19] نوَند[20] افتاد — که مرا همّتِ بلند افتاد
نه خطا کرده‌ام[21] غلط گفتم[22] — حشو دان این[23] سخنْ سقط گفتم[24]
من که در[25] غصّه جان همی کاهم[26] — منصبِ این جهان نمیخواهم[27]
عزتِ آن[28] جهان همی باید — گر ذلیلم[29] درین[30] طرف[31] شاید[32]

(۱۷) فی الشّکایة[33]

چه کنم با که گویم این سخُنم — گله از بخت یا زچرخ[34] کنم[47]
جگرم خون گرفت[35] و نیست کسی — که شود[36] غمگسار من نفسی
روز عمرم بشب رسید و نبود — جز تعب[37] حاصلم زچرخ کبود
ناله‌ام زان شدست[38] تیز آهنگ[39] — کز[40] عنا قامتم خمید[41] چو چنگ
اشك چون[42] لعل گشت در[43] چشمم — روز چون شب شدست بر[44] چشمم
دود[45] دل جیب و[46] آستینم سوخت — سقف چرخ آه آتشینم سوخت

۱- C: سهنج ۲- B: + و ۳- C: کنج ٤- B: گرچه راحت ٥- CA: وز ٦- B: جزجراحت
۷- OA: کاج، C: یا سر کاخ ۸- OIFC: بفرسودی ۹- eOKIGFC: که درین ۱۰- C: چند روزی
۱۱- B: نعمت آنکس برد، O: منصب اورا بود ۱۲- O: ندانم ۱۳- A: شوری ۱٤- GCA: آب رو از، eK: آب رورا ۱٥- IB: گرچه ۱٦- eOKGFC: تا ابد، I: گرچه من ۱۷- OKGC: نخواهم
۱۸- C: فحش بد، eOKGF: فحش و بد ۱۹- I: بد و ۲۰- C: برو ۲۱- KGF: کردم و، e: گفتم و
۲۲- e: کردم ۲۳- B: چه توان این، eOFC: حشو بود این، G: جز تو دانی، K: راست بود این
۲٤- KGFC: سخن که من گفتم، O: سخن که من سفتم، e: گهر که من سفتم ۲٥- eOKGFC: من درین
۲٦- A: همی کاهد ۲۷- مصراع دوم در A نیست ۲۸- C: این ۲۹- OG: گر دلیلم ۳۰- K: ازین
۳۱- eI: جهان ۳۲- مصراع اول در A فاقد ۳۳- B: در شکایت از روزگار از نایافت همدم و یار و اسم کتاب فرماید، OKGF: فصل فی الشکایة، I: فصل فی الشکایت من الزمان، e: در شکایت احوال ۳٤- OIF: چرخ یا ز بخت ۳٥- KGC: - و ۳٦- GB: که بود، OFC: کو شود ۳۷- A: تعبم، K: لعب
۳۸- G: شده ۳۹- F: اثیر اهنگ، G: اثر اهنگ، K: ابر اهنگ، O: تیر؟اهنگ، e: سر آهنگ
٤۰- A: که ٤۱- eKIGFC: خمیده ٤۲- B: من ٤۳- K: بر ٤٤- KG: در ٤٥- CA: درد
٤٦- G: جست ٤۷- دو مصراع در C مقدم و مؤخر

(۱۶) فی جواب العقل[۱]

گفتم ای سایهٔ الٰهی تو — زانچه هستی جَوِی نکاهی تو
ای تو بر لوح کونْ حرف نخست — آفرینشْ همه نتیجهٔ تست[۲]
نَشْو[۳] از تست شاخ فطرت‌را[٤] — ثمر از تست باغ فکرت‌را[۵]
چون مرا دیدهٔ بدین[٦] سستی — هرچه گفتی صلاح من جستی[۷]
چه[۸] کنم چون منِ حزین ضعیف[۹] — شهربندم[۱۰] درین سواد کثیف[۱۱]
هست این خطّه‌را هوای عَفِن — ساکنانش شکستهٔ پای زَمِن[۱۲]
گرچه هست این رباط[۱۳] منزل من — هست مائل بشهر تو[۱٤] دل من
جان بر افشانم از طرب آن دم — که نهم اندران[۱۵] سواد[۱٦] قدم
منِ مسکین درین رباط[۱۷] خراب — ساخته خانه بر رهِ سیلاب
بستهٔ بند حسّ و ارکانم[۱۸] — پای برتر[۱۹] نهاد[۲۰] نتْوانم
نشود نفس[۲۱] خاکیم فلکی — تا نگردد نهاد من ملَکی[۲۲]
نرسد کس[۲۳] بکعبهٔ تحقیق — تا نباشد رفیق او توفیق
هیچ دانی که چون گرانبارم — بغم[۲٤] دیگران گرفتارم
روزگار از[۲۵] برای قوت عیال[۲٦] — باز میدارد زکسب کمال[۲۷]
هستم[۲۸] از استحالتِ دوران — چون شتر مرغ عاجز و حیران
نیستم اندرین سرای مجاز — طاقتِ بار و قوّتِ پرواز
نه غمِ این[۲۹] طرف توانم خورد — نه بدان[۳۰] شهر ره توانم کرد[۳۱]
پس همان به که گوشهٔ گیرم — تن زنم گر[۳۲] زِیَم[۳۳] وگر میرم
بحوادثْ رضا دهم شاید — چه کنم آنچنانکه[۳٤] پیش آید
بروم با هنر همی سازم — وز هنر بر[۳۵] فلك سر افرازم

۱- OGF: وسقیهم ربهم شرابا طهورا فی جواب العقله I (بعد از بیت۱٤۸): وسقیهم ربهم شرابا طهورا، I (بعد از بیت۱٤۹): فصل فی جواب العقل کما ینبغی، K: در جواب خضر علیه السلام، e: در جواب عقل "وسقیهم ربهم شرابا طهورا" ۲- این بیت در I نیست ۳- G: برگ، K: سبز ٤-B: باغ فکرت‌را ۵-B: شاخ فطرت‌را ٦- G: بران ۷- B: گفتی ۸-eOKIGFC: چون ۹- A: حزین و ضعیف، B: ضعیف نحیف، I: حقیر ضعیف ۱۰- eOKGFC: پای بندم ۱۱- اضافه در eOC:
نیست گوئی جهان زشت و نکو — جز ازو دید و بملك خود او (مصراع دوم در O: جز ازو و بدو و جمله خود او، در e: جز از او و بدو هم خود او) ۱۲- A: شکسته پا و زمن، G: شکسته‌پای ضمن، eK: شکسته‌پای و زمن، این بیت در C نیست ۱۳-C: بساط ۱٤- I: من ۱۵- C: من دران، K: اندرین ۱٦-O: مواد ۱۷- G: ازین سرای ۱۸- eB: بند وحبس ارکانم، C: بند حس و ارکانم، G: حس و بند ارکانم، O: بند وحس ارکانم ۱۹-KG: بر سر ۲۰-KIGC: نهاده ۲۱- C: نقش ۲۲- دو مصراع در A مقدم و مؤخر ۲۳-B: جان ۲٤-IG: بر غم ۲۵-C: روزگارم، eOKIGF: روزگارم ۲٦- I: حلال ۲۷-KI: حلال ۲۸- F: سستم ۲۹-IG: آن ۳۰-K: بدین ۳۱- eOKGFCB: ببرد ۳۲- A: ار، C: اگر ۳۳- KG: رسم ۳٤-B: آنچنانچه ۳۵- K: با

مگر آن بخت یابم از اقبال — کافگنم رخت در جهان کمال

(۱۵) فی سؤال العقل[۱]

خِرَدم نیز[۲] اندرین معنی — نکتهٔ چند نغز کرد[۳] إمْلی
گفت شهری[٤] که جا و[٥] مسکن ماست — صحن او سقف گنبد اعلاست
خاکِ اوراست نکهتِ[٦] عنبر — آبِ اوراست لذّتِ شکّر
نز برودت درو[۷] اثر یابی[۸] — نز حرارت درو[۹] شور یابی[۸]
اندران[۱۰] شهرما[۱۱] گلستانهاست[۱۲] — که[۱۳] چمنهاش نزهتِ جانهاست[۱٤]
طوطیان بینی[۱٥] اندران[۱٦] بستان — همه‌را ذکر حق[۱۷] بَوَد اَلحان[۱۸]
چون کند لطف او[۱۹] تعلّمشان — رَبِّیَ اَللّٰهُ بَوَد ترنّمشان
در چمنهاش بلبلان گویا — نغمه شان جمله رَبُّنَا اَلْاَعْلٰی[۲۰]
مقعد[۲۱] صدق ازو[۲۲] ولایت ماست — هرکه آنجاست در حمایت ماست[۲۳]
همگنان[۲٤] خاص حضرتِ سلطان — جسته[۲٥] از بند انجم و ارکان[۲۳]
ره روان بینی از سر غیرت[۲٦] — همه افتاده در رهِ[۲۷] حیرت
ساکنان بینی از رهِ[۲۸] اخلاص — چشم بنْهاده[۲۹] بر سرادق[۳۰] خاص
چون بدان[۳۱] شهر ما[۳۲] فرود آئی — زین[۳٦] همه درد سر بر آسائی[۳۳]
مسکن و جایگاه ما بینی[۳٤] — مجلس خاص شاه ما بینی[۳٤]
خلعتِ شاه بی بدن پوشی — بادهٔ شوق بی دهن نوشی[۲۳]
نغمهٔ مطربان بگوش نوی[۳٥] — وَحْدَهُ لَا شَرِيكَ لَهُ شنوی

۱- OIGF: فصل فی - - -، K: فصل فی السیر الی العقل، e: در سؤال از عقل کل و جواب او
۲- eOKGFC: دوش ۳- C: کرد نغز، K: کرده ست ٤- B: جایی ٥- G: جای و، I: جای، K: جا
٦- G: مکنت ۷- A: ازو، B: دران ۸- eOKGFC: بینی ۹- B: دران ۱۰- KGF: اندرین
۱۱- C: شهرها، I: شهرمان ۱۲- O: گلستانست ۱۳- KGF: کز ۱٤- O: جانست ۱٥- C: طوطیانند
۱٦- KG: اندرین ۱۷- G: او ۱۸- C: امکان ۱۹- A: تو، O: حق ۲۰- این بیت در G نیست
۲۱- OKGCA: مقصد ۲۲- OKIFC: از، G: بر ۲۳- این بیت در B نیست ۲٤- eO: همگان
۲٥- I: رسته ۲٦- O: عبرت ۲۷- K: افتاده اند در ۲۸- eOKGFCB: سر ۲۹- e: بگشاده
۳۰- G: در سرادق ۳۱- G: بران ۳۲- eOKGFC: جان ۳۳- eO: بیاسائی ۳٤- B: یابی
۳٥- I: بلبلان بگوش نوی، eOKGFC: بلبلان ره شنوی ۳٦- B: از

بوثاقم در آمد از ناگاه[1]   خضر پیغمبر آن ولی اللّٰه
گفت ای عندلیب گلشنِ کُن   طوطیِ خوش نوای[2] نغزْ سخُن
تا کی این[3] عاجزی و حیرانی   اندرین تنگنای ظلمـانی
چونکه بر تافتی زدعوی روی   خیز و[4] آب حیات معنی جوی
تا ازین ظلمتت نجات بوَد   در جهان بقا حیات بوَد
در مضیق جهان توقّف چیست   این[5] همه غصّه و تأسّف[6] چیست
نه چو یعقوب گم شُدت فرزند   که بریدی زخرّمی پیوند[7]
بیت احزان چه[8] جای تست بگوی[9]   مصر عشق[10] از برای تست بجوی[11]
خیز و[12] بیرون خرام ازین[13] مسکن   رخت خود زین وطن برون افگن
کاندرین خطّهٔ خراب آباد   نشود جز[14] دلِ خراب آباد

(١٤) فی جواب الخضر[15]

گفتم ای مرهمِ دلِ ریشم   سخنت نوش جان[16] پر نیشم
ای همایون لقای[17] عیسی دم   وی[18] مبارک پی[19] خجسته قدم[20]
ای سبک روح این چه دلداریست   وی[21] گران سنگ[22] این چه غمخواریست
ای مَلَک[23] سایه این چه تعریفست   وی[24] فلک[25] پایه این چه تشریفست
التفاتِ توام مکرّم کرد   لطف تو از غمم مسلّم کرد
مددی[26] ده بهمّت ای[27] مکرِم   تا منِ دل شکستهٔ مجرم
پایم[28] از دام[29] حرص بُگشایم   یکی[30] از بند خود برون آیم[31]
پیش گیرم طریق تقوی را[32]   از برای صلاح[33] عقبی را
رهْ روم[34] تا رسم بدان[35] منزل   کاگهی[36] یابم از حقیقت دل

١- A: ناگه   ٢- I: خوشسرای   ٣- I: از   ٤- A: - و   ٥- I: وین   ٦- I: تمنف
٧- e بعد از نقصان ٥١ بیت این بیت دارد:
گفت خضرم ز راه غمخواری   کای فرو مانده در گرفتاری
٨- K: نه   ٩- eKCB: بگو   ١٠- O: مصرعش   ١١- eB: بجو، KC: بگو، G: بگوی   ١٢- KFA: - و
١٣- KI: زین   ١٤- eOICFCA: خود   ١٥- OGF: + علیه السلام، B: جواب خضر علیه السلام و ستایش او، I: فصل فی جواب الخضر علیه السلام، e: در جواب حضرت خضر علیه السلام گوید، در K نیست
١٦- B: جانت   ١٧- C: وقار   ١٨- IA: ای   ١٩- I: دم   ٢٠- G: رقم   ٢١- I: ای
٢٢- eOKGFC: گرانمایه   ٢٣- A: فلك   ٢٤- I: ای   ٢٥- A: ملك   ٢٦- eOKIGFC: مددم
٢٧- OKA: - ای   ٢٨- eKIGF: پای   ٢٩- eOKGFC: بند   ٣٠- eOKIGFC: یکدم
٣١- I: بر آسایم، این بیت در B نیست   ٣٢- B: اولی را   ٣٣- A: علاج   ٣٤- KG: دهم
٣٥- F: روم بدین، KG: روم درین، O: روم بدان   ٣٦- A: واگهی

(۱۱) مدح أمير المؤمنين عثمان[۱]

دينْ شرف يافته[۲] و دنيا زَين — از جمالِ وجود[۳] ذو النّورَين
منبعِ جود و جامعِ قرآن — صدفِ[٤] دُرِّ مكرمتْ عثمان
آنكه همّت وَرای كيوان داشت — جيبِ جانْ نورِ نقدِ[٥] قرآن داشت
طلعتش بوده نور هر[٦] ديده — سرمهٔ شرم داشت در ديده
دلش از حرص و حقد خالى بود — فلكش اخترِ[۷] معالى بود

(۱۲) مدح أمير المؤمنين على[۸]

بودِ حيدرْ دَرِ مدينهٔ علم — حافظ و خازنِ خزينهٔ علم
جان جُود وجهان علمْ او بود — بحر فضل و مكان[۹] حلمْ او بود
زو ظفر يافته مسلمانى — ملّتِ كفر ازو بنقصانى
أُقْتُلُوا الْمُشْرِكِينْ فرو[۱۰] خوانده — بسرِ تيغ حكم آن رانده
شور و شر[۱۱] در ديار كفر افگنْد — شاخ بدعت زبيخ و بن[۱۲] بر كنْد[۱۳]

(۱۳) فى قدوم الخضر[۱٤]

دوش چون شاهدِ جهان افروز — زلف شب بر گرفت از رخ روز
من چو عنقا نهفته روى[۱٥] از خلق — شسته حرف ريا ز تختهٔ زرق
گاهى[۱٦] اندر فنا بقا جستم — دردرا زان جهت[۱۷] دوا جستم
گاه سر بر در عدم زده‌ام[۱۸] — در رهِ نيستى قدم زده‌ام[۱۸]

۱- B: فى مدح النّبى النورين رضى اللّه عنه ۲-B: داشتست ۳- B: و كمال ٤- B: شرف
٥-B: چيست تن جان زنطق ٦- A: نور بد زهر ۷- A: فلك آخر ۸- B: فى مناقب المرتضى العلىّ الاعلى كرّم اللّه وجهه ۹- صحيح در B: افضال و كان ۱۰- B: برو ۱۱- B: شورش
۱۲- A: زبيخ او ۱۳- اضافه در B:

همدم و محرم رسول او بود — قابل گوهر بتول او بود
دين يزدان ازو قوى گشته — سالك كشور هدى گشته

۱٤- B: + وملاقاته عليه السّلام، I: فصل فى قدوم الخضر عليه السلام ۱٥- A: رو ۱٦- B: گاه
۱۷- I: جهان ۱۸- B: زدمى

تو چه دانی چه[1] در معنی سفت   اندران دم که لی مع الله گفت
زانکه بود ست روز و شب مطلق   ظاهرش با تو باطنش با حق
هر که فرمان او بجا[2] بگذاشت   کُلَه از سر سرش[3] زتن بر داشت
چاریارش که شهسوارانند   از شرف بهترین یارانند
هر چهار آفتاب چرخ امم   بحر صدق[4] و حیا و عدل[5] و کرم

(۹) مدح أمیر المؤمنین ابو بکر[6]

دین حق را زابتدا ز رسول   جز ابو بکر کس نکرد قبول
هر چه پیغمبرش زحق گفته   کرده باور زصدق و پذرفته
جسم او همچو[7] روح صافی بود   با همه کس بطبع وافی بود
مشرق آفتاب صدق دلش   اثر لطف ایزد آب و گلش
محرم راز حضرت نبوی   عاشق نور روی مصطفوی

(۱۰) مدح أمیر المؤمنین عمر[8]

قوّت دین حق زعمّر بود   خانهٔ دین بدو معمّر بود
جگر معرکان پر از خون کرد   کبرشان از دماغ بیرون کرد
از پی معدلت میان او بست   کمر عدل در جهان[9] او بست
عادت[10] بدعت از جهان بر داشت   که کژی جز که در کمان نگذاشت[11]
برتر از چرخ بود پایهٔ او   دیو بگریختی زسایهٔ او

۱- A: چو   ۲- I: بجان   ۳- A: سری   ٤- B: علم   ٥- B: حلم   ٦- B: فی مدح الصّدیق رضی الله عنه، این عنوان و ۲۰ بیت آینده در I نیست   ۷- B: نبود   ۸- B: فی مدح الفاروق رضی الله عنه   ۹- A: زبود عدل بر میان   ۱۰- B: عدل او   ۱۱- A: بگذاشت

(٦) مدح سیّد کائنات وخاتم المرسلین[1]

سیّدِ کائنات شمعِ رسل[2] — مفخر و پیشوای جمعِ رسل[3]
شاهدِ حضرتِ ربوبیّت — خازنِ گنجِ سرِّ هویّت
ساکنِ خانقاهِ أَوْ أَدْنَى — سالکِ[4] شاه راهِ أَرْسَلْنَا
عنصرش[5] محضِ زبدهٔ فطرت[6] — مدحتش نقشِ تحفهٔ فکرت
هست وَٱللَّيْلِ[7] شرحِ گیسویش — وَٱلضُّحَى وصفِ روی نیکویش
همه تنْ عصمت و سکون و فرح — خلعتِ[8] صدرِ او أَلَمْ نَشْرَحْ
دولتش پنج نوبه زد بر خاک — چار بالش نهاد[9] بر افلاک
صدفِ دُرِّ معرفتْ دل او — سقفِ عرشِ مجیدْ منزلِ او
سیّدِ کلّ[10] نسلِ آدمْ اوست — سببِ رحمتِ دو عالمْ اوست

(٧) وَمَا أَرْسَلْنَاكَ إِلَّا رَحْمَةً لِلْعَالَمِينَ[17]

بلبلِ گلستانِ مَا أَوْحَى — شمعِ چرخِ ٱلَّذِي أَسْرَى
دل او خازنِ خزانهٔ عشق[11] — سرّ او مرغ آشیانهٔ عشق[11]
صیت شرعش همه جهان بگرفت — هم زمین و هم آسمان بگرفت
انبیاء و رسلْ طُفَيْلِ وی اند — اوست سرخیل و جمله خیل وی اند[12]
ملَکش خاک‌روب[13] میدانست — عیسی اش پاسبان ایوانست
محترم بوده[14] در جهان قدم — نور او پیش از[15] آدم و عالم

(٨) أَوَّلُ مَا خَلَقَ ٱللّٰهُ تَعَالَى نُورِي[16]

١- B: فی نعت سیّد المرسلین وخاتم النبیّن صلّی اللّه علیه و سلّم، I: فصل فی المدح سیّد المرسلین علیه الصّلوة والسّلام ٢- B: وجمع رسل ٣- B: پیشوا و شمع سبل ٤- A: مالک ٥- A: عنصر ٦- A: فکرت ٧- I: فی اللّیل ٨- A: خلعت ٩- A: نهاده ١٠- I: جمله ١١- I: غیب ١٢- این بیت در A نیست ١٣- B: فلکش شاهراه ١٤- A: بود ١٥- A: ذات پاکش از، I: ذات او پیش ز ١٦- A: --- الله العقل ١٧- این عنوان در A نیست

ای بتو زنده جان‌چو[۱] جسم بجان — جسم و جان را زلطف‌تست توان[۲]
قبلهٔ روحْ آستانهٔ تست — دل مجروح ما خزانهٔ تست
روح را هر نفس[۳] زتو مدد ست — کرم و رحمتِ تو بی عدد ست[٤]
در جهان هر که[٥] هست در[٦] کارند[۷] — آنکه[۸] مجبور[۹] و آنکه[۸] مختارند[۱۰]
همه گردن نهاده حکمِ ترا — دم که یارد[۱۱] زدن زچون وچرا
این و آن عاشقِ جمال تو اند — روز و شب طالبِ وصال تو اند
تا دران کارگاه کار کراست — تا بران آستانه[۱۲] بار کراست[۱۳]
ای بسا مسجدی که راندهٔ تست[۱٤] — وی[۱٥] بسا بت‌پرست‌که[۱٦] خواندهٔ تست[۱۷]
گر[۱۸] سهاست‌کنی تو مسجد کیست[۱۹] — ور عنایت[۲۰] کنی تو بتکده[۲۱] چیست[۲۲]
هر چه خواهی کنی که حکمْ تراست — زانکه حُکمت ورای چون وچراست

(٥) یَفْعَلُ ٱللّٰهُ مَا یَشَاءُ وَیَحْکُمُ مَا یُرِیدُ[۲۳]

ما ضعیفان که در[۲٤] مجاهده ایم — طالبِ لذتِ مشاهده ایم
بغلامیت جمله منسوبیم — رد مکن گرچه زشت و معیوبیم[۲٥]
همه فانی شویم و تو باقی — همه مست توئیم و تو ساقی
بندگانیم ما خدای توئی[۲٦] — رهروانیم[۲۷] و[۲۸] رهنمای توئی[۲۹]
غرض ما زهرچه هست توئی — کارساز بلند و پست توئی[۳۰]
طمع[۳۱] ما زتو[۳۲] عنایتِ تست — رهبر ما بتو[۳۳] هدایتِ تست
چون درِ لطف و جود[۳٤] بگشادی — رهنمائی بما فرستادی[۳٥]

۱- eOKGFCB: جان و ۲- eOKGFC: روان ۳- A: زمان ٤- دو مصراع در e مقدم و مؤخر
٥- eKGFCA: هر چه ٦- B: بی ۷- O: کار است ۸- O: هر که ۹- KA: معمور
۱۰- O: مختار است ۱۱- KI: آرد ۱۲- B: دران بارگاه، G: بآن آستانه، e: درآن آستانه ۱۳- مصراع دوم در C نیست ۱٤- I: اوست ۱٥- eOC: ای ۱٦- A: بتکده که، OKG: بت‌پرست، I: گلخنی که، e: بت ستا که ۱۷- I: اوست، مصراع اول در C نیست ۱۸- K: ور ۱۹- I: چیست
۲۰- G: ضیافت ۲۱- OGF: میکده ۲۲- I: کیست، این بیت در C نیست ۲۳- این عنوان در KC نیست ۲٤- O: - در ۲٥- B: منکوبیم ۲٦- I: خدائی تو ۲۷- e: رهنمائیم
۲۸- IGB: - و ۲۹- I: رهنمائی تو ۳۰- این بیت در eOKGFCB نیست ۳۱- B: غرض، eOKGFC: طلب ۳۲- C: بعو ۳۳- A: زتو ۳٤- A: جود و لطف ۳٥- این بیت و ٥۱ بیت آینده در eOKGFC نیست

کس نداند که[1] چیست الّا او[2]   صفتش[3] لَا إِلٰهَ إِلَّا هُو
هر که خواهد که ذکر او گوید   در نگنجد زبان که هو گوید
بزبان[4] ذکر هو[5] که داند گفت   جان بوَد آنکه هو تواند گفت
سخنست آنکه بر[6] زبان[7] آید[8]   لیك[9] هو از میان جان آید[8]
گرچه بی جای[10] و بی مکانست او   ساکنِ دلْ شکستگانست او
نه بذاتست ساکنِ هر دل   بلکه لطفش[11] همی کند منزل[12]
هر کجا دلْ شکستهٔ بینی   بی نوائی و خستهٔ بینی
بی زبان ذکر او ازو[13] شنوی   شرح اسرار[14] او[15] ازو شنوی
ذکر او از زبان بسته طلب   معرفت در[16] دلِ شکسته طلب
چند بی او[17] بکعبه در تك و پوی   در خرابات آی[18] و اورا جوی[19]
چون تو در جستنش نمائی جد   در[20] خرابات چیست و در[21] مسجد[19]
راهْ جستن زتو هدایت[22] ازو[23]   جهدْ کردن زتو عنایت[24] ازو[25]
هرچه بینی زخاك تا گردون   نیست چیزی زعلم[26] او بیرون
وانچه[27] بیرونِ سقف[28] گردونست   جمله معلومِ اوست کان چونست[29]
هست علمش محیط بر همه چیز   حکم او نافذست بر همه نیز[30]
دافع جملهٔ بلیّاتْ اوست[31]   عَالِمُ ٱلسِّرِّ[32] وَٱلْخَفِيَّاتْ اوست[33]
هرچه در خاطرت بیندیشی   همه معلومِ[34] او بوَد[35] پیشی

(٤) مناجات[36]

ای صفاتِ مقدّسِ تو صمد   وی منزّه زشبه و جفت[37] و ولد
ای[38] برآرندهٔ[39] مَه و خورشید   نقش بند جهان بیم و امید

١- C: ندانست   ٢- KG: هو   ٣- A: صفت   ٤- KGC: بر زبان   ٥- A: هر، eKG: او
٦- G: یا زِ   ٧- C: دهان   ٨- G: آمد   ٩- e: ذکر   ١٠- eOFCB: بی جا، G: بی جاه
١١- B: ظلش   ١٢- G: در دل   ١٣- B: ذکر او از زبان او   ١٤- e: اسماء   ١٥- eOKIGFC: هو
١٦- eB: از   ١٧- K: آئی   ١٨- A: باش   ١٩- این بیت در C نیست   ٢٠- O: از   ٢١- A:
چیست در، KGF: چیست یا، O: چیست تا، e: جست یا   ٢٢- IA: عنایت   ٢٣- I: ازوست
٢٤- IA: هدایت   ٢٥- I: ازوست، در IF عنوان: والذین جاهدوا فینا لنهدینّهم سبلنا، در eO:
+صدق الله، G: والذین جاهدوا فیهما لیشهدنّهم سبلنا یفعل الله ما یشاء ویحکم ما یرید   ٢٦- B: حکم
٢٧- B: وانکه، eOC: زانچه   ٢٨- eB: زسقف، I: هفت   ٢٩- eKFC: کو چونست، G: که چونست،
O: کو دونست   ٣٠- eA: در همه چیز، I: بر همه چیز   ٣١- F: بلیّات او، e: بلیّاتست   ٣٢- G:
عالم سرّ   ٣٣- F: والخفیّات او، e: والخفیّاتست   ٣٤- B: جمله در عالم   ٣٥- eO: اوست در
٣٦- B: فی المناجات والعجز والتقصیر، F: مناجات در تنزیه و تقدیس حق سبحانه تعالی، G:
--- حق تعالی، K: --- حق سبحانه، O: --- حضرت باری تعالی، e: --- حضرت باری سبحانه تعالی،
I: فصل فی المناجات گوید   ٣٧- K: جفت و شبه   ٣٨- G: وی   ٣٩- e: برازندهٔ

(۲) لَيْسَ كَمِثْلِهِ شَيْءٌ[۱] وَهُوَ السَّمِيعُ[۲] الْبَصِيرُ[۳]

وتر و قدّوس و واحدست[٤] وصمد[٥] — صفتش[٦] لَمْ يَلِدْ وَلَمْ يُولَدْ
بود او اوّل و بدایت نه[۷] — هستیش آخر و نهایت نه[۷]
بقدیمیست[۸] اوّلش معروف — بدوامیست[۹] آخرش موصوف

(۳) فی وحدانیّة اللّه تعالی[۱۰]

بیقینْ واجب الوجود یکیست — هرچه[۱۱] در وهم وخاطر آید نیست[۱۲]
مالك[۱۳] الملك[۱٤] پادشاهِ بحق — منشئ نفس[۱۵] و[۱٦] فاعل مطلق
هرچه در کلّ کونْ کهنه و نوست — هست[۱۷] مفعول و فاعلِ همه اوست
بی قلم صورت بدیع نگاشت — بی ستون خیمهٔ رفیع فراشت[۱۸]
مایه بخش[۱۹] عقول اُولَی اوست — فاطر[۲۰] صورت و[۲۱] هیولَی اوست
نظمِ[۲۲] ترکیبِ آفرینش داد — چشم دل را کمال بینش داد
نقش بندِ وجود جزاو نیست — مستحقّ سجود جز او نیست
زانکه معبود اِنْس و جانست او — مُبْدِع جسم و عقل و[۲۳] جانست او
در رهش چرخ و[۲٤] انجم و ارکان — همه در مانده اند[۲۵] و[۲٦] سرگردان
همه پوینده اند در طلبش — همه جوینده اند روز و شبش
جنبش هر یك[۲۷] از سر شوقیست[۲۸] — هریکیرا ازین[۲۹] طلب ذوقیست[۳۰]
حلقهٔ حکم اوست طوق[۳۱] همه — او منزّه ز ذوق و شوق[۳۲] همه
فارغ از ذوق و شوق[۳۳] و[۳٤] نیك وبدست — برتر از وهم وفکرت و[۳۵] خردست[۳٦]
نامهای بزرگ طاهر او[۳۷] — هست اوصافِ صنع ظاهر او[۳۸]

۱- G: شیئا ۲- I: +العلیم ۳- این عنوان در CB نیست ٤- B: واحبست ۵- I: واحد، K: احد ٦- eOKGFC: وصف او ۷- A: نیست ۸- eOIC: بقدیمست، KGF: بقدیمیت
۹- eOC: بدوامست، IGF: بدوامیت ۱۰- B: فی وحدانیته تبارك وتعالی وتقدس، I: فصل فی الوحدانیت واعتقاد اهل السنة والجماعة، این عنوان در eOKGFC نیست ۱۱- I: وانکه
۱۲- K: زانکه در دهر حاضرستا بدست ۱۳- B: ملك ۱٤- eOGC: + و ۱۵- B: بینش عقل، IC: منشی نقش ۱٦- A: - و ۱۷- C: نیست ۱۸- eOIGFC: افراشت ۱۹- K: پایه بخش
۲۰- I: فاعل ۲۱- KGA: - و ۲۲- K: + و ۲۳- A: انس، B: جن و ۲٤- G: - و
۲۵- C: سرگشته اند ۲٦- KGA: - و ۲۷- B: جمله ۲۸- eKGCB: شوقست ۲۹- GB: درین
۳۰- eKGCB: ذوقست ۳۱- eOKGFC: شوق ۳۲- eOKGFCA: شوق و ذوق ۳۳- eOKGFA: شوق و ذوق ۳٤- OKGFCA: - و ۳۵- KGC: - و ۳٦- A: خطرست ۳۷- G: ظاهر او، K: او طاهر ۳۸- G: طاهر او، K: او ظاهر

بسم اللّٰه الرّحمٰن الرّحیم[1]

ابتداء سخن بنام خداست — آنکه بی مثل وشبه[2] و[3] بی همتاست
خالق الخلق[4] باعث الاموات — عالم الغیب[5] سامع الاصوات
ذات بیچونش‌را بدایت نیست — پادشاهیش‌را نهایت نیست
نه در آید بذات او تغییر[6] — نه قلم وصف او کند تحریر
زانکه زاندیشها برونست او[7] — بری[8] از چند وچه[9] وچونست او[7]
حیّ و قیّوم و[10] قادر و قاهر[11] — اوّلِ اوّل[12] آخرِ آخر[13]
نطق ابکم بمانده[14] در صفتش — وهم عاجز شده ز معرفتش[15]
نبَرد نطق[16] زی[17] صفاتش راه — نبوَد وهم را بذاتش راه
کی رسد وهم در جهان قِدم — که بلندست آستان[18] قِدم
نصّ[19] قرآن شدست ای عاشق — در صفات جلال او ناطق
شَهِدَ اللّٰهُ گواه[20] معرفتش — وَحْدَهُ لَا شَرِيكَ لَهُ صفتش
نه ازو[21] زاد کس نه اوازا[22] کس — قُلْ هُوَ اللّٰهُ دلیل و حجّت بس
از مکان و زمان بری[23] ذاتش — محض جهلست نفی و[24] اثباتش
هست واجب وجود او دائم — زانکه هست او[25] بذات خود قائم
غایت ملك او[26] نداند کس — همه او و بدو نماند[27] کس
نیست با هیچ چیز پیوندش — کی بوَد[28] جفت[29] و مثل و مانندش

۱- G: + و به نستعین، درeOFA نیست ۲- IGF: شبه و مثل ۳- K: - و ۴- eFC: +و
۵- FC: +و ۶- C: تغریر ۷- C: این ۸- O: فارغ ۹- A: چه و چند و، O: چه و چند
۱۰- G: - و ۱۱- IC: قاهر و قادر ۱۲- K: +و ۱۳- درOF عنوان: هو الاول والاخر والظاهر والباطن، درeI: +وهو بکل شیء علیم، KG: هو الاول هو الاخر هو الظاهر هو الباطن ۱٤- KIC: بماند ۱۵- این بیت در A نیست ۱٦- A: خلق، eOKGFC: عقل ۱۷- FC: بی، eG: در، K: با، O: بر ۱۸- G: آشیان ۱۹- B: نطق ۲۰- B: عزّ ۲۱- O: زاو ۲۲- C: اورا ۲۳- B: برون
۲٤- FCA: - و ۲۵- e: باشد ۲٦- C: ملکی و ۲۷- A: همه او باشد و نداند، KG: همه او ماند و نماند ۲۸- eOKIGFC: نبود ۲۹- B: شبه

مثنوی

طریق التحقیق

منسوب بحکیم سنائی غزنوی
احتمالا ازگفتار
احمد بن الحسن بن محمّد النّخجوانی

بکوشش
بو اُوتاس

For Product Safety Concerns and Information please contact our EU
representative GPSR@taylorandfrancis.com
Taylor & Francis Verlag GmbH, Kaufingerstraße 24, 80331 München, Germany

www.ingramcontent.com/pod-product-compliance
Lightning Source LLC
Chambersburg PA
CBHW071811300426
44116CB00009B/1279
* 9 7 8 1 1 3 8 0 5 9 1 5 3 *